# 皇冠上的明珠

## WTO争端解决机制的理论、实践与未来

彭德雷 / 著

上海人民出版社

# 目 录

## 第一篇 基础理论篇



## 第二篇 主体核心篇

# 第一篇

# 基础理论篇

# 第一章
# 绪　论

## 一、导　言

2019年10月，党的十九届四中全会通过《中共中央关于坚持和完善中国特色社会主义制度、推进国家治理体系和治理能力现代化若干重大问题的决定》。这是继20世纪60年代提出工业、农业、国防、科技"四个现代化"之后，在21世纪明确提出的又一个现代化。国家治理体系和治理能力现代化更强调理念和制度层面的现代化，其总体目标是"到二〇三五年，各方面制度更加完善，基本实现国家治理体系和治理能力现代化；到新中国成立一百年时，全面实现国家治理体系和治理能力现代化，使中国特色社会主义制度更加巩固、优越性充分展现"。①从这个角度而言，《决定》具有划时代的意义。

值得关注的是，《决定》特别强调"加强涉外法治工作，建立涉外工作法务制度，加强国际法研究和运用，提高涉外工作法治化水平"，以及"积极参与全球治理体系改革和建设，推动全球经济治理机制变革，推动构建更加公正合理的国际治理体系"。②在当前国际经贸治理体系面

---

① 参见《中共中央关于坚持和完善中国特色社会主义制度、推进国家治理体系和治理能力现代化若干重大问题的决定》，2019年10月31日中国共产党第十九届中央委员会第四次全体会议通过。

② 参见上述《决定》："十三、提出坚持和完善独立自主的和平外交政策，推动构建人类命运共同体。"

临危机和严峻挑战的时刻,《决定》的上述内容无疑具有重要的理论和现实指导意义。尤其是当前全球经济正遭受新冠疫情(COVID-19)带来的巨大影响,并且这一影响必将体现在世界贸易组织(WTO)未来经贸治理体系中,需要理论界和实务界倍加关注。

素有"经济联合国"之称的世贸组织,在全球治理中扮演着重要的角色。WTO争端解决机制作为整个世贸组织的支柱,对妥善解决国际经贸争端、维护国际经济秩序一直发挥着关键性作用,因此也被称为是WTO"皇冠上的明珠"。然而作为争端解决机制下的最关键机构——上诉机构目前却陷入停摆危机,使得未来国际经贸争端的解决路径出现很大的不确定性。与此同时,近几年来中美双边贸易摩擦不断加剧,但中国仍然重视利用世贸组织这一多边争端解决平台解决双边经贸争议。例如,2019年9月,美国对华3 000亿美元输美产品加征15%关税措施正式实施,中国就此在世贸组织争端解决机制下提起诉讼,根据世贸组织相关规则,坚定维护自身合法权益,坚决捍卫多边贸易体系和国际贸易秩序。[①]这充分说明中国维护多边贸易体制的决心没有变,中国维护WTO法治、运用WTO争端解决机制维护自身利益的决心没有变。

当前贸易形势严峻,贸易摩擦日趋激烈,为此还将催生新的贸易争端。针对目前上诉机构的危机,在实践中虽然欧盟和中国等成员已经倡导提出了《多方临时上诉仲裁安排》(MPIA)机制,但由于参与成员有限(尤其是美国的缺席),毕竟只是权宜之计;因此从中长期看,只要世贸组织依然存在,其争端解决机制仍将发挥重要作用。在实践中,后续中国涉诉案例的争端解决,依然考验着中国运用WTO规则的水平和参与全球治理的能力;考验着中国国内法治建设与国际法治发展的互动能力。一个明显的事实是:WTO争端解决机制对国内立法、行政

---

① 参见"商务部新闻发言人就中国在世贸组织起诉美国对3 000亿美元中国输美产品征税措施发表谈话",2019年9月2日,商务部官网,http://www.mofcom.gov.cn/article/ae/ag/201909/20190902895699.shtml。

及司法措施扮演着一定的“司法审查”角色。在这种形势下，迫切需要学术界对 WTO 中国涉诉争端的裁判生成进行实证考察和研究，评估其对国内法制的影响，进而形成中国涉诉案例指导制度，为党和政府提供决策咨询和理论支撑。

然而就现实研究而言目前至少有三点问题亟待解决：其一，由于争端解决机制融合了大陆法和普通法的司法特质，案件中关键性法理问题（如措施审查标准、法律解释等）复杂，且尚待厘清，否则将会影响到实务中的纠纷应对。其二，对“系争措施”多停留在个案分析中，其指导价值未得到重视和延伸，埋下了纠纷重演的“隐患”。其三，WTO 裁判并未引起国内政策制定者和立法者的足够重视，WTO 规则依然被忽视，实践中依然有个别地方性立法和政策措施被指违反 WTO 规则。十八届三中全会《决定》亦提出：“普遍建立法律顾问制度，完善规范性文件、重大决策合法性审查机制。”为此，在倡导全球法治治理的今天，“合法性审查”既要考虑国内合法性，更要考察国际合法性。世界正面临百年未有之大变局，当前，中国的经济发展转型遇上全球经贸规则的大变革、大调整时期，为此，需要特别关注的是当前 WTO 改革议题和多边贸易体制的发展方向。

本书分为三篇。第一篇重点关注 WTO 争端解决的基础理论和裁判法理。该篇主要围绕裁判中涉及的关键性法理问题，如法律规则体系、法律解释、世贸组织中的疑难案件等展开前期分析，为后面的研究进行铺垫。第二篇重点关注世贸组织下中国涉诉案例的裁判生成，重点考察货物贸易、服务贸易和知识产权贸易中的典型案例，主要是世贸组织下的中美经贸争端案例，通过这些案例的研究可以对中美经贸关系有一个更深刻的认识。第三篇重点关注世贸组织中重要议题的改革，尤其是上诉机构的危机和改革。与此同时，关注现有 WTO 争端解决案例的指导价值，这种指导意义包括对未来类似案件的指导价值以及国内法律制度完善的外部功能，并从国际法的角度探讨当前国内改革措施和治理人才的培养。本书最后结合自身的一些亲身经历，思考并探讨 WTO 治理的未来趋势。

## 二、研究现状

### （一）国内研究现状

WTO 争端解决机制一直受到国内外学者的关注，并且不同时期呈现出不同的特点。由最初的 WTO 争端解决规则的介绍，到具体案件的分析；近期受美国单边主义和贸易保护主义的影响，一些敏感案件的争议解决受到关注。WTO 争端解决机制一直被称为是“一种近乎奇迹般的非凡成就”（赵维田，2003）。加入世贸组织后的第二个十年，不少学者更是将目光投向中国涉诉案例。具体而言，国内研究呈现以下思路和特点：（1）WTO 案例的年度及类型化研究。入世前后，就有学者系统关注争端案例，如朱榄叶（2000）、余敏友（2001）、韩立余（2002）等。2006 年左右，值得欣喜的是学者开始关注案例的类型化分析，如石静霞、陈卫东（2005）、龚柏华（2006—2008）等。（2）WTO 裁判的司法研究。学者开始从单纯的个案分析，转向关注法律解释（陈欣，2010）、证明负担规则（高田甜，2012）等研究。（3）WTO 中国涉诉案例专题研究。以入世十年为契机，且 2012 年中国占据 WTO 当年案件总数的近一半，中国的案例被广泛关注（李成钢，2011）。（4）WTO 司法裁判与国内法治互动及其指导研究。近年来，学界开始更加关注案件执行，尤其是败诉案件对中国国内法制的影响，提出 WTO 法治和中国法治的相互砥砺（赵骏，2011）；WTO 规则是模范国际法和“纯粹案例教学法”（杨国华，2012）；指出应确保国内法律和 WTO 协定的融合和一致化（于安，2012）；关注 WTO 规则下的中国法制变化（张乃根，2013）；讨论国际投资协定与 WTO 共同但有区别的司法经验（梁丹妮，2014）；指出世贸组织对中国法治观念和习惯的形成，起到潜移默化的作用，而贸易政策合规工作将对中国法治建设发挥积极影响等（杨国华，2015）。（5）中国涉诉案例的重点关注。2016 年之后，由于《中国入世议定书》第 15 条的规定到期，越来越多的学者开始关注中欧、中美“非市场经济地位之争”

(彭德雷,2016)、(左海聪,2017),以及后来的中美贸易战下的诉讼,包括知识产权和技术转让争端等(杨国华,2018)。(6)开始关注世贸组织尤其是上诉机构的危机。由于美国阻碍上诉机构法官的任命,2018年以来上诉机构陷入危机,越来越多的学者开始关注WTO上诉机构的改革(张乃根、石静霞、孔庆江,2019),甚至担心国际经贸治理体系重回丛林法则(杨国华,2020)。

**(二)国外研究现状**

国际法学者对WTO司法裁判和中国案例表现出特殊的兴趣。具体分析后可发现国外研究主要围绕以下几个方面:(1)争端解决的关键法理问题。如格兰多(Grando, 2009)考察了争端解决中证据和事实调查的重要性。(2)一些学者以中国涉案为视角,考察中国对争端解决机制的参与和利用。如以朱利亚(Julia, 2012)、布赖恩·默丘里奥(Bryan Mercurio, 2012)、迈克尔·尤因乔(Michael Ewing-Chow, 2013)等为代表,考察中国在WTO争端中的表现。(3)讨论WTO裁判报告对嗣后案例的效应。如约翰·杰克逊(John Jackson, 2008)提出WTO先例的"梯形结构",并进一步指出问题的关键是分析先例分量有多大,而非先例是否存在影响。(4)关注WTO争端解决对国内法的影响及指导。最早如戴维·桑格(David E.Sanger, 2003)将钢铁保障措施案比喻为"马伯里诉麦迪逊案",反映出世贸组织对政府措施的司法审查权;彼得曼(Petersmann, 2005)从宪法角度指出国际经济规则具有重要的国内政策功能;沙里夫·比扬(Sharif Bhuiyan, 2007)则讨论了WTO案例如何对待国内法;迈克尔(Michael, 2012)指出争端案例中反映出的中国国内法漏洞;詹姆斯·斯科特(James Scott, 2013)指出了WTO及裁判对中国法律甚至外交政策的变化等。

2016年之后,国际社会对中美、中欧市场经济地位争论的关注越来越多(Louise Curran, Andoni Maiza, 2016; Jieun Lee, 2017)。2018年起,不少国际学者开始关注争端解决机构的困境以及可能的解决办法,这包括适当限制审判的范围,尤其是减少对敏感问题的审查,提高对机构的支持力度等(Robert Mcdougall, 2018),美国对上诉机构法官任命的阻碍也反映出美国对世贸组织的司法积极主义开始走向保守(Bradly J.Condon, 2018)。当前,WTO争端解决正面临困境,这将对整个争端解决机构和多边贸易体制产生影响,国际学者对如何解决当前的困境提出相应的解决思路(Amrita Bahri, 2019; Joost Pauwelyn, 2019)。

## 三、研究方法

研究主要采用案例、文本、历史、归纳和演绎的研究方法。具体而言,在案例研究方面,主要围绕WTO中国涉诉的货物贸易案例,如对"中美稀土案""中欧非市场经济地位案"等进行分析;以及服务贸易案例,如对"中美电子支付服务案"以及近期中美在"数据出境"方面的争端展开分析。此外,在涉诉的知识产权案例方面,主要考察了"中美技术转让争端"这一案例。在文本研究方面,主要是对一些关键条款,如GATT第20条例外规则,以及《中国入世议定书》第15条等进行分析,以此作为理解WTO规则体系的一个视角。在历史研究方面,例如,围绕当前各成员关于"发展中国家成员地位"的争论,对WTO规则体系下"特殊和差别待遇"条款,从历史演进的角度展开分析。演绎的研究方法,则表现为通过对当前案例和事实的研究和考察,为未来中国参与多边贸易体制提供相应的建议。

## 四、研究创新之处

第一,从裁判者视角,聚焦和研究中国涉诉案例中的事实、法律与法理。以中国涉诉案例为样本,关注裁判者裁判生成的逻辑结构。借助法理学,关注世界贸易组织中的疑难案件的裁判生成及其法理基础,围绕疑难案件的形成原因、解释原则以及实践中的具体运用展开分析。同时,较为系统地梳理WTO法律解释的方法,如循环论证、疑义从轻、特别法优于一般法、法不溯及既往、条约有效解释等。

第二，关注 WTO 中国涉诉的典型案例以及关键问题。分别筛选货物贸易、服务贸易、与贸易有关的知识产权案例作为研究的范本。同时，从历史的角度，系统地分析近期各方关切的“非市场经济地位”问题。当前，互联网经济和数字贸易快速发展，主要国家在该领域博弈激烈，为此，对互联网时代服务贸易争端与规制进行了相关研究和考察。

第三，关注当前 WTO 争端解决机制面临的危机和中国涉诉案例的价值延伸。较为系统地考察上诉机构停摆背景下各方就上诉机构的改革主张。关注已决案例裁判的现实指导意义，保障政府措施的合规性；关注其对嗣后案例的指导，以便更好地应对新纠纷。探讨 WTO 中国涉诉案例在重大决策中的指导价值。中国的大国地位正在确立，在经济全球化的今天不可能独善其身，因此为了保证重大决策（尤其是涉外领域，如新近自贸区的设立）的科学性、稳定性和合法性，必须考虑 WTO 规则及其裁判。关注 WTO 争端案例，对当前国内改革和法律制度完善具有重要的意义。

# 第二章
# WTO 多边贸易法律体系中的争端解决机制

## 第一节　WTO 多边贸易法律体系

### 一、WTO 多边贸易法律体系框架

关贸总协定达成后，各成员仍致力于关税减让谈判，在乌拉圭回合之前一共进行了七轮谈判。1986 年 9 月，关贸总协定部长级会议在乌拉圭的埃斯特角城举行，同意发起乌拉圭回合谈判，这是自关贸总协定成立以来成果最为丰硕的一次谈判。乌拉圭回合谈判结束后，成员间达成《马拉喀什建立世界贸易组织协定》，并形成四个附件清单，成为规制全球贸易的主要规则体系。乌拉圭回合谈判结束直接推动了世贸组织的 1995 年成立。本研究所指的 WTO 法律体系，是指 WTO 规则的整体组成，它是 WTO 争端解决的重要法律依据，如同一个伞状结构，整体架构如图 2-1 所示。

基于国内法律体系的类比，有学者将 WTO 规则体系分为立法、司法和执法三个部分。立法，指 WTO 成员聚集在一起，进行贸易新规则

**图 2-1 WTO 法律体系结构图**

的谈判和制定;司法,指一旦某些成员认为其他成员的措施违反 WTO 规则,则通过 WTO 争端解决机制提出申诉,进行司法救济。执法,则是监督和确保各成员执行这些规则,这突出地表现在贸易政策的审议、通报,以监督成员履行义务。①对于 WTO 中立法的定义,实务界和学界的认识相对统一。例如,国内著名国际经济法学者陈安教授指出,当代世界性经贸大政的磋商和决策过程,实质上就是国际经济法的“立法”过程。②WTO 立法决策的法律依据是《建立世界贸易组织协定》第 9 条和第 10 条规定,即以“协商一致”为原则,以“投票表决”为补充。下文是世贸组织成立之前的八轮回合谈判及其议题。

目前正在进行的多哈谈判一波三折。谈判从 2002 年 1 月 31 日全面启动,计划 2005 年 1 月 1 日以前全面完成,但谈判一直进展缓慢,自 2001 年以来,多哈回合遭遇多次挫折。第一次重大挫折是在 2003 年 9 月举行的 WTO 第五次部长级会议(坎昆会议),发展中国家和发达国家在农业问题和“新加坡议题”上冲突尖锐。2011 年,主要成员在服务、农业、贸易与环境等议题中难以达成一致,使多哈回合处于休眠期。在 WTO 谈判领域,唯一的一次重大突破是《贸易便利化协定》的达成和生效。

① 详细论述可参见傅星国:《WTO 决策机制的法律与实践》,上海人民出版社 2009 年版,第 29 页。

② 陈安:《中国加入 WTO 十年的法理断想:简论 WTO 的法治、立法、执法、守法与变法》,载《现代法学》2010 年第 6 期,第 115 页。

**表 2-1　关贸总协定的八轮回合谈判**

| 时　间 | 地　点 | 议　题 | 参加成员 | 达成目标 |
|---|---|---|---|---|
| 1947.4—1947.10 | 日内瓦 | 关税减让 | 中、美、日等 23 个成员参加 | 达成双边减税协议 123 项，涉及商品关税 45 000 项。 |
| 1949.4—1949.10 | 安纳西（法国） | 关税减让 | 除中国等 23 个原始缔约方外，又增加了瑞典、丹麦等国，共 33 个成员参加 | 达成双边协议 147 项，增加关税减让 5 000 项。 |
| 1950.9—1951.4 | 托　奎（英国） | 关税减让 | 39 个成员参加 | 达成双边协议 150 项，增加关税减让 8 700 项。 |
| 1956.1—1956.5 | 日内瓦 | 关税减让 | 28 个成员参加 | 所达成的关税减让涉及 25 亿美元的贸易额。 |
| 1960.9—1962.7 | 日内瓦（狄龙回合） | 关税减让 | 45 个成员参加 | 减让所影响的贸易额约为 49 亿美元。 |
| 1964.5—1967.6 | 日内瓦（肯尼迪回合） | 关税减让 | 54 个成员参加 | 谈判结果使工业国的进口关税下降了 35%，影响贸易额 400 亿美元。 |
| 1973.9—1979.4 | 日内瓦（东京回合） | 关税减让 | 99 个成员参加（包括 29 个非缔约方） | 这次减免税采取一揽子办法，各国的减税幅度在 25%—93%之间。在东京回合中共达成 9 项关于非关税壁垒协议。 |
| 1986.9—1994.4 | 乌拉圭 | 关税、知识产权、服务贸易等 15 个谈判组 | 124 个成员及欧共体参加 | 世界贸易组织宣告成立。 |

2013 年 12 月，世贸组织巴厘部长级会议通过《贸易便利化协定》。2014 年 11 月底，世贸组织通过有关议定书，交由各成员履行国内核准程序。经国务院批准，我国于 2015 年 9 月 4 日向世贸组织提交批准书。2017 年 2 月 22 日，随着卢旺达、阿曼、乍得以及约旦 4 个成员向 WTO 提交批准书，已有 112 个成员接受该协定，超过《WTO 协定》规定的三分之二成员接受的生效条件，协定正式生效。《贸易便利化协定》分为三大部分，24 个条款，其中第一部分（第 1—12 条）规定各成员在贸易便利化方面的实质性义务，涉及信息公布、预裁定、货物放行与结

关、海关合作等内容，共40项贸易便利化措施。①目前，WTO相关成员还在积极推动电子商务、投资便利化等议题的讨论和谈判。

## 二、WTO法律体系中的准司法机制

对于WTO法律体系中的“司法”界定，国内外认识较为一致。美国WTO法律权威杰克逊将WTO争端解决机构界定为世贸组织中的准司法机构；我国国内如陈安教授，也将争端解决机制视为司法机构。陈安提道：WTO争端解决机构就是世贸组织这个组织中或体制下的执法机构或司法机构。②杰克逊认为争端解决机制是国际经济争端解决机制发展史上的一大创新，在所有国际司法机构中，WTO争端解决机制应当被认为是最为重要和权力最大的司法体制，其地位和作用甚至已超过联合国体制下的国际法院。③当然，以WTO争端解决机制为代表的司法机制，仍然存在不足之处，尤其是目前世贸组织的改革主要围绕争端解决机制展开。此前，陈安也指出WTO争端解决机制远非尽善尽美，毫无缺失，而是“先天不足，后天失调”。

## 三、WTO法律体系中的执行机制

如上所言，有学者将世贸组织中的贸易政策审议机制视为WTO法律体系中的“执法”。世贸组织正是通过对各成员进行贸易政策例行审议，监督成员履行义务。④但需要指出的是，由于贸易政策审议的目的是督促各成员遵守WTO规则，并形成一种舆论和压力，对各成员在今后的谈判中形成不利处境；并且审议结果没有强制力，因此贸易政策审议机制不构成严格意义上的WTO“执法”。有些学者则将“执法”纳

① 相关内容参考商务部：“商务部世贸司负责人解读《贸易便利化协定》条款”，http://www.mofcom.gov.cn/article/zhengcejd/bl/201703/20170302530476.shtml，以及WTO官网：https://www.wto.org/english/tratop_e/tradfa_e/tradfa_e.htm。

② 见陈安，前引文，载《现代法学》2010年第6期，第117页。

③ 参见John H.Jackson, Sovereignty, the WTO and Changing Fundamentals of International Law, Cambridge University Press, 2006, pp.134—135。

④ 傅星国：《WTO决策机制的法律与实践》，上海人民出版社2009年版，第29页。

入争端解决机制，突出地表现在《关于争端解决规则与程序的谅解》中，专家组或上诉机构裁决的执行机制。①需要说明的是，世贸组织毕竟是以主权国家以及单独关税区作为成员的国际组织，其法律体系的划分和一个主权国家的法律体系划分不可能完全一致。世贸组织中的“执法”更偏向于《关于争端解决规则与程序的谅解》（DSU）中“司法裁决”的执行，主要内容体现在 DSU 第 21、22 条。如第 21.6 条规定“争端解决机构（DSB）应监督已通过的建议或裁决的执行。在建议或裁决通过后，任何成员可随时在争端解决机构提出有关执行的问题。除非争端解决机构另有决定，否则执行建议或裁决的问题在按照第 3 款确定合理期限之日起 6 个月后，应列入争端解决机构会议的议程，并应保留在争端解决机构的议程上，直到该问题解决。在争端解决机构每一次会议召开前至少 10 天，有关成员应向争端解决机构提交一份关于执行建议或裁决进展的书面情况报告”。另外，DSU 第 22.1 条规定“补偿和中止减让或其他义务属于在建议和裁决未在合理期限内执行时可获得的临时措施。但是，无论补偿还是中止减让或其他义务均不如完全执行建议以使一措施符合有关适用协定。补偿是自愿的，且如果给予，应与有关适用协定相一致”，对此后文将作相应论述。总体而言，目前世贸组织已裁决的案件，各成员基本都能较好地执行裁决。

## 第二节　WTO 争端解决机制

WTO 争端解决机制是在关贸总协定争端解决机制的基础上产生和发展的，其中最重要的是乌拉圭回合通过的《关于争端解决规则与程序的谅解》（DSU）。该《谅解》共 27 条和 4 个附录，就 WTO 争端

---

① 陈安：《中国加入 WTO 十年的法理断想：简论 WTO 的法治、立法、执法、守法与变法》，载《现代法学》2010 年第 6 期，第 118 页。

解决机制的适用与范围、基本方法和程序、建议与裁决的实施和监督、贸易报复程序等作了较为详细的规定，而最为核心的是对磋商机制，专家组组成、职责和工作程序，上诉机构组成、程序以及执行机制的规定。

## 一、关贸总协定时期的争端解决

尽管关贸总协定时期没有类似于世贸组织的专门解决纠纷的《关于争端解决规则与程序的谅解》，但这一时期，仍然有不少案件。图 2-2 至图 2-5 分别反映的是关贸总协定时期的阶段性案例，最活跃的原告方、被告方和第三方。由于欧洲经济共同体（European Economic Communities，EEC）最初由六个国家组成，其中图片中涉及的 EEC-6、EEC-9、EEC-10 以及 EEC-12 代表欧洲经济共同体成员逐渐扩大的不同阶段；它也指当个别欧洲经济共同体成员国（如法国、意大利等）以自己的身份行事时。①

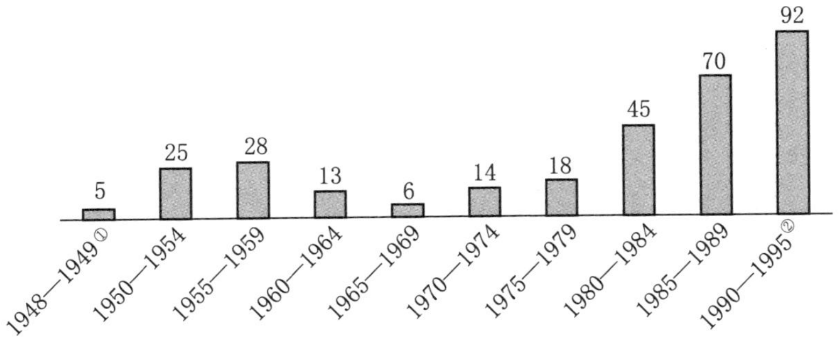


注释：
① 代表该时段只包含两年。
② 这一期间包含了六年，其中 1995 年未有争端案例。

**图 2-2　1948—1995 期间关贸总协定争端案件变化趋势**

资料来源：*GATT disputes*：*1948—1995*，Volume 1：Overview and one-page case summaries。

① 欧洲经济共同体，最初由法国、联邦德国、意大利、荷兰、比利时和卢森堡六国于 1957 年 3 月在罗马签订《建立欧洲经济共同体条约》，1958 年 1 月 1 日成立，总部设在布鲁塞尔。

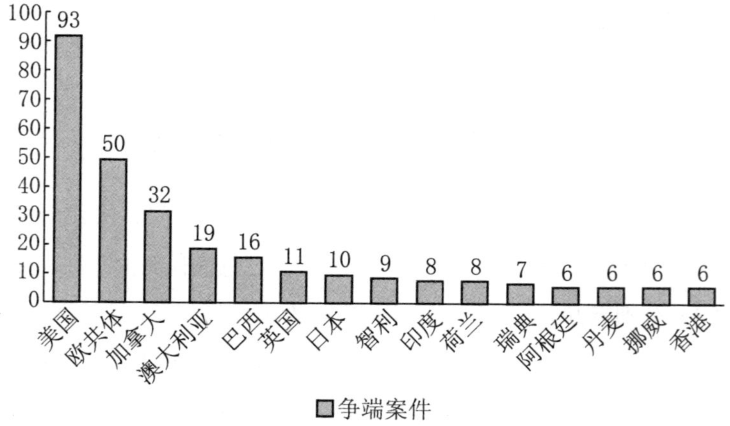


**图 2-3 最常见的原告方**

注：EEC-6 = 1；EEC-9 = 2；EEC-10 = 14；EEC-12 = 33

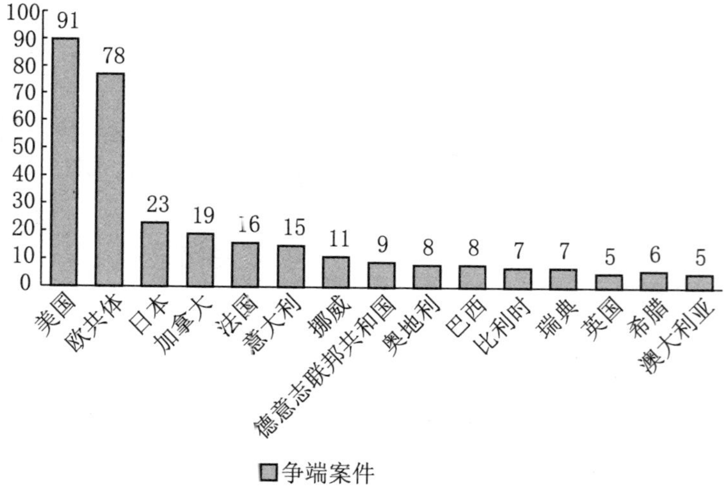


注：EEC-6 = 11；EEC-9 = 12；EEC-10 = 17；EEC-12 = 38

**图 2-4 最常见的被告方**

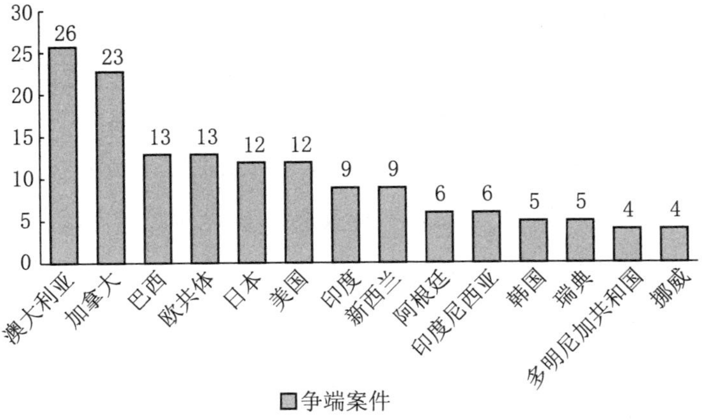


注：EEC-11＝2；EEC-12＝11

**图 2-5　最常见的第三方**

资料来源：GATT disputes：1948—1995，Volume 1：Overview and one-page case summaries。

## 二、WTO 争端解决中的磋商

第一，磋商作为争端解决的开始。WTO 争端解决一般都以磋商作为解决争议的第一步程序，争端解决双方最初都是希望能通过磋商的方式，快速、有效地解决争端。DSU 第 4.1 条规定“各成员确认决心加强和提高各成员使用的磋商程序的有效性”，第 4.2 条规定“每一成员承诺对另一成员提出的有关在前者领土内采取的、影响任何适用协定运用的措施的交涉给予积极考虑，并提供充分的磋商机会”。当然，磋商并不是争端解决的必经程序，因此根据 DSU 第 4.3 款的规定：“如一成员未在收到请求之日起 10 天内作出答复，或未在收到请求之日起不超过 30 天的期限内或双方同意的其他时间内进行磋商，则请求进行磋商的成员可直接开始请求设立专家组。”

第二，措施的具体程序。根据 DSU 4.4 规定：“所有此类磋商请求应由请求磋商的成员通知 DSB 及有关理事会和委员会。任何磋商请求应以书面形式提交，并应说明提出请求的理由，包括确认所争论的措施，并指出起诉的法律根据。”在实践中，磋商请求应由请求磋商的成员通知争端解决机构及有关理事会和委员会。例如，若磋商请求涉及对进口钢铁采取保障措施的问题，则相关成员将该磋商请求分别通知争端解决机构及货物贸易理事会和保障措施委员会的主席。①同时，该条涉及两个十分重要的概念，即“措施”和“法律依据”。涉案措施，可能包括一成员的国内立法、方针政策、行政决定等，范围比较广泛。而法律依据，则包括所有 WTO 涵盖协定，以及一成员自己作出的承诺等。在争端中，申诉方具体列明措施与 WTO 规则不符之处，并努力保证其磋商请求中所述内容充实，申辩也有比较充分的法律依据。②此外，DSU 第 4.6 条规定：“磋商应保密，并不得损害任何一方在任何进一步程序中的权利。”磋商的保密是为了保障双方能够尽量在一种宽松的环境中，善意地解决争端，不必担心相关信息外泄，但是对于磋商中所获事实的使用，专家组和上诉机构则持肯定态度。③在韩国的酒类案中，专家组认为，如果在磋商中获得的此类信息不能被任何当事方使用，将严重阻碍争端解决程序。④在阿根廷的纺织品和服装案中，美国所使用的从欧盟与阿根廷磋商阶段获取的材料被认为是有效的证据。⑤

第三，磋商的时间以及磋商不成的结果。关于磋商的时间要求，DSU 第 4.7 条作了详细的规定：“如在收到磋商请求之日起 60 天内，磋商未能解决争端，则起诉方可请求设立专家组。如磋商各方共同认为磋商已不能解决争端，则起诉方可在 60 天期限内请求设立专家组。”DSU 第 4.8 条规定，“对于一些紧急案件，如涉及易腐货物的案件等，则时间要求更高。在紧急案件中，包括涉及易腐货物的案件，各成员应在

① 杨国华等：《WTO 争端解决机制中的磋商程序研究》，载《法学评论》2003 年第 2 期，第 73 页。

② 栾信杰：《在 WTO 争端解决机制下申诉方如何提出“磋商”请求》，载《世界贸易组织动态与研究》2006 年第 10 期，第 40 页。

③ 杨国华等：《WTO 争端解决机制中的磋商程序研究》，载《法学评论》2003 年第 2 期，第 72 页。

④ 参见 Korea-Taxes on Alcoholic Beverages, WT/DS75/R 第 10.23 段。

⑤ 参见 Argentina-Measures Affecting Imports of Footwear, Textiles, Apparel and other Items, WT/DS56/R 第 3.211 段。

收到请求之日起不超过 10 天的期限内进行磋商。如在收到请求之日起 20 天的期限内,磋商未能解决争端,则起诉方可请求设立专家组”。此外,磋商程序中也关注到了发展中国家的特殊和差别待遇问题,具体而言,DSU 第 4.10 条规定,“在磋商中,各成员应特别注意发展中国家成员的特殊问题和利益”,不过由于其表述的高度概括性,实践中发展中国家能够享受的实际待遇并不明确。以下是 1995—2019 年 WTO 成员进行磋商的案件数。

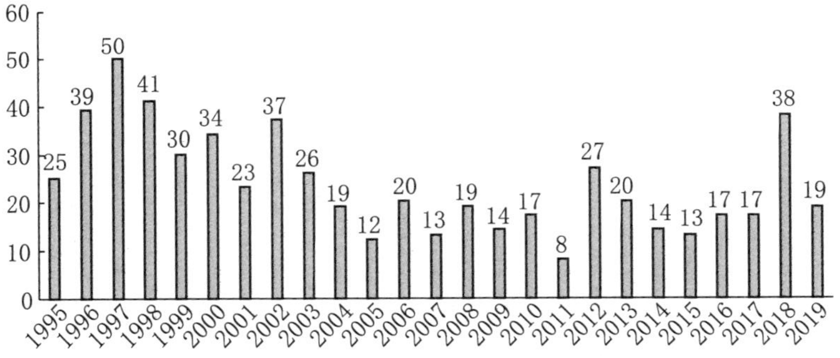


**图 2-6　1995—2019 年 WTO 磋商案件数**

资料来源:WTO 2020 年年度报告(WTO 2020 Annual Report)。

## 三、WTO 争端解决中的专家组

第一,关于专家组的设立条件和职权。DSU 第 6.2 条规定了设立专家组请求的 4 个条件:书面提出、指出磋商是否举行、确认争论中的措施和提供一份法律依据概要。①“设立专家组的请求应以书面形式提出。请求应指出是否已进行磋商。确认争论中的措施并提供一份足以明确陈述问题的起诉的法律根据概要。”关于专家组的组成,专家组一般由三名成员组成,其中一名担任主席。如果争端发生在发展中国家成员和发达国家成员之间,如果发展中国家成员提出要求,专家组应至

① 韩国奶制品案:Korea-Definitive Safeguard Measure on Imports of Certain Dairy Products, WT/DS98/AB/R, 14 December 1999,第 120 段,以及 DUS 第 6 条第 2 款。

少有一名成员来自发展中国家，这是对发展中国家的特殊安排。

专家组的职权范围体现 DSU 第 7 条中，“按照(争端各方引用的适用协定名称)的有关规定，审查(争端方名称)在……文件中提交争端解决机构的事项，并提出调查结果以协助争端解决机构提出建议或作出该协定规定的裁决”。实践中，被诉方可能提出该事项没有提请磋商程序，进而从程序上进行阻挠，产生不必要的麻烦，因此申诉方一般在磋商请求的范围内多提出一些法律事项。为此，鉴于磋商请求对后续程序的重要性，加之在磋商之前很难准确描述有关措施和法律依据，应尽可能把磋商请求写得更周全，尽量涵盖所有可能的问题，在提出磋商时考虑更加全面一些。关于专家组成员的来源，DSU 第 8.1 规定：“专家组应由资深政府和/或非政府个人组成，包括曾在专家组任职或曾向专家组陈述案件的人员、曾任成员代表或 GATT 1947 缔约方代表，或任何适用协定或其先前协定的理事会或委员会的代表的人员、秘书处人员、曾讲授或出版国际贸易法或政策著作的人员，以及曾任一成员高级贸易政策官员的人员”。

第二，关于专家组的审理程序。根据《关于争端解决规则与程序的谅解》的规定，专家组有两项职能，即认定事实和适用法律。案件上诉后，上诉机构不再审议事实问题，仅对法律问题进行裁定。因此，专家组认定事实的职能尤为重要。专家组应当对有关事项进行客观评估，包括客观评估案件事实，以及相关协议的适用及一致性。上诉机构多次对专家组审查标准的问题作出过解释。在欧共体荷尔蒙牛肉案中，上诉机构认为，就专家组查明事实而言，其采用的标准既不是“重新审查”，也不是“完全采纳”，而是对事实的客观评估。事实上，虽然上诉机构明确说专家组不应对有关事项进行重新审查，但有时候也自己寻找证据。例如，在欧共体荷尔蒙牛肉案中，专家组就召开了科学专家的会议，寻求科学意见。①

---

① 欧共体荷尔蒙牛肉案：EC Measures Concerning Meat and Meat Products (Hormones), WT/DS48//R/CAN, 18 August 1997，第 8.5 段；专家组的依据是 DSU 第 13 条。

关于专家组审理案件的程序，DSU第12条和附录3中作了具体规定。①自专家组组成和职责范围确定，到最终报告提交争端各方，专家组报告一般应当在6个月之内作出。对于紧急案件，审期则为3个月。但审期不得超过9个月，自专家组审理，到报告散发WTO成员。另外，应起诉方请求，专家组可以随时中止其工作。如果专家组中止工作12个月以上，则设立专家组的授权应当结束。另外，DSU第14条还规定"专家组的审议情况应保密，并且专家组报告中专家个人发表的意见应匿名"。

第三，专家组中期报告与最终报告的通过。DSU第15条是关于专家组中期审议的规定，根据该条规定，"专家组应向各方提交一份中期报告，既包括描述部分也包括专家组的调查结果和结论。在专家组设定的期限内，一方可提出书面请求，请专家组在最终报告散发各成员之前，审议中期报告中的具体方面。应一方请求，专家组应就书面意见中所确认的问题，与各方再次召开会议"。关于专家组报告的通过，DSU第16.4条规定，"在专家组报告散发各成员之日起60天内，该报告应在争端解决机构会议上通过，②除非一争端方正式通知争端解决机构其上诉决定，或争端解决机构经协商一致决定不通过该报告。如一方已通知其上诉决定，则在上诉完成之前，争端解决机构将不审议通过该专家组报告、该通过程序不损害各成员就专家组报告发表意见的权利"。③图2-7是1995—2019年进入WTO专家组程序的案件数。

---

① 参见DSU第12条。对专家组制订工作程序的要求是：(1)专家组应尽可能在专家组组成及职权范围议定后一周内，确定专家组程序和时间表，但在紧急案件中，包括易腐货物的案件，时间表应加快；(2)在确定专家组程序的时间表时，专家组应为争端各方提供充分的时间准备陈述；(3)专家组应明确设定各方提供书面陈述的最后期限，各方应遵守此最后期限；(4)专家组的程序应具有充分的灵活性，以保证提出高质量的专家组报告，同时不应不适当地延误专家组程序。

② 如未安排在此期间召开可满足第16条第1款和第4款要求的争端解决机构会议，则应为此召开一次争端解决机构会议。

③ 此外，第16.1条、第16.2条规定，为向各成员提供充足的时间审议专家组报告，在报告散发各成员之日20天后，争端解决机构方可审议通过此报告。对专家组报告有反对意见的成员应至少在审议该报告的争端解决机构会议召开前10天，提交供散发的解释其反对意见的书面文件。

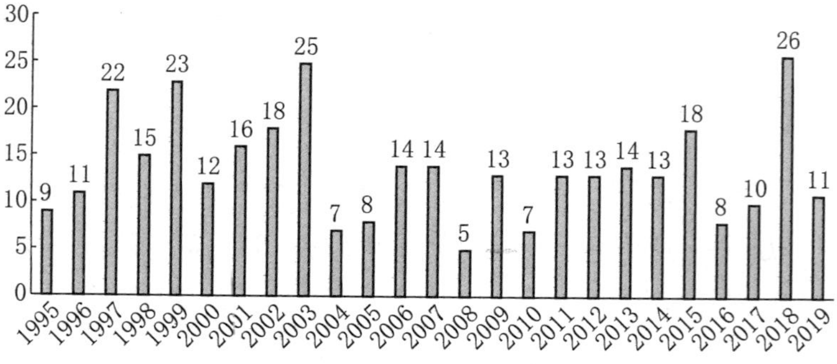


**图 2-7　1995—2019 年进入 WTO 专家组程序的案件数**

资料来源：WTO 2020 年年度报告（WTO 2020 Annual Report）。

## 四、WTO 争端解决中的上诉机构

第一，上诉机构的设置。DSU 第 17 条规定由 WTO 上诉机构审理专家组案件的上诉，只有争端各方而非第三方，可以对专家组报告进行上诉。该机构应由 7 人组成，任何一个案件应由其中 3 人任职。上诉机构人员任职应实行轮换。上诉机构任职的人员，任期 4 年，每人可连任一次，空额一经出现即应补足。如一人被任命接替一任期未满人员，则此人的任期即为前任余下的任期。上诉机构的成员应由具有公认权威并在法律、国际贸易和各适用协定所涉主题方面具有公认专门知识的人员组成。他们不得附属于任何政府。上诉机构的成员资格应广泛代表世贸组织的成员资格。上诉机构成员不得参与审议任何可产生直接或间接利益冲突的争端。

第二，关于上诉机构人员的权限和裁判依据。上诉应限于专家组报告涉及的法律问题和专家组所作的法律解释，上诉机构可维持、修改或撤销专家组的法律调查结果和结论。上诉机构的程序应保密，报告中由任职于上诉机构的个人发表的意见应匿名。由于 WTO 协定是一个自足的法律体系，专家组和上诉机构唯一正式适用的法律就是 WTO 协定的条文。先前的专家组和上诉机构报告、一般国际法、权威学者的学说可成为专家组和上诉机构解释 WTO 协定的辅助资料。

第三，上诉机构的审理期限和裁决报告的通过。DSU 第 17.5 条规定，“诉讼程序自一争端方正式通知其上诉决定之日起至上诉机构散发其报告之日止通常不得超过 60 天。当上诉机构认为不能在 60 天内提交报告时，应书面通知争端解决机构迟延的原因及提交报告的估计期限。但该诉讼程序决不能超过 90 天”。上诉机构报告除非协商一致不通过，否则争端各方应无条件接受。根据 DSU 第 17.14 条规定，“上诉机构报告应由争端解决机构通过，争端各方应无条件接受，除非在报告散发各成员后 30 天内，争端解决机构经协商一致决定不通过该报告”。各成员可就上诉机构的报告发表意见，目前相关成员对上诉机构审理延期表现出一定程度上的不满。当前上诉机构成员不足导致上诉机构停摆，也正成为当前世贸组织最大的危机。

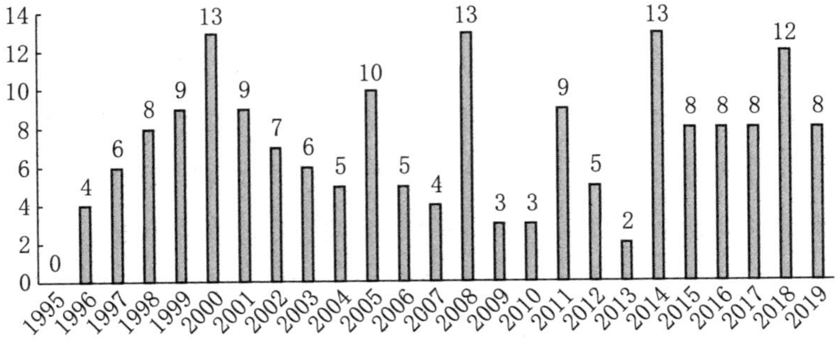


**图 2-8　1995—2019 年世贸组织提起上诉的案件数**

资料来源：WTO 2020 年年度报告（WTO 2020 Annual Report）。

## 五、WTO 争端解决中的执行

第一，关于争端解决执行程序的法律依据。世贸组织的执行机制建立在 WTO 争端解决的裁决基础上，当争端解决机构通过了专家组或上诉机构的裁决后，则意味着接下来该裁决必须得到执行。图 2-9 是 1995—2019 年已经发布裁决的案例。WTO 裁决执行的法律依据主要是 DSU 第 21 条“对执行建议和裁决的监督”、第 22 条“补偿和中止减让”以及第 23 条“多边体制的加强”的法律规定。世贸组织的执行机制涉及众多的法律问题，这其中主要包括：通报执行裁决的意向、对执行裁决的监督、执行裁决的合理期限、①对执行裁决的异议复审、②执行中的补偿以及报复机制、③以及对补偿和报复的仲裁机制④等，对此，《关于争端解决规则与程序的谅解》都有较为详细的规定。

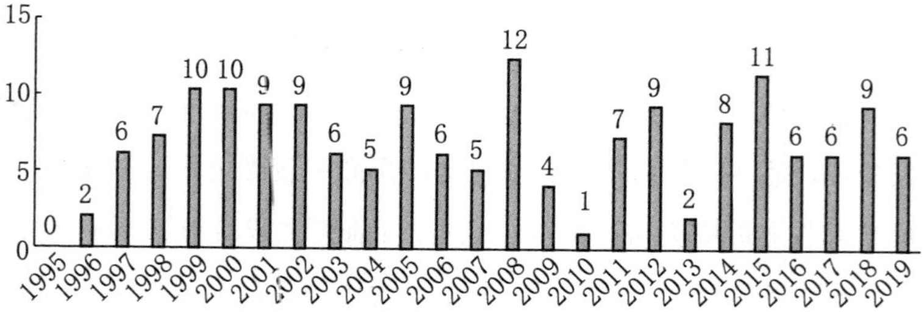


**图 2-9　1995—2019 年 WTO 上诉机构发布裁决的案件数**

资料来源：WTO 2020 年年度报告（WTO 2020 Annual Report）。

第二，关于执行建议和裁决的监督。首先是关于执行的期限。根据 DSU 第 21.3 条规定，如立即遵守建议和裁决不可行，则应确立一个合理期限，这包括（1）有关成员提议的期限，只要该期限获争端解决机构批准；（2）如未获批准，则为争端各方在通过建议和裁决之日起 45 天内双方同意的期限；（3）如未同意则为，在通过建议和裁决之日起 90 天内通过有约束力的仲裁确定的期限，该合理期限一般不超过专家组或上诉机构报告通过之日起 15 个月。其次，关于执行过程中的分歧。根据 DSU 第 21.5 条规定，如在是否存在为遵守建议和裁决所采取的措施或此类措施是否与适用协定相一致的问题上存在分歧，则此争端也

---

① 如关于执行裁决的合理期限规定（DSU 第 21.4 条）：除专家组或上诉机构按照第 12 条第 9 款或第 17 条第 5 款延长提交报告的时间外，自争端解决机构设立专家组之日起至合理期限的确定之日止的时间不得超过 15 个月，除非争端各方另有议定。如专家组或上诉机构已延长提交报告的时间，则所用的额外时间应加入 15 个月的期限；但是除非争端各方同意存在例外情况，否则全部时间不得超过 18 个月。

② 具体参见 DSU 第 21.3—21.6 条。

③ 关于补偿的法律依据详见 DSU 第 3.7 条、第 22.1 条、第 22.2 条和第 26.1(b)条，关于报复的法律规定，则表现为第 22.2 条、第 22.3 条。

④ 关于补偿的仲裁详见第 25.4 条，关于报复的仲裁详见《谅解协议》第 22 条。

应通过援用这些争端解决程序加以决定，包括只要可能即求助于原专家组，专家组应在此事项提交其后 90 天内散发其报告。

第三，需要特别说明的 DSU 第 25 条，还规定“仲裁”作为解决争议的方式之一。DSU 第 25.1 条规定，“世贸组织中的迅速仲裁作为争端解决的一个替代手段，能够便利解决涉及有关双方已明确界定问题的争端”。考虑到当前上诉机构的停摆危机，目前欧盟和中国倡导的《多边临时上诉仲裁安排》正是依据该条而设立的，不过后续实践运行效果如何，还有待观察。

# 第三章
# WTO 裁判中的疑难案件与法律解释

## 第一节　WTO 裁判中的疑难案件

WTO 争端越来越体现为一种法律之争。然而法律规则的默不作声、WTO 法律体系的纷繁复杂和新技术的层出不穷，都给妥善解决 WTO 争端带来难题，并由此出现疑难案件。修改 WTO 法律规则具有严格的程序，短期之内无法实现，为此，唯有法律解释堪担解决疑难案件之重任。德沃金关于“法律作为一种整体性阐释概念”的经典理论与 WTO 争端中强调的整体性解释方法不谋而合，这无疑为疑难案件的解决打开一扇窗。在以规则为导向的 WTO 法律体系中，同样不仅包括外显的规则，而且包括内含的原则；在重大疑难案件中缺乏法律原则的铺垫和支撑，甚至将导致对法律规则的误读。基于对 WTO 中国涉诉案例中法律原则适用的考察表明，裁判者对法律原则的适用态度逐渐积极。对于法律原则的研究有助于全面理解 WTO 法律体系，提高中国法律论证的技艺。

### 一、WTO 争端中“疑难案件”的理论介入

围绕疑难案件，20 世纪 60 年代哈特与德沃金展开过一场著名的

论战，由此推动了西方法哲学的繁荣，并对中国的法学研究产生深刻影响。在法哲学界，哈特和德沃金无疑是区分简易案件与疑难案件的先驱。哈特认为法律中的语言和规则存在"空缺结构"，立法者不可能预见将来可能出现的所有情况，法律规则的适用具有不确定性，进而引起疑难案件的产生。在哈特看来，所有一般性的规则总是拥有一个确定性的核心区和一个模糊的半阴影区，所谓的疑难案件正是案件落入规则半阴影区的结果，这也成为界定疑难案件的基本标准之一。①尽管德沃金对哈特法律的"空缺结构"进行了有力批判，但却认同其对疑难案件的界定，认为疑难案件的裁决结果不能轻易地从规则或是先例中获得。②

WTO争端解决机制发展至今已有二十多年的历史，其司法理论的沉淀相当有限，但是争议解决运作机制却有其内在的共性，和国内法一致，世贸组织中同样存在疑难案件，甚至有过之而无不及。以中国入世第一案——钢铁保障措施案为例，它被誉为是"八国联军"对美国的法律之战。该案涉及80余家律师事务所、八个申诉方（欧盟、日本、巴西和中国等）和一个被诉方（美国），仅专家组裁决报告就多达1 000多页，其中有5 800个引注涉及此前上诉机构的案例。③有学者甚至将此案比喻为世贸组织中的"马伯里诉麦迪逊案"，极大强化了WTO争端解决机制的司法权威。④事实上，在世贸组织的裁判史上，一个案件动辄涉及几个成员、几十家律师事务所、几百页裁决、几千家企业和百亿标的极为常见，案件疑难复杂程度可想而知。实践中，案件争端背后交

① [英]哈特:《法律的概念》，许家馨，李冠宜译，法律出版社2006年版，第129页。

② Ronald Dworkin, "Hard Cases", Harverd Law Review, Vol.88, No.6, 1975, p.1057.

③ John H. Jackson, "The case of the World Trade Organization", International Affairs, Vol.84, No.3, 2008, p.449. See also Henry Gao, "Aggressive Legalism: The East Asian Experience and Lessons for China", in Henry Gao and Donald Lewis, eds., China's Participation in the WTO, Cameron May Publishers, London, 2005, pp.325—329.

④ David E. Sanger, "A blink from the Bush administration", New York Times, 5 Dec. 2003, p.28.

织着事实与规则的激烈博弈，但是，对 WTO 疑难案件的司法理论介入却尚待开启。

和国内法一致，在对 WTO 疑难案件进行界定时，无疑需要遵循两个基本共识。第一，要区分案件事实上的疑难案件与法律规则上的疑难案件；第二，法律规则上的疑难案件的产生在于规则自身的局限。① 司法裁判实践表明，法律规则的局限至少有四个方面：(1)法律语言的模糊性；(2)规则之间的可能冲突；(3)有些案件中，没有任何事先有效的规则用于调整特定的事实；(4)在特定案件中，所作出的裁判有可能背离规范的条文原义。②

一般而言，诉讼总会引起三种争论：关于事实的争论、关于法律的争论，以及关于政治道德和忠实的双重争论。③在 WTO 争端案例中，一个明显的特征是裁判者对于法律的争论高于对于事实的争论。因为成员通常只有在有确凿事实证据的情况下，才会考虑向世贸组织提起诉讼，否则自己将陷入耗时费力的诉讼中无法自拔，且影响双边经贸关系。从中国涉诉的争端来看，一审绝大多数案件的争议是围绕法律规则展开；二审上诉案件则全部聚焦于法律规则的争议，因为上诉机构的职能只限于法律事项的审查。为此，本书所讨论的是基于 WTO 规则意义上的疑难案件。

## 二、WTO 争端中疑难案件的形成原因

### （一）WTO 规则的默不作声

当法典默不作声、含混不清或模棱两可时，法律规则（条文）应如何统摄一切？这是 WTO 裁判者需要面临的难题。首先，WTO 规则的默不作声条表现在条文对相关事项未作规定。典型案例如新近中国诉美国双反案中的“双重救济”以及欧盟、日本和韩国诉美国的“归零”措施

① 季涛：《论疑难案件的界定标准》，载《浙江社会科学》2004 年第 5 期，第 54 页。

② ［德］罗伯特·阿列克西：《法律论证理论》，舒国滢译，中国法制出版社 2002 年版，第 2 页。

③ ［美］德沃金：《法律帝国》，李常青译，中国大百科全书出版社 1996 年版，第 3 页。

争议。[①]世贸组织对"非市场经济国家"能否采用反倾销和反补贴"双重救济"措施，规则中没有明确禁止，但是这一措施却与美国此前不对"非市场经济国家"实施反补贴的实践相冲突，并且可能导致双重计算的不公平贸易行为。同样，针对"归零"措施，《反倾销协定》没有规定成员应采用何种方法确定倾销的幅度，对于是否允许行政复审中的简单归零做法，协定未作明确规定。在实践中，美国以每笔交易为单位确定倾销的幅度，如果一笔交易未发生倾销，则将倾销幅度"归零"，如果发生倾销，则记录其倾销数额，最后将这些数额加总得出该产品总的倾销幅度。"归零"的做法忽略了交易中可能存在倾销幅度"正负抵消"的情形，因而导致涉案产品总的倾销幅度畸高，[②]由此引发不公平贸易行为。可见，这种法律规则的默不作声正是导致 WTO 疑难案件的直接原因，尤其是关于"双重救济"的合法性问题，目前仍未有定论。

其次，尽管 WTO 规则条文进行了规定，但对规则"模糊的半阴影区"的不同理解也会引起疑难案件。正如哈特所言"边界地带的不确定性是我们必须要付出的代价"。[③]这种案例也并非少见，如在汽油标准案中，美国与委内瑞拉针对"清洁空气"是否属于第 20(g)条中的"可用竭自然资源"而争论不休。[④]在龙虾及龙虾制品案中，双被告方围绕"海龟"是否属于"可用竭自然资源"各执一词。最终，该案上诉机构认为"可用竭资源和可再生资源并不排斥，现代生物学告诉我们，即便有些可再生资源，随着社会的发展和人类的破坏，数量减少，直至最后消亡"，[⑤]显

① 目前直接涉及"双重救济"的案件包括，US—Anti-Dumping and Countervailing Duties(DS379)，US-Countervailing and Anti-Dumping Measures(Public Law 112—199，DS449)。直接涉及美国"归零"措施的案件(编号)包括 DS294，DS322，DS350，DS402。正是由于 WTO 规则未明确上述措施合法与否，使得争议不断。

② 齐飞:《WTO 争端解决机构的造法》，《中国社会科学》2012 年第 2 期，第 150—151 页。

③ [英]哈特著:《法律的概念》，许家馨，李冠宜译，法律出版社 2006 年版，第 123 页。

④ 详细论述可参见 Simom Lester & Bryan Mercurio & Arwel Davies & Kara Leitner, World Trade Law: Text, Materials and Commentary, Hart Publishing, 2008, pp.401—404。

⑤ Appellate Body Report, United States-Shrimp and Shrimp Products, paras. 128—129.

然裁判者对法律规则作了扩大解释。

最后，这样的争议同样发生在中国身上，尽管在2009年的中国原材料案中裁判者确认了“铝土、焦炭等9种原材料属于可用竭自然资源”，但是在2012年的稀土案中又面临“加工的(processed)原材料”是否属于“可用竭自然资源”困惑。正如该案裁判者坦言，“此前WTO争端确认了清洁空气、海龟和石油等属于可竭自然资源，但对加工的原材料却从未涉及”。①在银联案中，中美双方围绕何为《服务贸易总协定》(GATS)承诺表中的“金融机构”产生争论。美国认为金融机构应该包括银行和非银行金融机构，还包括信用卡系统的运营商，②无疑，美国希望将银联纳入金融机构的范畴。总之，如何对待案件中涉及的规则“模糊的半阴影区”，无疑令裁判者颇感为难。

**(二) WTO内部法律体系层次的定位不明**

WTO法律体系如同“意大利面条”，极其庞杂。条约之间并非“扁平状”或是“垂直状”，而是呈现出“伞状”结构。在新近的原材料案和稀土案中，就《中国加入议定书》第11.3条能否援引GATT第20条例外规则的争论，再次凸显出WTO内部法律体系层次的定位不明。中国认为，《中国加入议定书》第11.3段虽然未规定它与GATT第20条之间的关系，但是这种“文本沉默”并不表明WTO成员已经达成这样一种共识，即中国无权援引GATT第20条。③对于WTO内部法律的性质界定和层次划分，即便是裁判者内部也开始产生分歧，并出现了“单独裁判意见”。

争端各方及专家组对《中国加入议定书》的性质之争其深层次的原因是对《WTO协定》、GATT与《中国加入议定书》这三者的关系定位不同。《WTO协定》位于WTO法律体系的“伞状”顶端，它与后两者的关系较为明确。首先，对GATT而言，它是《WTO协定》附件1A(《货

---

① Panel Report, China—Rare Earths, para.7.248—7.249.

② Panel Report, China—Electronic Payment Services, para.7.553.

③ Panel Report, China—Rare Earths, para.7.62.

物贸易多边协定》)中的条约之一。其次,对《中国加入议定书》和《工作组报告》(限342段所列段落)而言,根据前述《中国加入议定书》第2条规定,它们也属于WTO协定的组成部分,某种意义上可看成是《中国加入议定书》的“附件”。但是,对于《关税与贸易总协定》(此外还有《服务贸易总协定》《与贸易有关的知识产权协定》等)与《中国加入议定书》的关系,WTO立法上却没有明确的文本规定,这是导致各方产生争议以及裁判者在司法适用中采取个案分析、“区分对待”的深层次原因。但这种“区分对待”与WTO规则体系尤其是争端解决机制所强调的“稳定和可预期”的目标似有相悖。随着此类案件的日趋增多,如果缺乏必要的原则指引和解释,将会导致司法适用中的“混乱”局面,使得每一次裁决犹如一场学术争论,不利于维护裁决的权威性。WTO规则体系中的另一表述不明之处还表现在《关于争端解决规则与程序的谅解》(DSU)对“涵盖协定”的范围界定。有学者提出,如从条文上严格解释,其他成员不能就《中国加入议定书》依据《关于争端解决规则与程序的谅解》提起争端,因为《中国加入议定书》不在DSU第1条所指的“涵盖协定”中。①对此,裁判者似乎也作出了回应,指出WTO协定属于“一揽子协定”,并且《中国加入议定书》第2条规定属于WTO协定的组成部分。如此曲线解释,为其他成员就《中国加入议定书》向中国提出起诉提供了法律基础。②尽管如此,依然有学者提出质疑,指出《贸易政策审议机制》(附件3)同样是WTO协定的组成部分,但是由于其未列入DSU第1条所指的“涵盖协定”中,因此从文义上解释,不属于争端解决的范畴,③为此实践中贸易政策审议更多的是扮演着舆论监督的作用。④

---

① DSU第1条规定:“本谅解的规则和程序应适用于本谅解附录1所列各项协定(本谅解称‘涵盖协定’)磋商和争端解决规定所提出的争端。”《中国加入议定书》第1条规定:“本议定书,包括工作组报告书第342段所指的承诺,应成为《WTO协定》的组成部分。”

② Panel Report, China—Raw Materials, paras.7.64, 7.114, 7.962.

③ Matthew Kennedy, “The Integration of Accession Protocols into the WTO Agreement”, Journal of World Trade Vol.47, No.1, 2012, p.48.

④ 有关贸易政策审议机制的内容,可参见胡加祥:《WTO对中国第四次贸易政策审议的法律考察》,载《国际经贸探索》2012年第12期,第84—96页。

尽管存在学理争议，但目前在争端解决实践中，其他成员依据《中国加入议定书》向中国提出的申诉，专家组和上诉机构予以接受，中国也未提出反对，因此该问题的争议相对缓和。

**（三）新技术的层出不穷**

2007年中国出版物案突出地反映了技术变化给贸易争端解决带来的挑战。中美就《服务贸易总协定》减让表“视听服务”中录音制品分销服务的承诺，是仅适用于“以物理形式存在的录音的分销”，还是也包括“录音制品的电子化分销”（即是否允许外资从事网络音乐服务）产生激烈争议。中国坚持认为专家组应按照缔约时的情况对《服务贸易总协定》减让表进行解释。在入世谈判时，网络音乐服务在中国还没有成熟；技术发展没有改变这样一个事实，即缔约方都不会同意把一种新的不熟悉的服务写进减让表中。对此，美国进行了反驳。美国认为中方在入世之前，录音制品的电子化分销已经存在；服务贸易是伴随技术发展而不断变化的，如果中方的主张被接受，则WTO成员可以在一个已有服务发展出一个新的服务提供方式后援引这个推理，以规避自己的服务贸易减让承诺。然而，最终关于网络音乐的外资准入，专家组裁定中国所作的录音制品分销服务承诺包括电子化分销服务。

美国赌博案被认为是WTO裁判机构在解释服务准入承诺时，是在技术上遵循了技术中立原则的首例案件，①尽管该原则并未得到所有成员的认可。技术中立原则毫无疑问将会扩大成员的承诺范围，对于那些无法把握有关技术走向，特别当初作出承诺时忽略这一问题的成员来说简直就是潘多拉的魔盒。②为此，“出版物案”中专家组和上诉机构有意回避技术中立的原则，如专家组认为根据协定解释的一般方法即可确定“录音制品分销服务”包括以非物理载体（网络）形式分销录

---

① Panagiotis Delimatsis, The Puzzling Interaction of Trade and Public Morals in the Digital era, in Mira Burri & Thomas Cottier(eds.), Trade Governance in the Digital Age, Cambridge University Press, 2012, p.293.

② 胡加祥：《技术中立原则与中国的服务贸易承诺》，载《河南省政法管理干部学院学报》2011年第2期，第56—57页。

音制品。但从裁判报告,尤其是上诉机构的裁决思路来看,在解释承诺表中的承诺术语时,客观上产生了与适用技术中立原则相似的效果。①

与此同时,新近国际贸易的一个明显特征是,与陆地货物贸易"丝绸之路"相比,以服务贸易为主的"互联网丝绸之路"正在开启。②新一代服务贸易毫无疑问已经插上互联网这双"隐形的翅膀"。在互联网环境下,传统服务业演化出新的模式,信息的提供者和接受者无需任何签证、通关就可实现信息和服务的跨境流通。互联网金融、互联网医疗和互联网教育的"跨境提供"隐含着潜在的纠纷,可能与当时中国入世承诺的本意不符。在大数据时代背景下新技术日新月异,WTO规则以及当初的入世承诺对此显然有些始料未及。无疑,互联网正在改变传统服务业及其贸易模式,并将引发贸易中新的疑难案件。

**(四)WTO官方用语与中文的含义不一**

和联合国不同,WTO规则的官方用语为英语、法语和西班牙语,裁决报告须通过上述三种语言发布,其中各成员的《服务贸易总协定》承诺减让表仅以英语为准。在中国出版物案中,一个重要的法律启示就是,作为官方用语的英语表述与中文的意思并不完全匹配。③在该案中,中国《服务贸易总协定》承诺表中,与"录音制品"对应的英文是"sound recording"。从中文的角度而言,录音制品是指物理载体的录音制品,即有形产品。但英文的"sound recording"则还包括无形产品,即网络音乐,④然而中国入世时的本意并不打算在网络领域实施市场

---

① 相关条款由"各地暂不受理外商投资互联网信息服务提供者申请从事互联网文化活动"改为"各地暂不受理外商投资互联网信息服务提供者申请从事互联网文化活动(音乐除外)"。

② 有关"互联网丝绸之路"的讨论,可参阅 Anupam Chander, The Electronic Silk Road: How the Web Binds the World Together in Commerce, Yale University Press, July 16, 2013。

③ Panel Report, China-Publications and Audiovisual Entertainment Products, paras.7.1171—7.1176.

④ Shorter Oxford English Dictionary, 6th ed.(Clarendon Press 2007), Vol. II, p.2927,该英文字典中与之相关的含义分别是物理录音、播放和表演的录音("recorded material; a recorded broadcast, performance")。

开放。在该案中,双方围绕"权益"一词各持己见,中方认为应指"权利与义务",美方认为应指"份额"。①此外,在中国汽车零部件进口措施案中,针对中国颁布的《构成整车特征的汽车零部件进口管理办法》第28条的规定,各方同样存在翻译上的分歧。为此,专家组聘请独立翻译者——联合国驻日内代表处(UNOG)进行翻译。②

在诉讼中,中国提交的证据材料、涉案措施也必须翻译为英语,这也容易引起争议。如在"银联案"中,中国指出美国所提交的关于中国的违法措施证据中,某些段落和用词存在错误,这与措施本身的意思不符。为此,专家组建议,如果双方不能就所涉及的措施达成一致,则需要考虑推选独立的翻译者以提供专业的翻译。③因此,在之后的第二次专家组会议中,双方同意聘请联合国日内瓦会议服务机构作为独立的翻译者提供翻译。为此,针对同一项涉嫌的违规措施,经常出现三种英文翻译。另外,一个值得注意的问题是,目前我国已不再使用"五年计划"这一概念,代之以"规划",但中文表述的调整未适时反映在英语翻译中,目前普遍使用的英语翻译版本仍然为"plan"(计划),该词带有很强的计划经济色彩,使中国在"双反"抗辩中处于不利地位。④总之,对WTO规则、各成员的承诺以及国内措施的中英文理解差异,将直接影响到最后法律规则的适用和措施的合法性裁判。

## 三、WTO争端中疑难案件的对待

### (一)法律作为一种整体性的概念

尽管法律规则存在漏洞,但如同德沃金所言,不完整的不是法律本身,而是法实证主义者心中的法律图像。一直以来,在德沃金对哈特论

① 在中美影响出版物案中,我国《音像分销规定》第8.4条规定:"中国合作者在合作企业中所拥有的权益不得低于51%。"美国将"权益"翻译为股份"equity",认为存在股份限制,而中国认为正确的翻译应该是"Rights and Interests"。

② Panel Report, China—Measures Affecting Imports of Automobile Parts, paras. 2.2—2.4.

③ Panel Report, China—Electronic Payment Services, paras.1.9—1.12.

④ 李成钢主编:《世贸组织规则博弈》,商务印书馆2011年版,第121页。

述的众多批判中，最著名的就是：他认为哈特错误地主张法律仅仅是由在适用上"全有或全无"的规则所组成，而忽略了另一种在法律推理和裁判上扮演重要且突出之角色的法律标准——法律原则。[①]哈特后来也承认，在其论述中确实对裁判过程以及法律推理，尤其是在法律原则这个主题上，着墨太少。哈特直言不讳地说，"如今我同意法律原则在这本书中仅仅被轻描淡写是一个缺陷"。[②]法律作为一种整体性的概念，不只包括外显的既定法律，而且也包括内含的法律原则。因此，当法律规则无法解决某种裁判的疑难案件时，可以诉诸内含的原则来决定如何裁判。[③]显然，在德沃金看来，通过法律整体性解释理论（Holistic Interpretive）是可以找到司法裁判中的"唯一正确答案"。

德沃金的整体性解释理论与目前WTO裁判机构所倡导的整体性（holistic）解释方法不谋而合。裁判者面对世贸组织中的疑难案件，在对法律规则条文进行解释时，同样可以诉诸法律规则的帮助。如上诉机构在"出版物案"中指出："必须牢记条约解释是一个整体运作，其中必须将解释的诸规则与原则作为整体操作中相互联系、互为加强的组成部分，加以理解和适用。"[④]"稀土案"中的独立裁判者意见同样强调在认定第11.3条是否可援引GATT第20条例外，应该采取整体性的方式进行解释。[⑤]WTO争端解决中，尽管上诉机构还没有形成有关"整体性方式"的较详细论述，但是这种解释方式对中国WTO争端解决有着积极的意义。[⑥]基于法律的整体观和一般司法理论，法律原则是争端解决法律适用中一种不可缺少的辅助工具，有时甚至是主要的依据，而这些正在被世贸组织的司法实践所验证。

---

①② ［英］哈特：《法律的概念》，许家馨，李冠宜译，法律出版社2006年版，第240页。

③ 同上书，第254页。

④ Panel Report, China—Publications and Audiovisual Products, para. 399. See also Appellate Body Report, US-Continued Zeroing, para.268.

⑤ Panel Report, China—Rare Earths, paras.7.132.

⑥ 张乃根：《电子支付案中GATS减让表的条约解释》，载《上海对外经贸大学学报》2014年第1期，第22页。

### （二）WTO中法律原则适用的理论准备与实践突破

法律原则仅仅是一个欺骗性的概念，还是担当任何法律体系的核心？对此，作为WTO领域旗帜性人物梅因哈德·希尔夫在《权力、规则与原则——谁是WTO/GATT法的发展方向？》中描述了WTO体系由权力导向到规则导向再到原则导向循序渐进的发展图景。①他进一步列举了世贸组织的法律原则，这其中包括贸易自由化、非歧视、主权、可持续发展、合作与多边主义、透明度、法治和相称原则。②此外，一些学者提到WTO争端解决中的原则还包括禁反言、禁止权利滥用、用尽当地救济等。③彼德斯曼教授，作为另一位WTO领域的杰出人物，对WTO法基本原则予以高度重视，其代表作《国际经济法的宪法功能与宪法问题》中渗透着自由化、非歧视与比例原则的诉求。可见，和国内学者相比，西方学者已经较早地开始关注WTO法律原则的适用。

WTO法律原则适用的理论依据还表现在，根据DSU第3.2条规定，"WTO争端解决体制……依照解释国际公法的惯例澄清这些协定的现有规定"。解释国际公法的惯例具体来说就是把《维也纳条约法公约》第31条以及《国际法院规约》第38条作为解释的指导原则。而上述两条国际法规则本身就蕴含了"善意"和其他法律原则的成分。④

为此，我们对中国涉诉的所有已决案件中法律原则的适用进行了系统梳理。这些原则包括：非歧视原则⑤、透明度原则⑥、程序公正原

---

① Meinhard Hilf, "Power, Rules and Principles—Which Orientation For WTO/GATT Law?", Journal of International Economic Law, Vol.4, No.1, 2001, p.111.

② Meinhard Hilf, "Power, Rules and Principles—Which Orientation For WTO/GATT Law?", Journal of International Economic Law, Vol.4, No.1, 2001, pp.117—121.

③ James Cameron and Kevin R. Gray, "Principles of International Law in the WTO Dispute Settlement Body", International and Comparative Law Quarterly, Vol.50, No.2, 2001, p.248.

④ 比如《国际法院规约》第38条规定，法院对于陈诉各项争端，应依国际法裁判之，裁判时应适用：……（寅）一般法律原则为文明各国所承认者。

⑤ Panel Report, China—Rare Earths, paras.7.610—7.612.

⑥ Appellate Body Report, US-Countervailing and Anti-Dumping Measures(Public Law 112—199), paras. 2.85, 2.88. See also Appellate Body Report, US-Underwear, p.21, DSR 1996: I, p.29.

则、①逐步自由化原则②；自然资源主权原则③、条约必须遵守原则④、条约有效解释原则⑤、善意原则和公平原则⑥；疑义从轻原则⑦、技术中立原则⑧、明示其一就排除其他原则⑨、特别法优先原则⑩、司法经济原则。⑪这些原则尽管不如规则运用得那么直白，但并没有被裁判者遗忘，往往渗透在裁判报告中的某一角落。

研究发现，法律原则的适用至少表现三大特征。第一，裁判者在疑难案件中通过法律原则的适用为自己解围，这突出地表现为司法经济原则的适用。如在“禽肉案”中，美国《2009年综合拨款法》727条款违反多达9条WTO规则，专家组鉴于已裁定美国违反了GATT 1994第11.1条，而对中国的其他请求未作出裁定。⑫再如，在中国诉美国反补

① Panel Report，China-Rare Earths，para. 7. 19；Appellate Body Report，US-Countervailing and Anti-Dumping Measures(Public Law 112—99)，para.2.9.

② Panel Report，China—Electronic Payment Services，para.7.197；Panel Report，China—Publications and Audiovisual Products，para.4.270.

③ Panel Report，China—Raw Materials，para.7.367，7.378，7.381；Panel Report，China-Rare Earths，para.7.5.2.1.2.

④ DS379 Appellate Body Report，US-Anti-Dumping and Countervailing Duties (China)，para.29.

⑤ Panel Report，US-Countervailing Measures(China)，para.7.41.

⑥ Panel Report，China—Automobiles(US)，para.7.209；Appellate Body Report，China—GOES，para.126；Panel Report，China—X-Ray Equipment，paras.7.26，7.33；Panel Report，China—Rare Earths，para.7.349；Panel Report，EU-Footwear(China)，para.7230.

⑦ Panel Report，China—Publications and Audiovisual Products，paras. 4. 161，7.1165；Panel Report，China—Measures Affecting Imports of Automobile Parts，paras. 4.174—176.

⑧ Panel Report，China—Publications and Audiovisual Products，paras. 5. 33，4. 69，4.476，4.477，4.224，7.1237.

⑨ Panel Report，China—Raw Materials，para.7.49，Appellate Body Report，US-Anti-Dumping and Countervailing Duties(China)，para. 235；Panel Report，US-Tyres (China)，para.7.173.

⑩ Appellate Body Report，US-Anti-Dumping and Countervailing Duties(China)，para.315；Panel Report，EU-Footwear(China)，para.7.95.

⑪ Panel Report，EC-Fasteners (China)，para.7.306；Appellate Body Report，US-Wool Shirts and Blouses，DSR 1997：I，323 at 340.

⑫ Panel Report，EC-Fasteners(China)，para.7.306；Appellate Body Report，India-Patents(US)，para.87.

贴立法案（GPX法案）中，针对中方提出的美国关税法修订案违反世贸规则的主张，上诉机构认定由于专家组对于案件事实分析不足，其无法完成关于该关税法修订案是否违反了GATT 1994第10.2条的分析。[①]第二，不仅裁判者主动采用法律原则，争端方也积极利用法律原则为其作辩护。在中国诉欧盟紧固件反倾销案件中，欧盟就提出其域内《反倾销规则》第9.5条符合《反倾销协定》的规定，而《反倾销协定》相比起GATT第1.1条属于特别法，因此其并未违反WTO义务。[②]第三，不仅是WTO法内的法律原则被适用，国际公法和一般国内法，甚至是电子商务中确立的原则也在事实中被适用，如技术中立原则。

**（三）国际法其他领域中对法律原则的重视**

一般而言，不同的国际司法机构有各自的法律适用渊源。受传统实证法学理论的影响，20世纪以前的国际法学者大多主张国际法只包括条约和国际习惯两类。早先，在国际常设法院创设时，为了预防出现无法可依的情况，引入了带有自然法成分、被称为第三渊源的一般法律原则。1946年国际法院取代常设国际法院，在其《国际法院规约》第381条明确将“一般法律原则”列为国际法院法律适用的渊源。此外，《维也纳条约法公约》也将原则置于解决国际争端的重要位置，在开篇序言中指出“确认凡关于条约之争端与其他国际争端同，皆应以和平方法且依正义及国际法之原则解决之”。劳特派特也曾列出国际常设法院和国际法院所作的判决和咨询意见中涉及的一般法律原则，这其中包括当事者不得自己审判、违反约定就有赔偿的义务和禁止反言等原则。[③]在国际司法中，法律原则能否得到援引和适用无疑是国际法有效性的一个重要体现。

国际法院的著名案例北海大陆架案（1969年）就涉及“等距离”方法与公平原则的对抗。丹麦和荷兰认为，以等距离（中间线）方法划分三国

① Appellate Body Report, US-Countervailing and Anti-Dumping Measures(Public Law 112—199), para.5.1.

② Panel Report, US-Tyres(China), para.7.95.

③ 王铁崖：《国际法引论》，法律出版社1995年版，第94—95页。

北海大陆架是合理的。德国认为等距离无论作为协定规则或是习惯规则对本案都不能适用,因为这对德国不公平。最终,国际法院认为,划界应通过协定,按照公平原则进行。依据北海的情形,不顾地理环境而单纯根据等距离方法划界,由此引起的表面简化是不公平的。①该案裁决的意义还在于对1982年《联合国海洋法公约》的划界制度起到一定影响。

在另一起著名的突尼斯—利比亚大陆架案(1982)中,国际法院明确指出:划界应根据公平原则并考虑一切有关情况进行。最终,国际法院在本案中适用了北海大陆架案所提出的公平原则,同时参考了英法大陆架仲裁案的公平调整方法,解决了两个相邻国家的大陆架划界争端。②此外,还有学者研究指出,法律原则在国际行政法庭也被大量援引,如联合国行政法庭、国际劳工组织行政法庭等,都曾在判决中明确提及一般法律原则的法律渊源地位。世界银行行政法庭在其设立后的第一起案件德·麦洛德案中称"一般法律原则,是与世界银行职员权利义务相关的另一法律渊源,它的可适用性事实上已为世界银行所承认"。③可见,尽管法律原则具有一定的模糊性,但是依然得到国际司法机构的广泛认可。

**(四)疑难案件中法律原则适用对中国的特殊意义**

必须承认,国内对WTO原则的研究主要集中在非歧视原则,而大多数教科书及有关世贸组织的专著中对其他基本原则大多是泛泛提及,甚至认为WTO争端解决机构适用的法律渊源只限于规则;只有极少数的文献是对世贸组织某一具体原则的讨论。④从规则的角度而言,

---

① International Court of Justice Reports of Judgments, North Sea Continental Shelf(Federal Republic of Germany/Netherlands), Judgment of 20 February 1969, http://www.icj-cij.org/docket/files/52/5561.pdf.

② International Court of Justice Reports of Judgments, North Sea Continental Shelf(Tunisia/Libyan Arab Jamahiriya), Judgment of 24 February 1982, http://www.icj-cij.org/docket/files/68/6415.pdf.

③ 邓烈:《国际行政法庭与国际法渊源》,载《法学评论》2004年第4期,第87—88页。See also de Merode, WBAT Reports, 1981, Decision No.1.

④ 曾华群:《论优惠与差别待遇条款的发展及其法理基础》,载《厦门大学学报》2003年第6期,第5—13页;韩秀丽:《寻找WTO法中的比例原则》,载《现代法学》2005年第4期,第185页。

中国作为后加入者，需要交纳所谓的“入门费”，承担着“超 WTO 义务”。[①]某些案例中，如果遵循机械的文本解释主义，对中国不利。此时借助法律原则，能够使权利义务的天平趋于平衡。WTO 法律原则的含义正是在使用中变得日趋丰富。中国在争端解决中通过援引对自身有利的法律原则，步步为营，形成一种“累积效应”，在一定程度上可以弥补某些不利规则的影响。如在“稀土案”中，既然中国的出口税难以满足 GATT 第 20(g)条的严格要求，则关于前置性问题——能否援引该例外规则的争议，当时甚至可考虑使用司法经济的原则暂时搁置争议，以防止在该问题上形成对中国不利的先例裁决。

“疑义从轻”是另一个对中国具有特殊意义的原则，它可以缓解条约解释对中国的不利现状。疑义从轻原则较早出现在欧共体荷尔蒙牛肉案中，该案上诉机构指出，裁判者“不能轻易地假设主权国家打算给他们自身承担更大的义务”。[②]“出版案”中，在界定分销服务是否包括网络音乐服务时，中国指出疑义从轻原则要求严格解释中国的《服务贸易总协定》承诺表，要求主权国家承担的义务必须以条约为基础。[③]尽管该原则并未使得中国胜诉，但原因之一是存在对中国的不利证据。因为在 20 世纪 90 年代末在线音乐服务就已经存在，并且 2000 年 2 月 21 日，中美两家企业之间签署了一份在中国设立电子分销音乐的合作经营协议。[④]在“汽车零部件案”中，[⑤]中国提出“汽车”(motor vehicles)一词不存在歧义，如果专家组打算重新界定该词的词义时，也应该遵循疑义从轻的原则，使得中国享有和其他成员一样的实施其关税措施的权利，以阻止一些实体通过在中国国内组装整车的形

① Julia Ya Qin, "'WTO-Plus' Obligations and Their Implications for the WTO Legal System—an Appraisal of the China Accession Protocol", Journal of World Trade Vol.37, No.3, 2003, pp.483—522.

② Appellate Body Report, EC-Hormones, para.165, n.154.

③ Panel Report, China—Publications and Audiovisual Products, paras. 4. 161, 7.1165.

④ 李成钢主编：《世贸组织规则博弈》，商务印书馆 2011 年版，第 355 页。

⑤ Panel Report, US-Tyres(China), paras.4.174—176.

式规避税负。因此,法律原则的适用更能实现中国在 WTO 中权利义务平衡。

## 第二节　WTO 疑难案件的解释原则及其适用

相比起规则,世贸组织的裁判者对于法律原则的适用总是显得有些胆怯,甚至他们在适用这些原则时也显得有些不敢承认。①其中的原因可能包括裁判者担心越过世贸组织现有规则赋予的权限,进而遭受成员的批评,②但情况似有改观。经由对司法裁判实践的考察,在此将世贸组织中法律原则的适用类型细分为三类:WTO 内部法律原则,WTO 外部国际公法原则,WTO 外部一般法律原则,在此举例说明。

### 一、WTO 内部法律原则之适用:程序公正

在 WTO 争端解决机制中,同样有着严格的程序要求。《关于争端解决规则与程序的谅解》(DSU)关于裁判者审理时间和《工作程序》的规定便是很好的体现。③在"稀土案"中,涉及的一个重要争议便是新证据提交时间的程序性规定。在本案专家组第二次实质会议之后,美国向专家组提供了十份证据材料(含四份专家报告)。④中国对此表示了强烈

① Andrew D.Mitchell, Legal Principles in WTO Disputes, Cambridge: Cambridge University Press, 2008, p.273.

② Lisa Hemingway, Book Review: Legal Principles in WTO Disputes(By Andrew D.Mitchell), Journal of International Economic Law, Vol.13, No.2, 2010, pp.516—517.

③ 参见 DUS 第 12 条(专家组程序)、第 17 条(上诉审议程序)以及附录 3《工作程序》。

④ 这十组证据包括"商务部关于公布 2013 年稀土出口企业名单并下达第一批出口配额的通知"(2012 年 12 月 17 日),"稀土开采控制被指形同虚设　实际产量年年超标"(新浪网,2011 年 4 月 1 日)等,旨在证明中国违反入世承诺。

反对，要求专家组驳回原告提供的证据。美国则认为 DSU《工作程序》允许各方针对对方提出的答复进行抗辩和评论，上述十份证据都是与其对中国的评论一起提出的，因此并不违反《工作程序》的要求。根据《工作程序》第 7 段规定，“任何一方不应在晚于第一次实质性会议前提交所有的实质性证据，除非是基于对另一方所必要的抗辩、问题回复和答复评论”。然而，什么样的证据可以被认为是“抗辩”“评论”，立法上并未规定，在实践中难以拿捏。

为此，本案中专家组特别引用了此前案件的一个裁判观点。专家组指出在泰国香烟案中上诉机构认为，“程序公正（Due Process）是 WTO 争端解决的根本原则，专家组必须保证该原则得到尊重，维护好程序公正原则是保证司法裁判机制合法性和效率的最重要方式之一”。①专家组认为，针对第二次会议之后原告提供的证据不予采纳，并具体分析了原因。第一，针对美国搜集的关于中国稀土措施的负面报道，专家组认为上述证据应该更早就提出。如对于一些新闻信息早在 2012 年前就已经刊登，不必等到 2013 年 7 月才提供。第二，新证据提出将影响案件审判进度。DUS 第 3.3 条规定：“高效解决纠纷对于保证 WTO 争端解决机制的有效运作是必要的。”在此前泰国香烟案中，上诉机构提出应该考虑到案件应该以一种及时有效的方式解决。在本案专家组看来，迟于规定时间提出的“新证据”将会给裁判带来不必要的拖延。总之，专家组并非否定这些证据材料的功能，而是认为原告完全有条件可以更早提出，如果专家组接受则将违反 WTO 的程序公正原则，影响审判效率。

美国对专家组的上述裁判进行了上诉，认为其证据符合法律规定。但是上诉机构再次强调了程序公正原则，并支持了本案专家组的一审裁决。上诉机构认为专家组的裁判并未违反 DSU 第 11 条（专家组职能）和第 12.4 条（专家组程序）中的规定，美国的上诉请求未获支持。②

① Appellate Body Report, Thailand—Cigarettes, para.147.

② Appellate Body Report, China—Rare Earths, paras.5.526—5.528, para.6.3.

因此在该问题上，专家组和上诉机构都接受了中国的观点，也正是基于程序公正这一原则为裁判者提供了裁判的合法性依据。同时，该案对中国的启示是：以此为例，未来提交证据应充分考虑到时间节点，考虑裁判实践中对程序公正原则的要求。

## 二、WTO 外部国际公法原则之适用：自然资源主权

自然资源主权是国家主权的一个重要组成部分。联合国大会于 1962 年通过了《天然资源之永久主权》，其中第一条规定："各民族及各国行使对天然财富与资源之永久主权，必须为其国家之发展着想。"① 1974 年联合国大会通过了发展中国家提出的《关于建立新的国际经济秩序的宣言》和《建立国际经济新秩序的行动纲领》，强调"每个国家对自己的自然资源和一切经济活动拥有充分的永久主权"；②并"帮助各国行使对自然资源的永久主权"。③另外，1974 年联合国大会通过的《各国经济权利与义务宪章》也明确规定："每个国家对其全部财富、自然资源和经济活动享有充分的永久主权。"④需要强调的是国际公法上的这一原则已经得到 WTO 争端解决实践的认可，并且对解决一些案例中的争议起到了帮助作用。

在"原材料案"中，原被告双方对于原材料是否属于"可用竭的自然资源"并无争议，而对于中国限制出口措施是否符合"与保护可用竭的自然资源有关"发生争议。中国认为其限制措施是基于"资源日趋减少，以及经济和社会可持续发展的目标"，而美国、欧盟则认为，中国的限制措施是为了保护下游产业的利益，不符合 GATT 第 20 条(g)款意义上的"保护"之要求。⑤为此，专家组认为根据《维也纳条约法公约》第

---

① 参见 1962 年联合国大会第十七届会议通过《天然资源之永久主权》的决议，决议编号 A/RES/1803(XVII)。

②③ 参见《建立国际经济新秩序的宣言》，决议文号 A/RES/3201(S—VI)，第四段第(5)项。

④ 参见《各国经济权利和义务宪章》，公约编号：A/RES/3281(XXIX)。

⑤ Panel Report, China—Raw Matrials, paras.7.362—7.369.

31.3条的规定，在解释GATT第20条(g)款时，应该考虑国际法中的自然资源主权原则，应该以尊重WTO成员自然资源主权的方式解释和使用该例外条款。该原则赋予了成员以推动自身发展的方式使用自然资源，通过规制自然资源的利用，实现可持续发展。①当然本案之所以败诉主要在于中国对原材料的国内开发使用未能进行很好地限制，违反了非歧视原则。另外，在“稀土案”中，中国提出的“自然资源主权原则”同样得到了本案专家组的认可。专家组指出该原则“允许各成员根据其需要和经济发展，自由使用和开发其资源”，并认为该原则尤其是在解释GATT第20(g)条时，对于专家组起到帮助作用。②可见，裁判者已经开始意识到法律原则对其审判的积极价值。

## 三、WTO外部一般法律原则之适用：司法经济原则

依照传统理论，国际组织和国家之间是一种代理的关系，因此国际组织树立自身的权威显得尤其重要，对于重大疑难案件的处理不当必将影响其司法权威。DSU第17.12条规定，上诉机构应在上诉程序中处理专家组报告涉及的每一个法律问题和法律解释。然而，世贸组织的裁判实践突破了该条的规定，确立了上诉机构对司法经济原则的适用。在美国羊毛衫案中，上诉机构指出，“争端解决机制的明确目的在于保证有效地解决纠纷”，“而非利用澄清现有条款的方式实现‘造法’”。③司法经济原则使得裁判者可以适当回避一些问题，减少争端解决机构报告对败诉方的不利影响。因为司法过度激进可能加重成员方的义务，导致争端解决机构丧失成员方的信赖。更为严重的是，成员方在新一轮谈判中将更加小心翼翼地使其承诺精确化，防止司法裁决中

---

① Panel Report, China—Raw Matrials, paras.7.378, 7.381.

② Panel Report, China—Rare Earths, paras.7.5.2.1.2, 7.265, 7.266. See also United Nations General Assembly Resolution 626(VII), Right to Exploit Freely Natural Wealth and Resources(21 December 1952).

③ Appellate Body Report, US—Wool Shirts and Blouses, pp.10—11，参见DSU第3.7条，“争端解决机制的目的在于保证使争端得到积极解决”。

对其不利,这种高度防备且最终阻碍贸易自由化的长期进程,[①]这对一波三折的多哈谈判尤其不利。

在中国涉诉案例中,也多次涉及司法经济原则。在前述讨论的关于"加工的(processed)原材料"是否属于"可用竭自然资源"问题,该案专家组便采取了司法经济的原则,认为在该案中没有必要对此进行精确的界定。[②]此外,通过比较"稀土案"和"原材料案"上诉机构的裁判结果发现,此次"稀土案"的裁决结论并未毫不掩饰地写明:"《中国加入议定书》第11.3条缺乏援引GATT第20条的法律基础。"[③]在世贸组织的案件审理中,有时候申诉方往往指控被诉方同一措施违反了不同条文或是不同条约,裁判者没有必要解决申诉方的所有请求。[④]当然,在印度专利案中,上诉机构指出专家组需要审慎地决定申诉方的那一个请求必须解决进而有效地解决争端。[⑤]总之,适时采用司法经济的法律原则,可以有效防止裁判者自身陷入漩涡,骑虎难下,[⑥]这种含蓄既保证了裁决报告的可接受性又不至于减损成员方的利益。

## 四、WTO司法经济原则适用的法律实践

近年来,世贸组织有将近50起案件广泛涉及司法经济原则。在中国诉美国禽肉限制措施案(DS392)中,美方要求专家组根据《卫生与植

---

① 吕晓杰:《对WTO争端解决机制中司法经济原则功能的再思考》,载《环球法律评论》2008年第6期,第81—89页。Marc L.Busch and Krzysztof J.Pelc, "The Politics of Judicial Economy at the World Trade Organization", International Organization, Vol.64, No.2, 2010, p.262.

② Panel Report, China—Rare Earths, para.7.250.

③ Appellate Body Report, China—Raw Matrials, para.362; Appellate Body Report, China—Rare Earths, para.6.1.

④ 参见WTO官网:"Legal issues arising in WTO dispute settlement proceedings", http://www.wto.org/english/tratop_e/dispu_e/disp_settlement_cbt_e/c10s4p1_e.htm。

⑤ Appellate Body Report, India—Patents(US), para.87.

⑥ 有关司法经济的更多论述,还可参见Panel Report, US—Poultry(China), para.7.306; Appellate Body Report, India—Patents(US), para.87。余敏友、陈喜峰:载《论解决WTO法内部冲突的司法解释原则》(下),《法学评论》2002年第6期,第105页。

物卫生措施协定》(《SPS 协定》)第 2.3 条、第 5.5 条、第 8 条和附件 C 以及《关税与贸易总协定》GATT 1994 第 1 条对中国提出的主张应用司法经济原则，中国对美国的请求表示了强烈反对。[①]中国认为美国关于司法经济的论点是不适当的，这些论点的实质内容在很大程度上重复了曾经提出的已经被专家组否定的论点，在这种情况下不需要再次审议。同时中国认为，它们是基于对《SPS 协定》、GATT 1994 和基本事实的错误陈述。中国重申专家组和上诉机构的声明：一方当事人在中期复审阶段重复先前的论点是不适当的，在中期进一步发展的论点不在专家组的管辖范围内。[②]

在对双方的请求和意见进行了认真审议之后，专家组认为美国对中国家禽产品和其他世贸组织成员家禽产品在适当保护水平上的区别导致了对中国的歧视，同时食品安全和检验局批准程序的过度拖延与司法经济原则不符，从而决定对美方提出的司法经济请求不予接受。[③]

值得一提的是，在此案的专家组裁决报告中多次借鉴上诉机构在加拿大诉澳大利亚鲑鱼进口措施案中对司法经济原则的解释："在适用司法经济原则时，必须牢记争端解决制度的目的——解决有争议的问题，'确保争端得到积极的解决'。仅仅提供的部分问题的解决办法是错误的司法经济。专家组必须处理那些需要作出裁决的主张，以便争端解决机构能够作出足够精确的建议和裁决。"[④]专家组在此案中对待司法经济原则的审慎态度，一定程度上也体现了司法经济原则的适用正在发展的过程中逐步规范化和制度化。以下为典型的涉及司法经济案例的列表。

---

① Panel Report, US—Poultry, para.6.13.

② Panel Report, US—Poultry, paras.6.20—6.22.

③ Panel Report, US—Poultry, paras.6.29—6.31.

④ Panel Report, US—Poultry, para.7.307, See also Appellate Body Report, Australia—Salmon, para.223.

**表 3-1 世贸组织中涉及“司法经济”原则的案件**

| 序号 | 裁决编号 | 案件名称 | 裁判者 | 裁决发布日期 |
|---|---|---|---|---|
| 1 | WT/DS363/R | 中国—关于影响贸易权利的措施和影响若干出版物及娱乐音像产品的分销服务的措施案 | Feliciano, Dorantes, Haeberli | 2009 年 8 月 12 日 |
| 2 | WT/DS405/R | 欧盟—关于中国若干鞋类产品的反倾销措施案 | Buencamino, Frechette, Greenfield | 2011 年 10 月 28 日 |
| 3 | WT/DS394, 395, 398/R | 中国—关于若干原材料出口的有关措施案 | Rosselli, Higgie, Wisnumurti | 2011 年 7 月 5 日 |
| 4 | WT/DS379/R | 美国—关于中国若干产品的最终反倾销和反补贴税案 | Walker, Jacobsz, A.Brown | 2010 年 10 月 22 日 |
| 5 | WT/DS397/R | 欧共体—关于中国若干钢铁紧固件的最终反倾销措施案 | Baptista, Mulgrew, Reich | 2010 年 12 月 3 日 |
| 6 | WT/DS339, 340, 342/R | 中国—关于影响汽车零部件进口的措施案 | Lacarte-Muro, Bhatia, Meier | 2008 年 7 月 18 日 |
| 7 | WT/DS363/AB/R | 中国—关于影响贸易权利的措施和影响若干出版物及娱乐音像产品的分销服务的措施案 | Oshima, Hillman, Ramírez-Hernández | 2009 年 12 月 21 日 |
| 8 | WT/DS413/R | 中国—关于影响电子支付服务的若干措施案 | Plasai, Feldman, Redrado | 2012 年 7 月 16 日 |
| 9 | WT/DS492/R | 欧盟—关于影响若干禽肉产品关税减让的措施案 | Cayrús, Hayashi, Ridings | 2017 年 3 月 28 日 |
| 10 | WT/DS437/AB/R | 美国—关于中国若干产品的反补贴税措施案 | Van den Bossche, Bhatia, Chang | 2014 年 12 月 18 日 |
| 11 | WT/DS397/AB/R | 欧共体—关于中国若干钢铁紧固件的最终反倾销措施案 | Oshima, Hillman, Unterhalter | 2011 年 7 月 15 日 |
| 12 | WT/DS471/R | 美国—关于若干方法及其在涉及中国的反倾销诉讼中的应用案 | Perez Gabilondo, Leycegui Gardoqui, Neri de Ross | 2016 年 10 月 19 日 |

（续表）

| 序号 | 裁决编号 | 案件名称 | 裁判者 | 裁决发布日期 |
| --- | --- | --- | --- | --- |
| 13 | WT/DS427/R | 中国—关于美国肉鸡产品的反倾销和反补贴税的措施案 | Khilji，Frechette，Orozco | 2013 年 8 月 2 日 |
| 14 | WT/DS392/R | 美国—关于影响中国进口家禽的若干措施案 | Lundby，Lopeandia，Saeed | 2010 年 9 月 29 日 |
| 15 | WT/DS379/AB/R | 美国—关于中国若干产品的最终反倾销和反补贴税案 | Ramírez-Hernánde，Bautista，Van den Bossche | 2011 年 3 月 11 日 |
| 16 | WT/DS399/R | 美国—关于影响从中国进口若干客车和轻型卡车轮胎的措施案 | Lafer，D.McRae，Catibayan | 2010 年 12 月 13 日 |
| 17 | WT/DS414/R | 中国—关于美国取向硅钢的反补贴与反倾销税案 | Adank，Abad，Heukelman | 2012 年 6 月 15 日 |
| 18 | WT/DS454，460/R | 中国—关于欧盟和日本高性能不锈钢无缝钢管（“HP-SSST”）征收反倾销税的措施案 | Mendoza，Sin Far Lee，Brink | 2015 年 2 月 13 日 |
| 19 | WT/DS425/R | 中国—关于欧盟 X 射线安全检查设备的最终反倾销税案 | Perez Motta，A.Brown，B.LeBlanc | 2013 年 2 月 26 日 |
| 20 | WT/DS397/AB/RW | 欧共体—关于中国若干钢铁紧固件的最终反倾销措施案，中国援引 DSU 第 21.5 条 | Ramírez-Hernánde，Graham，Servansing | 2016 年 1 月 18 日 |
| 21 | WT/DS471/AB/R | 美国—关于若干方法及其在涉及中国的反倾销诉讼中的应用案 | Bhatia，Ramírez-Hernánde，Servansing | 2017 年 5 月 11 日 |
| 22 | WT/DS362/R | 中国—关于影响知识产权保护和执行的措施案 | Macey，Porzio，Tiwari | 2009 年 1 月 26 日 |
| 23 | WT/DS339，340，342/AB/R | 中国—关于影响汽车零部件进口的措施案 | Bautista，Hillman，Sacerdoti | 2008 年 12 月 15 日 |
| 24 | WT/DS427/R | 中国—关于美国肉鸡产品的反倾销和反补贴税的措施案，美国援引 DSU 第 21.5 条 | Khilji，Frechette，Orozco | 2018 年 1 月 18 日 |

（续表）

| 序号 | 裁决编号 | 案件名称 | 裁判者 | 裁决发布日期 |
|---|---|---|---|---|
| 25 | WT/DS397/RW | 欧共体—关于中国若干钢铁紧固件的最终反倾销措施案，中国援引DSU第21.5条 | Buencamino，Mulgrew，Reich | 2015年8月7日 |
| 26 | WT/DS414/RW | 中国—关于美国取向硅钢的反补贴与反倾销税案，美国援引DSU第21.5条 | Adank，Abad，Heukelman | 2015年7月31日 |
| 27 | WT/DS363/R | 中国—关于影响贸易权利的措施和影响若干出版物及娱乐音像产品的分销服务的措施案 | Feliciano，Dorantes，Haeberli | 2009年8月12日 |
| 28 | WT/DS405/R | 欧盟—关于中国若干鞋类产品的反倾销措施案 | Buencamino，Frechette，Greenfield | 2011年10月28日 |
| 29 | WT/DS394，395，398/R | 中国—关于若干原材料出口的有关措施案 | Rosselli，Higgie，Wisnumurti | 2011年7月5日 |
| 30 | WT/DS379/R | 美国—关于中国若干产品的最终反倾销和反补贴税案 | Walker，Jacobsz，A.Brown | 2010年10月22日 |
| 31 | WT/DS397/R | 欧共体—关于中国若干钢铁紧固件的最终反倾销措施案 | Baptista，Mulgrew，Reich | 2010年12月3日 |
| 32 | WT/DS339，340，342/R | 中国—关于影响汽车零部件进口的措施案 | Lacarte-Muro，Bhatia，Meier | 2008年7月18日 |
| 33 | WT/DS413/R | 中国—关于影响电子支付服务的若干措施案 | Plasai，Feldman，Redrado | 2012年7月16日 |
| 34 | WT/DS492/R | 欧盟—关于影响若干禽肉产品关税减让的措施案 | Cayrús，Hayashi，Ridings | 2017年3月28日 |
| 35 | WT/DS471/R | 美国—反倾销方法措施案 | Perez Gabilondo，Leycegui Gardoqui，Neri de Ross | 2016年10月19日 |
| 36 | WT/DS427/R | 中国—关于美国肉鸡产品的反倾销和反补贴税的措施案 | Khilji，Frechette，Orozco | 2013年8月2日 |

（续表）

| 序号 | 裁决编号 | 案件名称 | 裁判者 | 裁决发布日期 |
| --- | --- | --- | --- | --- |
| 37 | WT/DS392/R | 美国—关于影响中国进口家禽的若干措施案 | Lundby，Lopeandia，Saeed | 2010 年 9 月 29 日 |
| 38 | WT/DS399/R | 美国—关于影响中国进口若干客车和轻型卡车轮胎的措施案 | Lafer，D.McRae，Catibayan | 2010 年 12 月 13 日 |
| 39 | WT/DS414/R | 中国—关于美国取向硅钢的反补贴与反倾销税案 | Adank，Abad，Heukelman | 2012 年 6 月 15 日 |
| 40 | WT/DS454，460/R | 中国—关于欧盟和日本高性能不锈钢无缝钢管（“HP-SSST”）征收反倾销税的措施案 | Mendoza，Sin Far Lee，Brink | 2015 年 2 月 13 日 |
| 41 | WT/DS425/R | 中国—关于欧盟 X 射线安全检查设备的最终反倾销税案 | Perez Motta，A.Brown，B.LeBlanc | 2013 年 2 月 26 日 |
| 42 | WT/DS362/R | 中国—关于影响知识产权保护和执行的措施案 | Macey，Porzio，Tiwari | 2009 年 1 月 26 日 |
| 43 | WT/DS427/R | 中国—关于美国肉鸡产品的反倾销和反补贴税的措施案，美国援引 DSU 第 21.5 条 | Khilji，Frechette，Orozco | 2018 年 1 月 18 日 |
| 44 | WT/DS397/RW | 欧共体—关于中国若干钢铁紧固件的最终反倾销措施案，中国援引 DSU 第 21.5 条 | Buencamino，Mulgrew，Reich | 2015 年 8 月 7 日 |
| 45 | WT/DS414/RW | 中国—关于美国取向硅钢的反补贴与反倾销税案，美国援引 DSU 第 21.5 条 | Adank，Abad，Heukelman | 2015 年 7 月 31 日 |

## 五、WTO 疑难案件中法律原则适用的中国考虑

对中国而言，一些法律原则在疑难案件中的适用需要特别重视，需要根据中国争端案例的特征，强化有利原则的适用，这主要包括前述讨论的程序公正和自然资源主权原则以及发展成员特殊和差别待遇原

则、疑义从轻原则和可持续发展原则等。同时，目前需审慎对待透明度、贸易自由化和技术中立原则。

发展成员特殊和差别待遇原则的制度设计虽符合实质公平原则，也满足了不同国家尤其是发展中国家和欠发达国家的需要，但却成了发展中成员的一个“美丽童话”，华而不实。该原则之所以未得到很好的利用，究其原因包括：本身概念较为模糊，不易界定；而且，在其他国际法和一般法律原则中没有关于该原则的表述和实践，并且与WTO非歧视原则在形式上正好相反，因此未能得到很好的利用。①但有学者认为，在全球化浪潮中此种差别待遇应该被坚持，以使全球都能实质上平等地共享利益，并提出了变革建议，如放弃使用“发展中国家”这一模糊不清的概念；应当采取一种可以提升成员政府和公共团体能力、目标明确的发展方法，并对这些成员明确归类等。②

可持续发展是对中国以及广大发展中成员另一有利原则。该原则是基于《WTO协定》前言规定，即“认识到在处理贸易和经济领域的关系时……同时应依照可持续发展的目标”。该原则主要是出于发展中国家保护环境和下一代发展的需要之目的而确立的，这符合发展中成员和中国的利益，在未来可能涉及的环境资源案件中，应该力求裁判者对该原则予以重视。

相比起上述原则，透明度原则、贸易自由化原则和技术中立原则则需要中国现阶段审慎注意。二战后国际经济合作的法律架构很大程度上是美国领导的产物，透明度作为一项多边贸易体制的基本原则，它是建立在美国行政法的基础之上。③透明度强调贸易措施的及时公开与可以获得，要求各成员制定的法律、法规、司法决定和行政裁决应及时

---

① Andrew D.Mitchell, Legal Principles in WTO Disputes, Cambridge University Press, 2008, p.272.

② 具体分析讨论可参见，陈虹睿、王璐：《西安交通大学学报》(社会科学版)2013年第1期，第114—118页。陈建福：《发展中国家差别待遇和WTO完整性研究》，载莫世健主编：《WTO与公平贸易：现时问题和中国的对策》，人民法院出版社2006年版。

③ Terry Collins-Williamsand Robert Wolfe, “Transparency as a Trade Policy Tool: the WTO's Cloudy Window”, World Trade Review, Vol.9, No.4, 2010, p.552.

公布。然而，世贸组织在其成员及其贸易体制上的“天窗”要比理想中的状态显得阴暗，并且常常是一种不平等的阴暗。①入世谈判初，不少原关贸总协定缔约方认为“中央集权”的统治传统和特有的“关系”谱系导致中国社会管理缺乏法律成分和透明度。②为减少入世阻力，中国在透明度方面作出了一些特殊承诺，主要体现在《中国加入议定书》的第2(C)条，其中包括需要将涉外法律翻译为英文等，这也可以解释为中国在透明度方面承担“超 WTO 义务”。在目前的不少争端中，都涉及对中国违反透明度原则的指控，并且还有大量的潜在纠纷存在，需要引起注意。③

贸易自由化也是世贸组织的一个重要原则，甚至有学者认为任何朝着“贸易自由化”方向的解释都应该被置于优先的位置，除非存在与其他原则间的冲突。④无疑，贸易自由化有助于倒逼中国国内的改革，中国亦从中获利。但由于中国入世前处于长期的计划经济时期，在开放标准和自身技术发展方面都还暂时达不到欧美等成员的期待，市场准入开放需要循序渐进。为此，我们应对美国等成员主张的贸易自由化和技术中立原则需保持审慎，防止上述原则的泛化和滥用。

对于法律原则，和西方学者相比，国内在理论研究上的深度和广度都有待强化。从实践运用的角度而言，我们看到不少案例中已经开始渗透对法律原则的援引，对此需要引起重视。世贸组织的裁判实践表明，WTO 法律原则并非封闭的，我们不但需要研究中国涉诉案例中的裁判原则，还需研究世贸组织成立以来近 400 起已决案例中法律原则

---

① Terry Collins-Williamsand Robert Wolfe, “Transparency as a Trade Policy Tool: the WTO's Cloudy Window”, World Trade Review, Vol.9, No.4, 2010, p.552.

② Stephen Kho, “The Impact of the World Trade Organization on the Lack of Transparency in the People's Republic of China”, Contemporary Asian Studies Series, Vol.2, 1998, p.5.

③ See Reports of the Panel, China—Raw Materials, paras.7.800—7.8001.

④ Meinhard Hilf, “Power, Rules and Principles—Which Orientation for WTO/GATT Law?”, Journal of International Economic Law, Vol.4, No.1, 2001, p.117.

适用实践;不但需要关注世贸组织本身的法律原则,还需要深入研究国际公法中的法律原则及判例,在大数据时代甚至需要关注互联网中的基本原则。总之,法律原则是“权利”的另一种更深刻的表达方式,我们需要像对待法律规则一样对待法律原则,提高法律论证中的技艺水平。

和国内法一样,WTO规则体系亦存在“空缺结构”,在司法适用中不可能承担“自动售货机”的功能。德沃金关于“疑难案件的裁决应该考虑法律原则这一参数”的经典论述,[①]无疑为世贸组织解决疑难案件提供了一条新思路。在WTO争端中我们尚不能高喊:法律原则是通往寻求裁判的“唯一正确答案”之路。但是,在法律论证方面,我们不应留下与哈特当年相同的遗憾——“对法律原则着墨太少”;或只是作为应急之用,在意识中并未考虑将其作为一种有效的论证手段。仅仅围绕默不作声的法律规则(条文)的争论,无助于疑难案件的解决,有时甚至让我们自己陷入不利的死胡同。如同“法理学是司法裁判的无声开场白”一样,在WTO争端中,“法律原则亦可作为中国法律论证的开场白”。

现有的法律原则对中国涉诉疑难案件的解决总体有利,并可在一定程度上缓解当时谈判在法律规则上留下的遗憾或疏忽。一些案例,正是通过法律原则的渗透分析、论证,进而获得了更加有利的结果,比如司法经济原则、自然资源主权原则等。当然对于一些其他领域的原则能否被纳入世贸组织中(如技术中立原则),我们也应保持谨慎。WTO法律原则象征着所有成员的共同价值追求,甚至是基于整个法律历史发展的千年沉淀,其适用保证了多边贸易体系的稳定性和可预期性,以及裁判的可接受性。总之,法律原则是成员对“权利”的一种更深刻的表达,认真对待法律原则也是认真对待权利。

---

① Ronald Dworkin, “Hard Cases”, Harverd Law Review, Vol.88, No.6, 1975, p.1057.

# 第三节　WTO裁判中的其他法律解释及其适用

## 一、循环论证

循环论证(circular argument)、循环推理(circular reasoning)或循环证成(circular justification),指论点的正确性最终由自身支持的推理方式。①循环论证或循环推理有时也泛指包括循环证成、循环因果、循环定义、循环解释等各种有循环形式的陈述。②在探讨争端解决机构对WTO协定解释的效力时,许多学者引用"欧盟、加拿大、美国诉日本酒精饮料税"一案中上诉机构的观点:"已被采纳的专家组报告经常被后面的专家组考虑,它们在世贸组织成员方之间创造出合法的期待,因此,应当在有关的争端中予以考虑。然而,除了在特定的争端方之间外,它们没有约束力。报告的特征和法律地位并没有随《建立世界贸易组织的协议》的生效而改变。未被世贸组织争端解决机构采纳的报告在关贸总协定或世贸组织中。没有任何法律地位。"有作者提出以此证明争端解决机构无权以案例来立法,这种论证方式违反了形式逻辑,犯了循环论证的错误。因此主张应依《关于争端解决规则与程序的谅解》的条文本身的规定来对争端解决机构的裁决的效力作出判断。

## 二、疑义从轻

条约中疑义从轻解释原则(principle of in dubio mitius),是对各国

① Jon C.Freeman Igl. The Common Sense Sat Workbook: The Unofficial Companion to the Official SAT Study Guide. 2010:344. ISBN1449037992.

② Bo Bennett. Circular Reasoning. Logically Fallacious: The Ultimate Collection of Over 300 Logical Fallacies(Academic Edition). 2013. ISBN1456607375.

主权的尊重。其大意是，如果一个条约用语的含义不明，应对承担义务的当事国从轻解释，或对一个当事国的领土和属人最高权干扰较少，或对各当事国一般限制较少。在适用这一原则时，还必须考虑这样一个事实，即承担义务构成条约的主要目的，并且总的来说，各当事国必须被推定为打算使条约有效。

在欧共体荷尔蒙牛肉案中，上诉机构指出：一个成员根据国际标准制定的卫生与植物卫生措施，是被规定在《卫生与植物卫生措施协定》(《SPS协定》)中作为一个在未来得以实现的目标，而不是目前的要求。专家组对第3.1条的解释，将把指南和建议转变为具有约束力的规范。在使用遇有疑义从轻解释的原则时，上诉机构得出结论：我们不能轻易假定，通过要求符合或遵守这些标准、指南和建议，主权国家打算给自己施加更繁重而不是较少负担的义务。要维持这样的假设，以及证明这样广泛的解释正当，制定比《SPS协定》第3条的规定更为具体和令人信服的条约规定，是有必要的。①因此，上诉机构认为专家组的结论是错误的。

不过在中国出版物和音像制品案中，中国援引遇有疑义从轻解释原则的主张，并没有得到专家组和上诉机构的支持。上诉机构指出：在依照《维也纳条约法公约》第31条解释“录音分销服务”时，不认为专家组对《维也纳条约法公约》第32条的适用存在错误，即根据《维也纳条约法公约》第31和32条的分析，“录音分销服务”这一项的意义并不是模糊或不确定的。因此，即使WTO争端解决中存在疑义从轻解释原则，但在该争端中不予适用。②

总之，遇有疑义从轻解释的原则，其目的在于寻求一种最少侵犯或最少干涉一个国家主权的结果。但如果过早和过多诉诸它，则可能导致WTO协定非常保守的解释，在WTO案件中过于有利这些被诉违反

① EC—Measures Concerning Meat and Meat Products (Hormones), WT/DS26/AB/R, WT/DS48/AB/R.

② China—Measures Affecting Trading Rights and Distribution Services for Certain Publications and Audiovisual Entertainment Products, WT/DS363/AB/R.

“义务”的被诉方，其结果之一将是损害 WTO 体制的光辉成就之处，即发展中成员对发达（或其他发展中）国家采取行动的意愿和能力。①

## 三、特别法优于一般法

“特别法优于一般法”，是与“上位法优于下位法”“后法优于前法”相并列的法律基本适用规则之一。该规则起源于罗马法的古典时期，由罗马法学家伯比尼安（Papinianus）首先提出，系指公法权力主体在实施公权力行为中，当一般规定与特别规定不一致时，优先适用特别规定。它不仅见诸法理学说，更是国际法、刑法、民法、行政法等法律适用的一项重要规则。②

在印度尼西亚影响汽车工业的某些措施案中，印度尼西亚提出，在本案中，《补贴与反补贴措施协定》(《SCM 协定》)与 GATT 1994 第 3 条之间的适用存在冲突。《SCM 协定》应作为特别法适用，且《与贸易有关的投资措施协定》(《TRIMS 协定》)也由于 GATT 1994 第 3 条无法适用而同样不能适用。这样，《SCM 协定》就是本案唯一适用的法律。专家组首先忆及在国际公法中避免冲突的推定，认为这种推定也应该在 WTO 框架中适用。随后专家组指出，要确定两项协议或规定之间存在冲突，这些协议或规定必须发生在同样的当事方之间，涉及同一事项，彼此之间相互排斥。《SCM 协定》是关于企业补贴的规定，GATT 1994 第 3 条则是禁止国内产品与进口产品在国内税和其他国内管理方面的歧视，包括当地成分要求，并没有规定禁止提供补贴本身，政府提供补贴的事实并不意味着补贴本身必然在进口产品与国内产品之间造成第 3 条意义上的歧视。《TRIMS》禁止的则是以当地成分要求的形式出现的与贸易有关的投资措施，而不是禁止提供类似补贴的优势。基于这些认识，专家组得出结论说，《SCM 协定》与 GATT 1994 第 3 条和

---

① 许楚敬：《国际公法在 WTO 争端解决中的作用与应用》，载《现代法学》2010 年第 6 期，第 134 页。

② 顾建亚：《“特别法优于一般法”规则适用难题探析》，载《学术论坛》2007 年第 12 期，第 124 页。

《TRIMS》各自具有不同的适用范围，并不会给缔约方施加相互排斥的义务。

而在“土耳其对纺织品和服装进口的限制案”中，印度就土耳其对纺织品和服装进口实施数量限制提出投诉。土耳其抗辩说，这些措施是在缔结土耳其欧共体关税同盟的框架下采取的，且与 GATT 1994 第 24 条区域一体化的规定相一致。第 24 条的规定不应被视为抗辩、例外或豁免，其第 5 款到第 9 款应该被视为特别法，这些规定才是判断关税同盟措施与 WTO 义务一致性的标准。专家组并不同意土耳其的主张，认为第 24 条与《关税与贸易总协定》的关系从这一条文的上下文看是很明显的，第 24 条并不是特别法。该条第 5 款到第 9 款允许的灵活性并不允许采取与 WTO 协定不一致的措施，第 24 条的解释应该采取避免与 WTO 其他规定相冲突的方法进行。专家组最后强调，WTO 协定是“一揽子承诺”，其成员的义务是累积性的。因此，只有在两项条款不能同时适用时，一项特别法条款才有可能优先于另外一项条款。[①]

欧盟香蕉案中，尽管上诉专家组同时适用了 GATT 第 10.3(a)条和《进口许可程序协定》第 1.3 条的规定，但是在报告中专家指出，《进口许可程序协定》应当优先于《关税与贸易总协定》被适用，因为前者在进口许可程序方面相比较于《关税与贸易总协定》的有关规定而言更加专业和具体。[②]

## 四、不溯及既往

不溯及既往原则一般是指法律只适用于其生效以后的行为，对其生效以前的行为不得适用。不溯及既往原则是派生自罪刑法定原则，是确立现代刑事法律制度的一项重要原则。《维也纳条约法公约》第 28 条规定：“除条约表示不同意思，或另经确定外，关于条约对一当事

① 廖诗评：《国际法中的特别法优先原则》，载《法学研究》2010 年第 2 期，第 194 页。
② 徐泉、林卯：《贸易便利化协定在 WTO 争端解决中的适用问题论析》，载《西南政法大学学报》2016 年第 4 期，第 64 页。

国生效之日以前所发生之任何行为或事实,或已不存在之任何情势,条约之规定不对当事国产生拘束力。"

菲律宾诉巴西影响椰子干进口措施一案中,专家组认为《SCM 协定》第 32.3 条规定了法律过渡:"本协定规定适用于根据 WTO 生效之日或生效之后提出之申请发起的调查之调查程序和复审。"而巴西发起的反补贴调查的依据是巴西国内企业 1994 年 1 月提出的申请,因而《SCM 协定》不适用于本案。①欧盟荷尔蒙牛肉进口限制一案中,专家组认为《SPS 协定》是 1995 年 1 月 1 日开始实施的,而欧共体的措施从 1981 年就开始实施,欧共体的措施可以被看作持续存在的措施,这与《维也纳条约法公约》第 28 条规定的情况不同,而且《SPS 协定》中不仅没有不同的意思表示,反而有几个条款明确规定,协定的原则也适用于协定生效前实施、生效后仍有效的措施,因此《SPS 协定》应当适用于本案。②

## 五、条约有效解释

有效解释原则是指,当对条约条款有两种以上解释时,其中一种解释将使该条款具有意义和效力,另一种解释将导致该条款无意义或无效时,解释者应当选择使条约条款具有意义和效力的解释。③英国法学家赫尔施·劳特派特(Hersch Lauterpacht)将有效解释原则定义为意图使条约缔约各方的原始缔约意图有效而非不真实和虚无(unreal and illusory)。④

① 杨荣珍编著:《WTO 争端解决——案例与评析》,对外经济贸易大学出版社 2002 年版,第 542 页。

② 朱揽叶编著:《世界贸易组织国际贸易纠纷案例评析》,法律出版社 2000 年版,第 530 页。

③ Garner Bryan, Black's Law Dictionary, Minnesota: West Publishing, 2004, p.1582.

④ Hersch Lauterpacht, "Restrictive Interpretation and the Principle of Effectiveness in the Interpretation of Treaties," The British Yearbook of International Law, 1949, p.394.

在日本酒税案中[1]，有一个问题就是要对 GATT 1994 第 3 条[2]进行解释。在第 3.2 条中包括两个句子，第一句没有提及第 3.1 条但第二句却明确提及第 3.1 条，这是否有不同的意义呢？上诉机构认为对第 3.2 条第一句的忽略是有意义的。[3]第 3.1 条是整个第 3 条的基本原则，要求对于国内税和其他国内费用不应用来对国内生产提供保护，这是成员国的一项义务。第 3.2 条第一句针对的是“相同国内产品”，第二句针对的是与国内产品“直接竞争或替代的产品”，两者调整的范围不一样，上诉机构认为第二句明确提及第 3.1 条，那么与国内产品“直接竞争或替代的产品”除了要满足本句的要求之外，还应当满足“对国内生产提供保护”这一标准，否则不能认为成员国违反了第二句的规定[4]，如果作出相反的解释会使得“采用其他与本条第一款规定的原则有抵触的办法”这一部分规定没有任何意义。从该案中可以看出，在解释 WTO 协定的时候，如果协定同一条中一个条款提及了其他条款，而另一个条款却没有提及时，这种明确的忽略是有意义的。否则根据有效解释原则将会使提及另一条款的部分失去意义，这就不符合同样的情况予以同样的对待这一价值取向。[5]

此外，争端解决中还可能包括其他原则，如明示其一则排除其他(Expressio unius est exclusion alterius)是指如果在法律或合同等文件中具体指定某一特定的对象，则意味着排除其他未被指定的对象。中国原材料案专家组提出从“明示其一即排除其他”原则看，GATT 1994

---

① WT/DS8/AB/R，WT/DS10/AB/R，WT/DS11/AB/R.

② GATT1994 第 3.1 条规定：“各缔约国认为：国内税和其他国内费用，影响产品的国内销售、兜售、购买、运输、分配或使用的法令、条例和规定，以及对产品的混合、加工或使用须符合特定数量或比例要求的国内数量限制条例，在对进口产品或国产品实施时，不应用来对国内生产提供保护。”第 3.2 条规定：“一缔约国领土的产品输入到另一缔约国领土时，不应对它直接或间接征收高于对相同的国内产品所直接或间接征收的国内税或其他国内费用。同时，缔约国不应对进口产品或国内产品采用其他与本条第一款规定的原则有抵触的办法来实施国内税或其他国内费用。”

③④ See WT/DS8/AB/R，WT/DS10/AB/R，WT/DS11/AB/R，p.24.

⑤ 周旭文：《论 WTO 争端解决中的有效解释原则》，中国政法大学 2006 年硕士学位论文。

**表 3-2　WTO 其他解释方法及其实践**

| 序号 | 裁决编号 | 案件名称 | 裁判者 | 发布日期 | 涉及解释原则 |
|---|---|---|---|---|---|
| 1 | WT/DS265，266，283/AB/R | 巴西、澳大利亚和泰国诉欧盟糖补贴案 | Ganesan，Janow，Taniguchi | 2005 年 4 月 28 日 | 不利解释原则 |
| 2 | WT/DS384，386/AB/R | 美国特定原产国标签(COOL)案 | Bhatia，Ramírez-Hernández，Van den Bossche | 2012 年 6 月 29 日 | 同类规则 |
| 3 | WT/DS394，395，398/R | 中国原物料案 | Rosselli，Higgie，Wisnumurti | 2011 年 7 月 5 日 | 明示其一则排除其他 |
| 4 | WT/DS363/AB/R | 中国影响出版物和视听娱乐产品的贸易权和分销服务措施案 | Oshima，Hillman，Ramírez-Hernández | 2009 年 12 月 21 日 | 疑义从轻 |
| 5 | WT/DS345/R | 美国涉及反倾销税及反补贴税货物的海关担保案 | Cartland，Neri de Ross，Sampson | 2008 年 2 月 29 日 | 特别法优于一般法 |
| 6 | WT/DS316/AB/R | 美国诉欧共体和部分成员国大型客机贸易措施案 | Unterhalter，Bautista，Van den Bossche | 2011 年 5 月 18 日 | 不溯及既往 |
| 7 | ADP/136 | 欧洲共同体音频盒式磁带案 | Magnus Lemme，Hugh McPhail，Rudolf Ramsauer | 1995 年 4 月 28 日 | 循环论证 |
| 8 | WT/DS392/R | 中国诉美国禽肉限制措施案 | Lundby，Lopeandia，Saeed | 2010 年 9 月 29 日 | 条约有效 |

第 20 条不得适用，这可能难以成立。后法优于先法(Lex posterior derogatlegi priori)是指如果就同一事项先后缔结两个不同条约的缔约国完全一致，一般后一个条约规定的义务居于优先地位。先前的条约如果并没有因为后来订立了条约而终止或停止实施，那么，先前的条约只在与后一个条约不相冲突的范围内继续有效。①后法优于前法(lex

① 马呈元:《国际法》(第 3 版)，中国人民大学出版社 2012 年版。

posterior derogat priori)原则,即当有关国内法或有关的 WTO 协定都没有规定何者优先时,适用其生效时间在后的法律规定。①

## 六、法律解释的具体实践:以 GATT 第 20 条为例

### (一) 可用竭自然资源例外规则

"限制原材料出口案"(DS394/395/398)和"限制稀土出口案"(DS431/432/433),都涉及 GATT 第 20 条可用竭自然资源例外规则。在此,将结合案例具体讨论 WTO 争端解决中的法律解释问题。作为 GATT 第 20 条一般例外情形之一,可用竭自然资源例外规则适用的具体方法或步骤,目前已经通过案例的方式基本确定。在适用该一般例外条款时,专家组或上诉机构都是首先检验成员措施是否符合例外清单中的某一项或几项的具体规定,之后,检验该措施是否符合第 20 条序言的要求,即所谓的"两分法"(Two-tiered Method)。②为了防止滥用一般例外条款,GATT 第 20 条序言确立了三项标准:即不能构成任意歧视、不合理歧视以及对国际贸易构成变向限制。在美国汽油标准案(US-Gasoline)中,上诉机构报告指出,在采用例外规则时,争议的措施首先应该符合第 20 条情形(a)—(j)中的一个或几个具体的例外规定;其次还必须满足第 20 条序言的规定。③根据世贸组织争端解决实践和相关学者的论述,研究认为在适用第 20(g)条时必须考虑以下四个相关因素:第一,被诉的措施是否针对保护"可用竭自然资源";第二,被诉的措施是否与保护可用竭自然资源"相关";第三,被诉成员为保护自然资源的相关国内限制措施是否"一同有效实施";第四,被诉的措施是否

---

① 李雪平:《青草湖中万里程——曾令良教授 WTO 法学术思想研究》,载《武大国际法评论》2018 年第 1 期,第 134 页。

② See Simom Lester and Bryan Mercurio with Arwel Davies and Kara Leitner, World Trade Law: Text, Materials and Commentary, Hart Publishing, 2008, p.409.

③ Appellate Body Report, United States—Standards for Reformulated and Conventional Gasoline, 29 April 1996, WT/DS2/AB/R, p.20.

符合“序言”中关于非歧视的要求(即不能构成任意或不合理歧视以及对国际贸易构成变相限制)。根据对可用竭自然资源例外规则的理解以及已有案例的确认,研究认为,该四个要件缺一不可。①

**(二) 可用竭自然资源例外规则的法律解释**

1. 一般规则的优越性与 WTO 法律解释

立法和判决先例是传达一般化的行为标准的两种不同方式。相对于实例的不确定性,借由明示的一般化语言来传播一般化标准,似乎更为清楚、可靠和确定。这就好比明确规定“进入教堂时,每个男人都必须取下帽子”比通过实际动作的演示来得更加直接。但是,在所有的经验领域中,一般化语言所能提供的指引是有限的,而这是语言固有的本质。当公园门口写有:禁止车辆入内。毫无疑问,我们一定会联想到小轿车、公交车、卡车,甚至自行车、三轮车。但是,对于电动玩具车的出现,一定会引起不小的争议。②为此,我们不得不承认这样一种需求:有时在将一般化规则适用于特定个案时,人们需要进一步作出选择。我们无需背负“形式主义”或“概念主义”的恶名去掩盖这种需要,机械地套用概念,而应该正视语言自身的规律,作出第二次选择。

在 WTO 争端解决规则的运用中,同样存在对法律词语的解释。③WTO 规则不同于国内规则,有着更大的不确定性和复杂性,解释的空间远远超过国内规则,主要原因有以下几点,首先是 WTO 法律条文的语言体系。世贸组织各成员使用的语言不同,但是在 WTO 规则体系中,仅存在英语、法语和西班牙语三种语言体系,由此可能导致理解上的差别。其次是 WTO 规则的历史形成过程。在多边贸易谈判时,谈

① Peter Van den Bossche, The Law and Policy of the World Trade Organization: Text, Cases and Materials, Second Edition, Cambridge University Press, 2008, pp.634—639.

② [英]哈特:《法律的概念》,张文显、郑成良译,中国大百科全书出版社 1996 年版,第 128 页。

③ 仅以涉及中国案例为例,就有不少争端是关于具体措施用词的解释。例如,中美对某些产品的反补贴和反倾销措施上诉案件(DS379)中对公共机构“Public Bodies”的解释就是案件争议的焦点。此外,对于诸如同类产品(Like Products)等常用词汇的解释,也往往存在不同的理解。

判各方为了达成妥协而故意留下一些模糊或空白地带。然而，时过境迁，当年谈判者的真实意图已经很难考证，这种试图追究立法者本意的“立法中心主义”线路显然难以形成。第三是 WTO 规则的“软法”特征。例如，WTO 规则中对发展中成员“特殊和差别待遇”的规定，其用语较宽泛，理解的弹性很大。

在 WTO 争端解决实践中，专家组和上诉机构成员同样需要作出第二次选择，运用适当的方法，进行法律解释。严格地讲，争端解决机构作为世贸组织的“准司法机构”，它并没有解释权，①但是由于争端解决机构是 WTO 法律的直接适用者，它对 WTO 规则的文本解释有时也会被理解为是一种法律解释。DSU 第 3.2 条明确规定，WTO 争端解决的目的之一是“依照解释国际公法的惯例澄清多边贸易协定的现有规定”。上诉机构在“美国汽油标准案”中裁定，《维也纳条约法公约》是得到普遍认可的国际惯例，构成解释国际公法的惯例的一个部分。因此，《维也纳条约法公约》第 31、32 条的规定是解释 WTO 协定的习惯法规则。②根据《维也纳条约法公约》第 31 条规定：“条约应依其用语按其上下文，并参照条约之目的及宗旨所具有之通常意义，善意解释之。”鉴于国内对 WTO 争端的法律解释规则已有相关讨论，在此不作赘析。③

2. 可用竭自然资源例外下的法律解释

首先是关于序言的解释。主要是对任意(Arbitrary)或不合理(Unjustifiable)歧视以及变相(Disguised)限制的解释。如何解释上述用语，这也成为区分 GATT 第 20 条序言规定与第 1 条(最惠国待遇)和第 3 条(国民待遇)规定的关键，这两者之间的关系十分巧妙和复杂。有一种观点认为 GATT 一般例外规则同样应该遵守最惠国待遇和国民待遇原则。而在有些学者看来，最惠国待遇或国民待遇原则侧重于

---

① 根据《WTO 协定》第 9.2 条规定：部长级会议和总理事会拥有对本协定和多边贸易协定所作解释的专属权利。

② 需要指出的是，美国原来不是《维也纳条约法公约》的缔约国，是《谅解协议》第 3.2 条使得该公约对美国产生了实际的适用效力。

③ 参见陈欣：《WTO 争端解决中的法律解释》，北京大学出版社 2010 年版。

事实的歧视效果(Discriminatory Effect),即只要事实上构成成员之间的歧视,则被认为是违反了 GATT 第 1 条或第 3 条的规定。而 GATT 第 20 条序言则更强调主观故意歧视(Discriminatory Intent),也即某一措施即便事实违反了 GATT 第 1 条、第 3 条的规定,若非出于故意,且符合第 20 条例外清单中某一项或几项的规定,则被认为符合 WTO 一般例外规则。①换言之,GATT 第 20 条序言中所指的歧视是可以预见和避免的。

对于第 20(g)条的解释。首先,是对于"可用竭自然资源(Exhaustible Natural Resources)"的法律解释,从判例法的角度来看,目前对该术语的法律解释较为宽泛,下文将结合具体案例。其次,是"与……有关(Relating to)"的解释。相比第 20(a)、(b)条中的"必需(Necessary)",这一要求较为宽松,更容易满足。"必需"要求措施和政策目标的关系更加紧密。当然,"与……有关"同样涉及成员措施和目标之间关系(Means-ends)的检验。在"美国汽油标准案"中,专家组将保护可用竭自然资源视为政策措施的首要目的,而上诉机构则认为只要两者存在实质性联系即可。②在"龙虾及龙虾制品案(US-Shrimp)"中,上诉机构认为美国《濒危物种法》第 609 节措施和保护可用竭自然资源存在紧密和真实的关系。③最后,对于"一同"(In Conjunction with)的解释。在美国汽油标准案中,专家组借助辞典的文义以及 WTO 已有的判例的理解,认为该例外条款中的"一同"与英文中的"一起(Together with)"或"共同(Jointly with)"意思一致,强调一种合作和措施的一致性。④

---

① See Simom Lester and Bryan Mercurio with Arwel Davies and Kara Leitner, World Trade Law: Text, Materials and Commentary, Hart Publishing(2008), p.414.

② See Simom Lester and Bryan Mercurio, p.383.

③ Appellate Body Report, United States—Import Prohibition of Certain Shrimp and Shrimp Products, 12 October 1998, WT/DS58/AB/R, paras.135—142.

④ Appellate Body Report, United States-Standards for Reformulated and Conventional Gasoline, 29 April 1996, WT/DS2/AB/R, p. 20. 同时参见 The New Shorter Oxford English Dictionary on Historical Principles(L.Brown, ed., 1993), Vol.I, p.48。

### (三)“限制原材料案”中一般例外规则的解释实践

该案中,中国认为,对铝矾土和氟石的限制出口是建立在GATT第20(g)条的基础之上的,上述原材料属于稀缺、不可代替的资源,需要加以有效管理和保护。同时,中国坚持认为不应干涉各成员在自然资源开发与保护方面的主权。[①]中国进一步认为,多边贸易体制应考虑发展中国家的现实需要,使其能够采用适当的方式对自然资源加以充分的、最佳的利用。[②]简言之,中国主要是从GATT第20(g)条的例外规则、自然资源主权以及发展中国家经济发展目标这三个方面进行论证。

申诉方美国、欧盟、墨西哥则认为,中国实施的限制措施与其追求的目标不能满足GATT第20(g)条例外规则的要求,不能以此来对抗中国的入世承诺。[③]欧盟认为,各成员应通过互利共赢的方式来实现《WTO协议》序言中所倡导的目标。美国和墨西哥还认为,中国将自然资源主权的理解限定在成员自身的社会和经济发展目标上是不正确的。他们认为GATT第20(g)条并没有允许WTO成员以背离一般例外规则的方式去推动和实现自己的经济目标。[④]具体而言,美国和墨西哥列出了四个观点加以佐证:第一,中国在保护资源和出口限制措施方面没有直接关系。第二,中国未能提供证据证明国内的措施和出口限制措施一同有效实施。第三,即使中国能证明国内措施一同有效实施,仍然无法证明这些措施已经满足了第20(g)条不偏不倚的规定。第四,中国的限制出口措施不能满足GATT第20条序言的要求。[⑤]可见,申诉方的论证思路正是按照之前判例和前文所讨论的模式,紧扣第20(g)条对各个要件进行逐个检验。

---

① Reports of the Panel, China—Measures Related to the Exportation of Various Raw Materials, 5 July 2011, WT/DS394/R, WT/DS395/R, WT/DS398/R, p.107.

② Reports of the Panel, China—Measures Related to the Exportation of Various Raw Materials, p.108.

③ 见前引,Reports of the Panel, p.108。

④ 见前引,Reports of the Panel, p.109。

⑤ 见前引,Reports of the Panel, p.120。

专家组报告的裁决内容反映了判案的基本思路。专家组对第 20(g)条进行法律解释，解释的基本思路与此前类似先例的专家组几近一致，仍是采用两步法，即先分析相关措施是否满足第 20 条清单上的各项要求，然后分析这些措施是否符合第 20 条序言的规定。①首先，在与“保护”可用竭自然资源“相关性”的论证中，专家组认为，中国实施限制措施的目的并不仅仅是为了是为了保护自然资源，因为中国对国内的下游产业未作相应的限制，而第 20 条中的“与……相关”的规定要求：措施和目的关系是“主要为了这一目的”以及属于“紧密真实的关系”。②其次，在对“国内外措施是否一同有效实施”的分析中，中国列举了国内在保护自然资源方面的一些法律和政策措施，如 1986 年颁布的《矿产资源法》、1989 年颁布的《环保法》以及《全国矿产资源规划 2008—2015》等。2010 年，中国还实施了“限制铝矾土和氟石生产和开采”等措施。③但是专家组的裁决报告认为，中国近年来针对保护资源所采取的措施虽然在不断进步，但是很遗憾，中国还是没有做到不偏不倚，对国内原材料的生产消耗没有做到有效限制，达到应有的水平。④最后，在对第 20 条序言的分析中专家组认为，既然中国的限制措施未能满足第 20(g)条的要求，因此，专家组也没有必要继续进行分析其措施是否符合序言的规定。⑤在自然资源主权方面，专家组认为，世贸组织成员对自然资源的行使主权不应背离 WTO 规则，第 20(g)条例外规则本身也考虑了各国的自然资源主权。⑥

2012 年 1 月 30 日，WTO 上诉机构就该案发布裁决报告，维持专家组关于 GATT 第 20 条例外规则不能适用于出口关税抗辩等部分裁决。因此，中国应根据 WTO 规则对资源类产品实施科学管理，实现可持续发展，并确保对自然资源的规制措施符合 GATT 第 20 条的例外规定。

---

① 见前引，Reports of the Panel，p.10。
② 见前引，Reports of the Panel，pp.110—111。
③ 见前引，Reports of the Panel，p.122，p.128。
④⑤ 见前引，Reports of the Panel，p.132。
⑥ 见前引，Reports of the Panel，p.113。

# 第二篇

# 主体核心篇

# 第四章
# 与货物贸易有关的争端案例研究

## 第一节　多边贸易体制下的贸易争端

### 一、多边贸易体制下的争端解决

#### （一）WTO争端解决机制及其运行时间表

WTO争端解决机制是多边贸易体制的核心支柱，也是世贸组织对全球经济稳定的独特贡献。如果没有解决争端的手段，就无法确保规则的实施，基于规则的体制就会失效。WTO争端解决坚持公平、快速和有效的原则，确保双方均可接受。如果一成员发现其他成员违反贸易规则，他们将采用争端解决机制而不是单方报复的方式来解决争端。这意味着成员要遵守商定的程序，并尊重判决。当一个成员采取了其他成员（一个或多个）认为违反WTO规则的贸易政策措施或行动，或没能履行相应义务时，就会产生争端。第三方国家可以声称他们与此案有利害关系并且享有一些权利。

原有《关税与贸易总协定》下已经存在一个争端解决程序，但其没有固定的时间表，裁决容易受阻，许多案件拖延时间较长。因此，《乌拉圭回合协议》引入了一个更加结构化,更明确的阶段的程序。它对解决一个案件需要的时间有更严格的要求,并为案件的每个阶段设定了灵活的最后期限。该协议强调,及时的争端解决对于世贸组织的有效运作是很重要的。它详细列出了解决争端所需遵循的程序和时间表。如果一个案件一审即为终审,那么这个过程通常不应该超过一年,如果需要上诉,则通常不超过 15 个月。协议中商定的时限是灵活的,如果案件紧急(例如涉及易腐货物时),则会尽快处理。

《乌拉圭回合协议》同样使败诉方无法阻止裁决的通过。在原有的《关税与贸易总协定》下,裁决只能采取协商一致的方式通过,这意味着一方的反对可能会阻止裁决的通过。现在,除非达成共识反对裁决,否则裁决将自动通过。任何想要阻止裁决的国家都必须说服所有其他 WTO 成员(包括其案件中的对手)和他持有一致的观点。虽然争端解决的第一阶段是有关政府之间的磋商,即使案件已经进展到其他阶段,仍然可以进行协商和调解。WTO 争端解决的时间表,具体如下。

**表 4-1　WTO 争端解决的时间表**

| | |
|---|---|
| 60 天 | 磋商、调解等 |
| 45 天 | 专家组成立以及专家组成员的任命 |
| 6 个月 | 向各方提交最终专家组报告 |
| 3 周 | 向 WTO 成员提交最终专家组报告 |
| 60 天 | 争端解决机构通过报告(若未上诉) |
| 合计 1 年 | 未上诉的情况 |
| 60—90 天 | 上诉机构报告 |
| 30 天 | 争端解决机构通过上诉机构报告 |
| 合计 1 年零 3 个月 | 有上诉的情况 |

### (二) WTO 争端解决的具体程序

1. 磋商阶段

在采取任何其他行动之前,争议方必须互相交流,看是否可以自己解决争端。如果不能，他们可以请求世贸组织总干事进行调解或者提供其他方式的帮助。

2. 专家组阶段

专家组（最多45天时间成立专家组，最多6个月时间专家组须作出决议）。如果磋商失败，起诉方可以申请成立专家组，被诉方有一次机会可以阻止专家组的成立，但是当争端解决机构第二次开会时，专家组的任命不能被阻止（除非争议方就阻止专家组成立达成共识）。专家组为争端解决机构作出裁决或建议。但是由于专家组报告只能通过争端解决机构中协商一致的方式予以否决，它的决定很难被推翻。

专家组最终报告通常应在6个月内提交给争议各方，在紧急情况下，包括有关易腐货物的案件，这个期限将缩短为3个月。有关专家组工作的细节，主要的阶段如下：

第一次实质性会议前：争议各方向专家组提交书面陈述。

第一次实质性会议：起诉方和被诉方陈述观点。起诉方、被诉方以及在争端中有利害关系的第三方在第一次实质性会议期间陈述其意见。

辩论：相关方提交书面辩驳并在第二次实质性会议上口头辩驳。

专家咨询：如果一方提出科学或者技术性的问题，专家组可以咨询专家或者成立专家审议小组编写一份咨询报告。

初裁报告：专家组应向争端各方提交其报告草案中的描述部分（事实和论据），并给各方两周的时间发表看法。这个草案不包括调查结果和结论。

中期报告：专家组向双方提交一份中期报告，包括其调查结果和结论，并给双方一周的时间要求审查。

评审：评审期限不得超过两周。在此期间，专家组可与双方另行举行会议。

最终报告：最终报告提交给双方三周后散发给世贸组织各成

员。如专家组认定有争议的贸易措施确实违反了 WTO 协定或义务，则建议采取符合世贸组织规则的措施。专家组会建议如何实现这些措施。

裁决：除非协商一致予以拒绝，则报告在 60 天内成为争端解决机构的裁决或建议。双方都可以对报告提出上诉（在某些情况下双方都会提出上诉）。

专家组与法庭相似。但与普通法庭不同的是，专家组成员通常是与争端方协商选出的。只有双方不能达成一致时，由世贸组织总干事任命。专家组由来自不同国家的 3 名（或 5 名）成员组成，他们审查证据，决定对错。专家组的报告若已提交争端解决机构，则争端解决机构只能在协商一致的情况下拒绝该报告。每一案件的专家组成员可从世贸组织成员提名的合格候选人的指示性名单中选出，但也可考虑其他人选，包括曾担任专家组成员的人选。专家组成员应以个人身份任职。他们不能接受任何政府的指示。指示性名单由秘书处保留，并根据成员提出的任何修改或增补定期订正。

3. 上诉机构阶段

任何一方都可以对专家组的裁决提出上诉。一些情况下双方都会这样做。上诉必须以法律解释等法律观点为依据——不能重新审查现有证据或审查新的问题。

如前所述，上诉可以支持、修改或推翻专家组的法律调查结果和结论。一般情况下，诉讼程序自一争端方正式通知其上诉决定之日起至上诉机构散发其报告之日止通常不得超过 60 天，绝对最长不得超过 90 天。争端解决机构必须在 30 天内接受或拒绝上诉报告，并且只有在协商一致的情况下才能予以拒绝。如有关成员有任何错误的措施，应该迅速改正。如继续破坏争端解决协议，则应给予补偿，或者接受有一定影响的适当回应，这实际上不是一种惩罚：而是一种“补救措施”，最终目的是让该成员遵守裁决。

如应诉一方败诉，则其首要任务是在被给予时间的前提下，使其政策与裁决或建议相一致。争端解决协议强调,“为了确保有效解决争端,使所有成员受益,迅速遵守争端解决机构的建议或裁决至关重要”。败诉方必须遵循专家组报告或上诉报告的建议。在专家组或上诉机构报告通过后 30 天内召开的争端解决机构会议上,有关成员应通知争端解决机构关于其执行争端解决机构建议或裁决的意向。如立即遵守建议或裁决不可行,则应确立“合理的执行期限”。如有关成员不能在这段时间内采取行动,它就必须同申诉方(或几个国家)进行谈判,以便确定双方都能接受的补偿,例如,在申诉方特别关注的领域削减关税。

如在合理期限结束期满之日起 20 天内未能议定令人满意的补偿,则援引争端解决程序的任何一方可以向争端解决机构请求授权中止对有关成员实施适用协定下的减让或其他业务。这是为了督促有关成员遵守规定而暂时实施的措施。例如,申诉方可以采取阻止进口的形式,将来自另一个成员的产品的进口关税提高到高于商定限额的水平,但应在因进口产品价格太贵而无法销售的限度内。争端解决机构必须在“合理期限”后 30 天内对申诉方的请求予以批准,但在对申诉方请求达成协商一致意见后可以予以拒绝。

原则上,中止减让或其他业务的部门应与争端部门相同。如该方认为对相同部门中止减让或其他业务不可行或无效,则可寻求同一协定下的其他部门。同理,如该方对同一协定下的其他部门中止减让或其他业务不可行或无效,且情况足够严重,则可寻求中止另一适用协定下的减让或其他业务。其目的是在尽量减少措施蔓延到无关部门可能性的同时,保证措施的有效性。

## 二、WTO 中美贸易争端概览

中美是世贸组织两个最重要的成员,下文通过表格的形式,梳理出当前中美在 WTO 协定下的争端,通过梳理反映出目前争端案例的最新进展,特别是中国作为被告时,案件的涉案措施等。

**表 4-2　中国作为申诉方起诉美国的 WTO 案件一览①**

| 序号 | 时间(年) | 具　体　纠　纷 |
|---|---|---|
| 1 | 2002 | DS252:中国诉美国钢铁产品最终保障措施案 |
| 2 | 2007 | DS368:铜版纸反倾销反补贴案 |
| 3 | 2008 | DS379:中国诉美国对某些产品的反补贴和反倾销措施案 |
| 4 | 2009 | DS392:中国诉美国对某些影响中国禽肉进口措施案 |
| 5 | 2009 | DS399:中国诉美国影响轮胎进口措施案 |
| 6 | 2011 | DS422:中国诉美国对来自中国的某些暖水虾和金刚石锯片反倾销措施案 |
| 7 | 2012 | DS437:中国诉美国对来自中国某些产品的反补贴措施案 |
| 8 | 2012 | DS449:对来自中国多种产品的反倾销和反补贴措施案 |
| 9 | 2014 | DS471:中国诉美国反倾销目标倾销和单独税率方法案 |
| 10 | 2016 | DS515:中国诉美国与价格比较方法有关的措施案 |
| 11 | 2018 | DS543:美国对来自中国产品采取的关税措施案 |
| 12 | 2018 | DS544:美国钢铁和铝措施案 |
| 13 | 2018 | DS562:美国光伏产品保障措施案 |
| 14 | 2018 | DS563:美国可再生能源案 |
| 15 | 2018 | DS565:美国对来自中国产品采取的关税措施案之二 |
| 16 | 2019 | DS587:美国对来自中国产品采取的关税措施案之三 |

中国诉美国的相关案例,主要针对美国对华反倾销税、反补贴税的征收,以及保障措施等贸易救济领域。中国通过积极向世贸组织申诉,很好地维护了自身的合法权益。例如,在中国诉美国钢铁产品最终保障措施案中,最终美国告知各成员其已终止与 WTO 规则不符的保障措施,中国等成员获得全面胜诉。在中国诉美国铜版纸反倾销、反补贴案中,最终美国商务部自动撤销对原产于中国的铜版纸作出的反倾销征税令和反补贴征税令。在中国诉美国对某些产品的反补贴和反倾销措施案中,专家组裁决认为美国商务部对华发起的 25 起"双反"调查未能避免双重征税,违反世贸规则。在中国诉美国对某些影响中国禽肉

① WTO 官网:http://www.wto.org/english/tratop_e/dispu_e/dispu_maps_e.htm;相关资料还可参考 Wells 法学平台,http://www.wells.org.cn/Doc/index。

**表 4-3　美国作为申诉方起诉中国的 WTO 案件一览①**

| 序号 | 时间(年) | 具体纠纷 |
|---|---|---|
| 1 | 2004 | DS309:美国诉中国集成电路增值税退税案 |
| 2 | 2006 | DS340:美国诉中国影响汽车零部件进口措施案 |
| 3 | 2007 | DS358:美国诉中国对税收和其他费用的返还和减免措施案 |
| 4 | 2007 | DS362:美国诉中国影响知识产权保护措施案 |
| 5 | 2007 | DS363:美国诉中国出版物和音像制品贸易权和分销服务措施案 |
| 6 | 2008 | DS373:美国诉中国金融信息服务措施案 |
| 7 | 2008 | DS387:美国诉中国赠与、贷款和其他激励措施案 |
| 8 | 2009 | DS394:美国诉中国限制若干原材料出口措施案 |
| 9 | 2010 | DS413:美国诉中国电子支付服务歧视待遇案 |
| 10 | 2010 | DS414:美国诉中国对进口取向电工钢的“双反”案 |
| 11 | 2010 | DS419:美国诉中国风力发电补贴案 |
| 12 | 2011 | DS427:美国诉中国对白羽肉鸡的“双反”措施案 |
| 13 | 2012 | DS431:美国诉中国对“稀土限制出口”措施案 |
| 14 | 2012 | DS440:美国诉中国对来自美国的某些汽车的“双反”措施案 |
| 15 | 2012 | DS450:美国诉中国汽车零部件多种补贴措施案 |
| 16 | 2015 | DS489:美国诉中国示范基地与公共服务平台补贴措施案 |
| 17 | 2015 | DS501:美国诉中国国产飞机税收优惠措施案 |
| 18 | 2016 | DS508:美国诉中国对 12 种原材料实施的出口关税和出口配额措施案 |
| 19 | 2016 | DS511:美国诉中国农业补贴措施案 |
| 20 | 2016 | DS517:美国诉中国农产品关税配额措施案 |
| 21 | 2018 | DS542:美国诉中国知识产权案 |
| 22 | 2018 | DS558:美国诉中国加征关税案 |

进口措施案中,专家组裁定美国 2009 年《综合拨款法》关于限制从中国进口禽肉的条款不符合 WTO 规则。在“中国诉美国暖水虾和金刚石锯片反倾销措施案”中,世贸组织专家组裁定美国在反倾销调查中采取的归零方法违反了《反倾销协定》第 2.4.2 条的规定。通过向世贸组织

① WTO 官网:http://www.wto.org/english/tratop_e/dispu_e/dispu_by_country_e.htm,2020-05-01。

申诉并赢得了案件，为企业后续的出口清除了不合法的障碍，某些案件的胜诉意义不仅仅限于案件本身，而且对于纠正美国不公平的贸易实践具有长远的意义。

考虑到中美经贸关系的重要性，下文对 WTO 下美国作为申诉方的中美经贸争端案例的主要事实和相关涉案措施进行了简要分析梳理。①

1. 2004 年，美国诉中国集成电路增值税退税案（DS309）

本案通过磋商解决。2005 年 10 月 6 日，双方向世贸组织通报，表示已达成满意解决方案。涉案措施主要是财政部《国家税务总局关于部分国内设计国外流片加工的集成电路产品进口税收政策的通知》（财税〔2002〕140 号）、财政部《国家税务总局关于进一步鼓励软件产业和集成电路产业发展税收征收政策的通知》等 6 个关于集成电路产业政策的文件。

本案主要涉及国内集成电路产品增值税退税政策和国内设计国外加工进口产品增值税退税政策。美国指称，中国企业生产的集成电路产品获得部分增值税退税，对进口集成电路产品提供了较低待遇，违反了 1994 年《关税与贸易总协定》（GATT1994）第 3 条；在中国国内设计在境外生产的集成电路产品获得部分增值税退税，对从一成员进口的产品提供了比从其他成员进口的产品更优惠的待遇，给中国的集成电路设计服务提供了更优惠待遇，违反了 GATT1994 第 1 条和《服务贸易总协定》（GATS）第 17 条。

2. 2006 年，美国诉中国影响汽车零部件进口措施案（DS340）

本案已审理终结。2009 年 1 月 12 日，争端解决机构通过专家组和上诉机构报告，裁决中国对汽车零部件征税措施违反国民待遇原则。

中国先后在 2004 年 5 月、2005 年 2 月和 3 月出台《汽车产业发展政策》《构成整车特征的汽车零部件进口管理办法》《进口汽车零部件构成整车特征核定规则》三部法令（统称为涉争措施）。如果进口零部件

① WTO 官网：http://www.wto.org/english/tratop_e/dispu_e/dispu_by_country_e.htm，2020-05-01。

根据涉案措施规定的特定标准“构成整车特征”，则适用 25%的关税税率，认为中国违反了包括国民待遇原则在内的多项 WTO 规则，争端由此而起。①

3. 2007 年，美国诉中国对税收和其他费用的返还和减免措施案（DS358）

本案通过磋商解决。2007 年 12 月 19 日，中美双方向世贸组织通报此案已通过备忘录的形式磋商解决。

最初磋商请求涉及 9 项措施：(1)《中华人民共和国外商投资企业和外国企业所得税法》第 6 条、第 7 条、第 8 条、第 10 条（该法已废）；(2)《中华人民共和国外商投资企业和外国企业所得税法实施细则》第 73 条第 6 款、第 75 条第 7 款和第 8 款、第 81 条（该法已废）；(3)《国务院关于鼓励外商投资的规定》第 3 条、第 8 条、第 9 条、第 10 条（相关条款不再有效）；(4)《2004 年外商投资产业指导目录》第十三部分；(5)《国务院关于调整进口设备税收政策的通知》（有效）；(6)《中国人民银行、国家外汇管理局、对外经济贸易合作部、国家税务总局关于印发〈出口收汇考核试行办法奖惩细则〉的通知》第 3 条和第 6 条（文件已废）；(7)《财政部、国家税务总局关于印发〈技术改造国产设备投资抵免企业所得税暂行办法〉的通知》（文件已废）；(8)《国家税务总局关于印发〈外商投资企业采购国产设备退税管理试行办法〉的通知》（文件已废）；(9)《财政部、国家税务总局关于外商投资企业和外国企业购买国产设备投资抵免企业所得税有关问题的通知》（文件已废）。美墨补充磋商请求撤出一项已经废止的措施《中国人民银行、国家外汇管理局、对外经济贸易合作部、国家税务总局关于印发〈出口收汇考核试行办法奖惩细则〉的通知》，但将新通过的《中华人民共和国企业所得税法》纳入磋商范围。

争议措施可分为两类：一是对国内企业和外商投资企业购买国产设备的税收返还和抵扣政策，起诉方认为这些措施以中国境内企业购

---

① 朱榄叶主编：《世界贸易组织法经典案例选编》，北京大学出版社 2018 年版。

买国产货物而非进口货物为条件向这些企业给予税收退还、减少或免除等优惠。二是对产品出口型、先进技术型外商投资企业的税收减免政策，起诉方认为这些措施以受益企业满足某些出口实绩标准为条件给予税收退还、减少或免除等优惠。美方主张这些措施涉嫌违反《反补贴协定》第3条、GATT1994第3.4条、《与贸易有关的投资措施协定》(TRIMS)第2条、《中国加入议定书》第7.2—7.3条和第10.3条及其并入的《中国加入工作组报告书》第167段和第203段。

4. 2007年，美国诉中国影响知识产权保护措施案(DS362)

本案已审理终结。2009年3月20日，争端解决机构通过专家组报告。裁定《著作权法》第4条等规定与WTO规则不符。

美国的诉请针对的中国知识产权保护法律和法规问题可归纳为三类：中国《著作权法》，特别是其第4.1条违反《与贸易有关的知识产权协定》(TRIPS)所纳入的《伯尔尼公约》相关条款；中国的知识产权海关保护中对侵权罚没货物的处理违反TRIPS第59条；中国对侵犯知识产权刑事处罚的起点违反TRIPS第61条。①

5. 2007年，美国诉中国出版物和音像制品贸易权和分销服务措施案(DS363)

本案已审理终结。2010年1月19日，争端解决机构通过上诉机构裁决中国的出版物、音像制品、电影进口专营和分销的法规违背入世承诺。

该案主要涉及中国限制外国音响出版物进入中国市场是否违反《服务贸易总协定》第16条、第17条以及《关税与贸易总协定》第3.4条，以及是否违反中国有关贸易权开放的入世承诺。中国援用《关税与贸易总协定》第20(a)条公共道德作为例外的辩护，不过未能获得裁决报告的采纳。

6. 2008年，美国诉中国金融信息服务措施案(DS373)

本案通过磋商解决。2008年12月4日，案件当事方向世贸组织通

---

① 参见朱榄叶主编：《世界贸易组织法经典案例选编》，北京大学出版社2018年版。

报，双方已达成谅解协议。美国诉中国金融信息案的涉案措施是《外国通讯社在中国境内发布新闻信息管理办法》等 12 个相关法规规章和政策文件。

起诉方的主要关注在于外国金融信息服务提供者在华经营面临的“商业障碍”。起诉方指称，新华社既是市场竞争者，又是监管者，违反《中国加入工作组报告书》第 309 段有关独立监管的承诺；《外国通讯社在中国境内发布新闻信息管理办法》要求外国金融信息服务提供者必须指定代理机构向用户提供服务，与我国加入世贸组织的“已获权利”和“市场准入”承诺不符，违反了《服务贸易总协定》第 17 条有关国民待遇的规定；未有效保护外国金融信息服务提供者的商业秘密。

7. 2008 年，美国诉中国赠与、贷款和其他激励措施案(DS387)

本案通过磋商解决。2009 年 12 月 18 日，案件当事方向世贸组织通报，已达成谅解。

起诉方磋商请求总共涉及 100 多项措施，其中中央政府措施 8 项，地方政府措施 90 余项，涉及 15 个省、自治区、直辖市和 3 个计划单列市。涉案措施可以分为三类：第一类是涉及国家质检总局开展的“中国世界名牌产品”评价活动以及各级地方政府发布的有关执行和奖励措施。第二类是涉及由商务部、发展改革委、财政部等八部委发布的《关于扶持出口名牌发展的指导意见》以及各级地方政府发布的有关执行和奖励措施。第三类是各级地方政府发布的其他有关扶持出口的措施。

美国认为：(1)涉案措施基于出口实绩要求向中国企业提供补助、贷款和其他激励，涉嫌违反《反补贴协定》第 3 条；(2)在这些措施向农产品提供补贴的范围内，这些措施涉嫌违反《农业协定》第 3 条、第 9 条和第 10 条；(3)这些措施涉嫌违反《中国加入议定书》第 1 部分第 12.1 段以及第 1.2 段(在该段并入了《中国加入工作组报告书》第 234 段的限度内)；(4)在这些补助、贷款和其他激励使中国原产产品(而不是进口产品)获得利益的限度内，这些措施涉嫌违反 GATT1994 第 3.4 条。

8. 2009 年，美国诉中国限制若干原材料出口措施案（DS394）

本案已审理终结。2009 年 6 月 23 日针对中国对矾土、焦炭等九种原材料采取配额限制等限制措施向世贸组织起诉。2011 年 7 月 5 日，专家组及上诉机构裁定九种原材料，采取出口配额、出口关税和其他限制措施，违反 WTO 规则，不满足例外原则的条件。

美国诉中国限制若干原材料出口的焦点在于出口数量限制本身的合法性、出口限制措施能否满足 GATT 第 20 条“环境例外”的要求从而豁免 GATT 第 11 条的规定，以及中国承担“超 WTO 义务”能否适用 GATT 第 20 条例外。

9. 2010 年，美国诉中国电子支付服务歧视待遇案（DS413）

本案已审理终结。2010 年 9 月 15 日，美方认为中国仅允许银联提供人民币的电子支付服务，不符合《服务贸易总协定》国民待遇原则。2012 年 7 月 16 日专家组报告认为中国相关措施违反《服务贸易总协定》相关规定。2013 年 8 月 29 日，中美通知争端解决机构，其就本案解决最终达成一致。

美国列举中国人民银行和外汇管理局的 19 份文件，归纳为以下六点：(1)强制要求使用中国银联和/或将银联作为境内为以人民币计价并以人民币支付的所有支付卡交易提供电子服务的唯一供应商（sole supplier requirements）。(2)要求在中国境内发行的所有支付卡标注银联标识（issuer requirements）。(3)要求中国境内所有商户的支付卡处理设备、所有的自动柜员机及所有的销售点终端受理银联支付卡。(4)要求所有收单机构标注银联标识并且能够受理所有带有银联标识的支付卡。(5)竞争使用非银联支付卡进行异地、跨行或行内交易。(6)有关在中国内地、中国香港和澳门地区的支付卡电子交易的要求。①

10. 2010 年，美国诉中国对进口取向电工钢的“双反”案（DS414）

本案已审理终结。2010 年 9 月 15 日，美国认为，中国裁定对源自

① 杨国华：《“中国电子支付服务案”详解》，载《世界贸易组织动态与研究》，2013 年第 2 期。

美国的取向硅钢征收反倾销税和反补贴税做法与《反倾销协定》《反补贴协定》等规定不符。2012 年 6 月 15 日专家组报告基本支持了美国的观点，且报告主要内容得到上诉机构的支持。2015 年 8 月 31 日，中国通知争端解决机构其进口征税措施已于 2015 年 4 月 10 日结束。

2010 年 4 月 10 日，中国商务部公布终裁结果：AK 钢铁公司的补贴率为 11.7%，ATI 公司的补贴率为 12%，其他涉案公司的补贴率为 44.6%；AK 钢铁公司的倾销幅度为 7.8%，ATI 公司的倾销幅度为 19.9%，其他涉案公司的倾销幅度为 64.8%。美国认为，中国调查机关的做法及所采取的措施违反了《反补贴协定》和《反倾销协定》的相关条款。①

11. 2010 年，美国诉中国风力发电补贴案(DS419)

本案通过磋商解决。2010 年 12 月 22 日，美国认为中国为风力发电设备企业提供担保、资金支持或奖励措施与 WTO 规则不符，提请磋商。

本案争议措施为财政部公布的《风力发电设备产业化专项资金管理暂行办法》(财建〔2008〕476 号)。

美国认为，该暂行办法规定向境内风能设备(包括整机和部件)制造企业提供奖励、补贴或奖金的措施。美国表示，这些措施根据是否使用国内货物(而不是进口产品)提供奖励、补贴或奖金，与《反补贴协定》第 3 条不符。此外，美国认为，由于中国并未通知这些措施，中国未能遵守 GATT1994 第 16.1 条以及《反补贴协定》第 25.1 条、第 25.2 条、第 25.3 条和第 25.4 条。美国还指控说，由于中国没有将这些措施翻译成一种或多种 WTO 官方语言，中国也没有遵守《中国加入议定书》第 1 部分第 1.2 条(其并入了《中国加入工作组报告书》第 334 段)中的义务。

12. 2011 年，美国诉中国对白羽肉鸡的“双反”措施案(DS427)

本案专家组报告已经通过。2011 年 9 月 20 日，美国就中国的“双反”措施提出磋商，认为中国的“双反”措施不符合《反倾销协定》第 1—6 条及《反补贴协定》等。2012 年 5 月 24 日成立专家组审理本案。

---

① 参见朱榄叶主编：《世界贸易组织法经典案例选编》，北京大学出版社 2018 年版。

美国认为，中国对白羽肉鸡的“双反”措施在倾销进口产品的成本分摊、产业损害的价格影响分析、调查程序的透明度等方面违反了世贸规则。①

13. 2012 年，美国诉中国对“稀土限制出口”措施案(DS431)

本案已经审理终结。2012 年 3 月 13 日，美国就中国稀土、钨、钼等原材料出口限制措施诉诸世贸组织，称中国违反世贸规则及中国入世承诺。2012 年 9 月 24 日成立专家组审理本案。2014 年 3 月 26 日，专家组报告散发。2014 年 4 月 17 日，中国在同一争端中提出了另一项上诉。2014 年 8 月 7 日，上诉机构在一份文件中发布了针对 DS431、DS432 和 DS433 的三份上诉机构报告。2015 年 5 月 20 日，中国通知争端解决机构，已执行裁决，但美国认为中国未能完全执行裁决。

2012 年 3 月 13 日，美、日和欧盟就本案提出与中国磋商。2014 年 3 月 26 日，专家组围绕“三类产品”(稀土、钨和钼)，就中国“三类措施”(出口税、出口配额和出口管理以及分配体制)的合法性作出裁决。

(1) 在出口税方面，由于稀土、钨和钼不在《中国加入议定书》附件 6 列举的可征出口税目录清单中，相关措施如《中国进出口税则》和 2012 年《关税执行项目》等，被指违反《中国加入议定书》第 11.3 条的规定。与此同时，第 11.3 条不能援引 GATT 第 20(b)条作为抗辩。当然即使援引，出口税措施仍然不能满足第 20(b)条和该条序言的适用条件。

(2) 在出口配额方面，认定出口配额措施包括 2012 年《出口许可证管理货物目录》等，违反 GATT 第 11.1 条关于取消数量限制的规定，违反《工作组报告书》第 162 和 165 段的承诺，上述措施不符合 GATT 第 20 条(g)款的适用条件。

(3) 在出口配额管理和分配方面，认定中国在对上述产品的贸易权限制(如出口实绩和最低注册资本限制)违反《中国加入议定书》第 5.1

① “世贸组织裁定中国对美国白羽肉鸡‘双反’违反规则”，中国政府网，http://www.gov.cn/jrzg/2013-08/03/content_2460501.htm。

条、《工作组报告书》第 83 和 84 段的承诺。认为出口管理措施不符合 GATT 第 20 条例外规则。①

14. 2012 年，美国诉中国对来自美国的某些汽车的“双反”措施案（DS440）

本案专家组报告通过。2012 年 7 月 5 日，美国就中国的“双反”措施，提出与中国磋商。2013 年 2 月 11 日成立专家组审理本案。2014 年 3 月 23 日，专家组报告散发。

美国认为，中国的上述“双反”措施违反了《反倾销协定》《补贴与反补贴措施协定》和 1994 年《关税与贸易总协定》，具体如下：②

(1) 调查机关在发起调查前未审查申请人的代表性，未审查申请人所提交证据的准确性和充分性，违反了《反倾销协定》第 5.3 条、第 5.4 条和《反补贴协定》第 11.3 条、第 11.4 条。

(2) 调查机关未要求申请人就机密信息提交适当的非保密摘要，违反了《反倾销协定》第 6.5.1 条和《反补贴协定》第 12.4.1 条。

(3) 调查机关没有充分披露倾销税率的计算方法和数据，违反了《反倾销协定》第 6.9 条。

(4) 调查机关没有充分披露所有的重要事实和法律问题，并且未能就接受或拒绝相关抗辩或证据提供理由，违反了《反倾销协定》第 12.2 条和第 12.2.2 条。

(5) 调查机关使用可获得事实计算“其他所有公司”的反倾销税率和反补贴税率，且信息披露不足，违反了《反倾销协定》第 6.8 条、第 6.9 条、第 12.2 条、第 12.2.2 条和《反补贴协定》第 12.7 条、第 12.8 条、第 22.3 条、第 22.5 条。

(6) 调查机关基于不恰当的国内产业定义作出损害认定，违反了《反倾销协定》第 3.1 条、第 4.1 条和《反补贴协定》第 15.1 条、

---

① 参见朱榄叶主编：《世界贸易组织法经典案例选编》，北京大学出版社 2018 年版。

② 中华人民共和国商务部条约法律司，“美国就中国对美汽车‘双反’措施提出磋商请求”，http://tfs.mofcom.gov.cn/article/ztxx/201209/20120908339922.shtml。

第16.1条。

(7) 调查机关关于价格影响的分析未建立在客观审查和肯定性证据的基础上，违反了《反倾销协定》第3.1条、第3.2条和《反补贴协定》第15.1条、第15.2条。

(8) 调查机关关于国内产业损害和因果关系的分析未建立在客观审查和肯定性证据的基础上，违反了《反倾销协定》第3.1条、第3.4条、第3.5条和《反补贴协定》第15.1条、第15.4条、第15.5条。

(9) 调查机关未给予利害关系方为其利益进行辩护的充分机会，违反了《反倾销协定》第6.2条。

15. 2012年，美国诉中国汽车零部件多种补贴措施案(DS450)

本案处在磋商阶段。2012年9月27日，美国就中国的补贴措施涉嫌违反WTO规则，提出与中国磋商。

美国认为，中国通过对“国家汽车及汽车零部件出口基地”出台包括但不限于以下单独和集合实施的法律条文，或任何修正案、相关的继承文件或修正文件，或实施办法，提供补贴，违反WTO规则。

16. 2015年，美国诉中国示范基地与公共服务平台补贴措施案(DS489)

本案在专家组阶段通过谅解的形式协商解决。2015年2月11日，美国就中国出口绩效补贴措施涉嫌违反WTO规则，提出与中国磋商。2015年4月22日，成立专家组审理本案。

本案争议措施涉及向中国境内许多产业的企业提供的依赖于出口实绩的补贴。2015年2月11日，美国请求与中国进行磋商。美国主张争议措施与《补贴与反补贴措施协定》第3.1(a)条和第3.2条不符。2016年4月14日，双方通知争端解决机构已经通过谅解的形式协商解决。

17. 2015年，美国诉中国国产飞机税收优惠措施案(DS501)

本案处在磋商阶段。2015年12月8日，美国就中国对某些国产飞机的税收措施涉嫌违反 WTO 规则，提出与中国磋商。

美国贸易代表办公室（USTR）以中国对进口中小型客机征收 17% 的增值税但对国产飞机免税的政策违反 WTO 规则为由，向世贸组织提起诉讼。认为中国的税收政策差异会对美国航空业造成损害，该措施违反了 WTO 规则中关于禁止实行差别待遇的规定。①

18. 2016 年，美国诉中国对 12 种原材料实施的出口关税和出口配额措施案（DS508）

本案处在专家组阶段。2016 年 7 月 13 日，美国要求与中国就中国对锑、钴、铜、石墨、铅、氧化镁、滑石、钽和锡的出口关税进行磋商。2016 年 11 月 8 日，成立专家组审理本案。

美方认为中国对 12 种原材料实施的出口关税和出口配额措施与中国加入世贸组织相关承诺不符，违反 WTO 规则。

19. 2016 年，美国诉中国农业补贴措施案（DS511）

本案处在专家组阶段。2016 年 9 月 13 日，美国要求与中国就中国对小麦、水稻等农产品补贴措施涉嫌违反 WTO 规则，提出与中国磋商。2017 年 6 月 24 日，成立专家组审理本案。

美国认为中国通过设定最低收购价的形式非法补贴水稻、玉米和小麦种植户，补贴行为不符合中国加入 WTO 承诺及 1994 年《关税与贸易总协定》的有关规定。导致生产过剩，影响了美国农民在国际市场与中国竞争的能力。

20. 2016 年，美国诉中国农产品关税配额措施案（DS517）

本案专家组裁决报告通过。2016 年 12 月 15 日，美国要求与中国就中国对小麦、大米和玉米等农产品实施进口配额进行磋商。2018 年 2 月 12 日，成立专家组审理本案。

双方焦点在于：美国认为中国对小麦、大米（长粒米和中短粒米）、玉米三种农产品实施的关税配额管理措施不符合中国加入世贸组织承

---

① 中华人民共和国商务部贸易救济调查局，“美国将中国国产飞机税收优惠措施诉至 WTO”，http://gpj.mofcom.gov.cn/article/zuixindt/201512/20151201208211.shtml。

诺和1994年《关税与贸易总协定》的有关规定。中国认为关税配额制度是中国加入世贸组织时明确保留的贸易管理方式，小麦、大米、玉米关税配额管理符合中国加入世贸组织承诺和相关世贸规则。2019年4月18日，WTO争端解决机构发布专家组报告，专家组认为中国对大米、小麦和玉米实施的关税配额管理措施违反了中方入世承诺以及WTO相关义务；同时，专家组驳回了美方关于配额分配信息公布的诉请。目前案件处于专家组报告的执行阶段。

21. 2017年，美国诉中国原铝补贴措施案(DS519)

本案处在磋商阶段。2017年1月12日，美国要求与中国就中国向原铝生产商提供补贴措施涉嫌违反WTO规则，提出与中国磋商。

美国认为中国自2007年向中国原铝生产商提供包括优惠银行贷款等金融优惠政策及低价原料、生产资料在内的一系列补贴措施，涉嫌违反《补贴与反补贴措施协定》第6.3(a)、(b)、(c)、(d)条及1994年《关税与贸易总协定》第16.1条的规定，对美方利益造成《补贴与反补贴措施协定》第5(c)条规定的包括严重损害在内的不利影响。①

22. 2018年，美国诉中国知识产权案(DS542)

本案处在专家组阶段。2018年3月23日，美国要求与中国就中国在保护知识产权的某些措施进行磋商。

美国认为《中华人民共和国技术进出口管理条例》单独或与其他法律文件共同作用，单独或同时违反了《与贸易有关的知识产权协定》(TRIPS)第3条(国民待遇)，及第28.2条；《中华人民共和国中外合资经营企业法实施条例》单独或与其他法律文件一起，单独或同时违反了TRIPS第3条(国民待遇)，及第28.1(a)、(b)或第28.2条的规定；《中华人民共和国中外合资经营企业法实施条例》单独或与其他法律文件一起，违反了TRIPS第28.1(a)、(b)条。②2019年6月3日，美国申请

① "商务部条法司负责人就美国在世贸组织起诉中国对原铝相关补贴措施发表谈话"，http://www.mofcom.gov.cn/article/ae/ag/201701/20170102501316.shtml。

② 世界贸易组织法学研究会："DS542美国诉中国保护知识产权措施案——磋商通报摘要"，http://www.wtolaw.org.cn/newsitem/278187155。

专家组暂停本案的审理;2019 年 6 月 12 日专家组通知争端解决机构接受美国的申请。2020 年 3 月 2 日,美国再次向专家组提出暂停本案的审理,专家组接受了美国的申请。

23. 2018 年,中国对美产品加征关税案(DS558)

本案处在专家组阶段。2018 年 7 月 16 日,美国就加拿大、中国(DS558)、欧盟、墨西哥和土耳其对于 232 关税措施的反制措施,在 WTO 争端解决机制下提出磋商请求,其他相关案件的编号为:DS557, DS559-561。

2018 年 10 月 18 日,美国要求成立专家组;10 月 29 日,专家组成立。

美国起诉中国的涉案措施包括:

(1) 商务部关于就美国进口钢铁和铝产品 232 措施及中方应对措施公开征求意见的通知(商务部 2018 年 3 月 23 日发布)。

(2) 国务院关税税则委员会对原产于美国的部分进口商品中止关税减让义务的通知(税委会〔2018〕13 号,2018 年 4 月 1 日发布)。

美国认为中国违反了 GATT 第 1.1 条和第 2.1(a)、(b)条,因为中国加征关税措施未给予美国产品最惠国待遇和国民待遇,使得美国在《关税与贸易总协定》下直接或间接获得的利益正在丧失或减损。

## 三、WTO 下中国与金砖国家首起经贸争端考察

2018 年 10 月 16 日,巴西在世贸组织就中国的食糖进口限制提出磋商请求,称中国对进口食糖的"保障措施"、关税配额措施以及配额外食糖的"自动进口许可(AIL)措施"违反相应 WTO 规则。欧盟、泰国和危地马拉分别于 2018 年 10 月 30 日,2018 年 10 月 31 日和 2018 年 11 月 1 日请求加入磋商。①

---

① 本案的相关资料,参考了《商务部公告 2017 年第 26 号关于对进口食糖采取保障措施的公告》,《中华人民共和国商务部关于对进口食糖产品保障措施调查的裁定》,以及 WTO 巴西诉中国糖进口措施案(DS568, China—Certain Measures Concerning Imports of Sugar), https://www.wto.org/english/tratop_e/dispu_e/cases_e/ds568_e.htm。

### (一) 案件背景

2016 年 7 月 27 日，广西糖业协会代表国内食糖产业向商务部提交保障措施调查申请。申请书主张：2011 年至 2016 年食糖进口数量急剧增长，对我国国内产业造成冲击，使国内产业受到严重损害，为此请求商务部对上述产品进行保障措施调查。经审查，商务部认为申请符合《中华人民共和国保障措施条例》相关规定，决定于 2016 年 9 月 22 日立案调查。

2017 年 5 月 22 日，商务部发布 2017 年第 26 号公告，公布对进口食糖保障措施调查的终裁决定，认定在调查期内被调查产品进口数量增加，中国国内食糖产业受到了严重损害，且进口产品数量增加与严重损害之间存在因果关系。根据商务部建议，国务院关税税则委员会决定自 2017 年 5 月 22 日起对进口食糖产品实施保障措施。保障措施采取对关税配额外进口食糖征收保障措施关税的方式，实施期限为 3 年且实施期间措施逐步放宽，自 2017 年 5 月 22 日至 2018 年 5 月 21 日税率为 45%，2018 年 5 月 22 日至 2019 年 5 月 21 日税率为 40%，2019 年 5 月 22 日至 2020 年 5 月 21 日税率为 35%。在此之前，我国对于每年 194 万吨的配额糖征收 15%关税，配额外的进口食糖则征收 50%关税，并对配额外的食糖进口采取“自动进口许可(AIL)措施”。

### (二) 巴西申诉依据

1. 进口保障措施

巴西认为中国对食糖的进口保障措施违反《关税与贸易总协定》第 19 条以及《保障措施协定》第 2、3、4、7、8、11、12 条的相关规定。违反上述规则主要理由是中国对于该产业的调查不能有效说明未能预见的情况或其在《关税与贸易总协定》下的义务导致了食糖进口量的增加且对国内产业造成严重损害。

中国的措施超出了用于预防或补救严重损害和促进调整所必需的范围。中国在食糖产业给予巴西的待遇低于减让表所规定的待遇。

2. 中国对于关税配额措施的管理

巴西认为中国对关税配额措施的管理违反《中国入世议定书》第 1.2 条的相关规定以及《中国加入工作组报告书》第 116、120、122、127、136 段中的相关规定；违反 GATT1994 第 10、11、13 条中的相关规定。中国在管理关税配额时未能做到透明、可预测、统一、公平、非歧视，没有明确规定时间、行政程序和要求，未完全按照 WTO 原则，根据减让表规定管理配额。中国未能公布在未来特定期间允许进口的糖的总量或价值以及该数量或价值的任何变化。中国未能实现食糖贸易分配尽可能接近 WTO 成员在没有此类限制的情况下可能获得的份额。

3. 进口许可

巴西认为中国的进口许可违反 GATT1994 第 10、11、13 条中的相关规定，违反《进口许可程序协定》中的第 1、2、3 条中的相关规定；违反《中国入世议定书》第 1.2 条的相关规定以及《中国加入工作组报告书》第 120、122、127、136 段中的相关规定；以及 WTO《农业协定》第 4.2 条的相关内容。违反上述规则的主要理由同样是中国没有履行好信息公开的义务，未能及时公开相关措施，比如没有公开和进口许可证有关的进口限制的信息。同时中国不能确保进口许可行政程序公平公正，不会限制或扭曲贸易，以符合《关税与贸易总协定》有关规定。

**（三）妥善处理金砖国家间的贸易争端**

该案是第一起发展中国家起诉中国的案例。不过根据相关消息，2019 年 5 月，巴西农业部表示，已经同中国达成关于巴西糖进口关税的协议，不再需要世贸组织来解决问题，巴西蔗糖产业联盟委员会称，中国将在 2020 年 5 月前取消对巴西糖的额外进口关税。至此，自 2018 年 4 月以来巴西对中国食糖进口关税的 WTO 申诉得到妥善解决。[①]尽管金砖国家之间相互采取过"两反一保"等贸易救济措施，特别是巴西、

---

① "中国、巴西达成食糖关税协议，WTO 申诉纠纷妥善解决"，新浪网，https://finance.sina.cn/7x24/2019-05-23/detail-ihvhiqay0705097.d.html?from=wap。

俄罗斯、印度和南非贸易救济的主要对象都为中国，但最终提交 WTO 争端解决机构，本案属于第一起。

金砖国家同属发展中国家，因此通过磋商解决案例争端自然是一种最佳的选择，也为之后的争端解决提供参考。加强贸易摩擦中的沟通对话，可以减少各方企业因为贸易摩擦而发生的直接对抗。同时，如果经贸争端不断加剧，不仅有可能引发贸易战，破坏两国各自的贸易体系，并且极有可能将“战火”从经济领域燃烧至政治领域，从而最终动摇两国的战略关系。中国、巴西和印度目前是 WTO 争端解决中发展中国家中最活跃的代表。在争端解决中，金砖国家围绕共同利益，可以选择互为第三方，实现合作。同时，针对 WTO 争端解决中的经验，各方还可展开研讨，相互学习，如巴西在争端解决中的经验值得各方借鉴。①金砖国家同属发展中国家，各方有着共同的贸易利益。同时，即便金砖国家内部相互起诉，也应考虑以磋商解决为主，如南非分别被巴西和印度起诉一次，最后均以磋商解决，这将有效防止在案件执行中产生新的不必要纠纷。

## 第二节　WTO 成员的出口规制：以中美稀土案为例

2011 年，美国、欧盟和墨西哥在“原材料限制出口案”中的接连胜诉，无疑加速了稀土争端的爆发。如果说“原材料限制出口案”只是欧美国家刺探中国自然资源市场的一次投石问路，“稀土之争”则好比是一枚“定时炸弹”。从专家组裁判的结果来看，中国稀土出口限制措施终究未能逃过一劫，以败诉告终，美、日和欧盟终于如愿以偿。尽管美

① 可参见彭德雷：《WTO 争端解决参与机制的巴西模式及其借鉴》，载《法商研究》2011 年第 3 期。

国《外交杂志》将这场“稀土之争”比喻为“皮洛士式的胜利”（代价极高），但是美国等通过 WTO 争端解决机制，接连攻破中国原材料和稀土保护政策。

## 一、“稀土之争”与专家组裁决结果

### （一）美、日、欧对华稀土限制政策积怨已久

通过系统研究不难发现，美、日和欧盟对华稀土政策积怨由来已久。在中国 2002 年、2004 年（修订）颁布的《外商投资产业指导目录》中，曾将“稀土应用”列为鼓励类项目。之后，2007 年《目录》（修订）则将“稀土冶炼、分离（限于合资、合作）”列为限制类投资项目，对此美国已持有不满，认为上述修改未给公众尤其是利害关系者提供评论机会。[①]2010 年中国加强对稀土出口的限制，进一步加深美国的不满情绪。美国认为中国实施稀土出口配额等限制措施，将导致出口不稳定，进而影响国际市场。为此，美国通过各种方式，试图让中国取消对稀土的出口限制。例如，2010 年 12 月中美商贸联合委员会（JCCT）举行会议就专门谈及此事，但是中国没有接受其要求。因此，美国贸易代表办公室（USTR）在 2010 年《WTO 中国合规性报告》中特别指出，尽管美国暂未将稀土列入“美国诉中国九种原限制出口材料案”（以下简称“原材料限制出口案”）的起诉中，但不会放弃对中国的起诉。[②]与此同时，在 2010 年二十国集团（G20）峰会上，美、日和欧盟一同就稀土出口限制政策提请中国关注。[③]

### （二）专家组对本案裁决的结果

2012 年 3 月 13 日，美、日和欧盟就中国限制稀土、钨和钼的出口

---

① 参见 2002 年、2004 年《外商投资产业指导目录》制造业鼓励类第（十四）项；以及 2007 年《外商投资产业指导目录》制造业限制类第（十）项。

② 可参见 USTR 2010 Report to Congress on China's WTO Compliance, http://www.ustr.gov/about-us/press-office/press-releases/2010/december/ustr-releases-2010-report-congress-chinas-wto-com, p.6。

③ 同上，USTR 2010 Report to Congress on China's WTO Compliance, p.39。

措施提出与中国磋商(以下简称"稀土案")。9 月 12 日 WTO 总干事任命三位专家审理本案,澳大利亚、加拿大、印度和巴西等作为第三方参与了本案审理。①最终,专家组围绕三类产品(稀土、钨和钼),就三类措施(出口税、出口配额和出口管理和分配体制)的合法性作出裁决。

首先,在出口税方面,由于稀土、钨和钼不在《中国加入议定书》附件 6 列举的可征出口税目录清单中,相关措施如《中国进出口税则》和 2012《关税执行项目》等,②被指违反《中国加入议定书》第 11.3 条的规定。③与此同时,一个关键的裁决是该 11.3 条不能援引 GATT 第 20(b)条作为抗辩。④当然即使援引,出口税措施仍然不能满足第 20(b)条和该条序言的适用条件。⑤

其次,在出口配额方面,认定出口配额措施包括 2012 年《出口许可证管理货物目录》和 2012 年《稀土出口企业名单并下达第一批出口配额的通知》等,违反 GATT 第 11.1 条关于取消数量限制的规定,⑥违反《加入工作组报告书》第 162 段和第 165 段的承诺。同时,上述限制措施不符合 GATT 第 20(g)条以及该条序言的适用条件。⑦

最后,在出口配额管理和分配方面,认定中国在对上述产品的贸易权限制(如出口经历要求、出口实绩和最低注册资本限制等)违反《中国

---

① 他们是摩洛哥驻 WTO 前大使、法律教授 Bendjelloum-Touimi(小组主席),乌拉圭外交官及贸易法律教授 Hugo Cayrus,以及赞比亚驻 WTO 前大使 Darlington Mwape(目前仍主持世界知识产权组织著作权的谈判工作)。

② 参见:《2012 关税执行项目》,财政部官网 http://gss.mof.gov.cn/zhengwuxinxi/zhengcefabu/201112/t20111215_615749.html,最后访问日期:2017 年 4 月 23 日。

③ 《中国加入议定书》第 11.3 条规定:"中国应取消适用于出口产品的全部税费,除非本议定书附件六中有明确规定或按照 GATT 第 8 条的规定适用。"

④ GATT 第 20(b)条:"为保护人类、动物或植物的生命或健康所必需的措施。"

⑤ Panel Report, China—Measures Related to the Exportation of Rare Earths, Tungsten and Molybdenum, WT/DS431/R, WT/DS432/R, WT/DS433/R, paras.8.1.

⑥ GATT 第 11.1 条:"除了关税、税收或其他费用以外,缔约方不得通过配额、进出口许可证或其他措施禁止或限制进口或出口。"

⑦ GATT 第 20(g)条:"与保护可用尽的自然资源有关的措施,如此类措施与限制国内生产或消费一同实施。"

加入议定书》第 5.1 条、[①]《加入工作组报告书》第 83 段和第 84 段的承诺。本案亦遵循了先前案例的裁决，认为在该问题上中国以援引 GATT 第 20 条例外规则，但认为措施仍不满足该例外规则的适用条件。[②]总之，在上述三类产品和三类措施的裁判上，基本支持原告观点。从新近各种报道来看，美、日和欧盟正沉浸在胜利的喜悦中。[③]对中国而言，则有必要认真思考这场旷日持久的“稀土保卫战”，通过评估一审裁决焦点、重整旗鼓，以更好地上诉。

## 二、事实问题：中国国内稀土限制措施为何未被采纳

### （一）中国新近稀土政策调整未获充分认可

“原材料限制出口案”之后，中国意识到“稀土案”争端不可避免。2011 年，中国政府发布旨在促进稀土行业健康持续发展的意见，开展稀土开采、生产、环保、打击走私专项整治行动。本案中，中国列举为保护环境资源而实施限制措施包括产业准入限制、资源税、开采、生产和出口配额、环境要求以及执行措施等。[④]中国认为这些措施对于限制国内稀土的生产和消费起到了实质性作用，符合 GATT 第 20(g)条所要求的“国内外措施同时有效实施”。[⑤]但原告认为稀土等限制政策使得国内消费者获得更多好处，不符合例外规则的要求。[⑥]而专家组在本案中也不“买账”，未能采纳中国的抗辩。

---

① 《中国加入议定书》第 5.1 条：“在不损害中国以与符合《WTO 协定》的方式管理贸易权利的情况下，中国应逐步放宽贸易权的获得及其范围，以便在加入后 3 年内，使所有在中国的企业均有权在中国的全部关税领土内从事所有货物的贸易。”

② 根据《2012 年第一批稀土出口企业名单及第一批出口配额下达表》显示，企业应得配额＝此类稀土配额量×(A1＋A2)；A1＝(各企业近三年出口数量÷全国出口总量)×0.5 权重；A2＝(各企业近三年出口金额÷全国出口金额)×0.5 权重。See Panel Report, China—Rare Earths, paras.7.484.

③ USTR Bolg, What They're Saying: U.S. Victory on Rare Earth Exports, 2019-04-23。

④ China's first written submission, para.164. See also Panel Report, China—Rare Earths, paras.7.490.

⑤ See Panel Report, China—Rare Earths, paras.7.490.

⑥ See Panel Report, China—Rare Earths, paras.7.491.

### （二）稀土政策调整未获充分认可的原因

以稀土措施为例，专家组针对中国国内措施进行逐项分析。第一，关于准入限制，专家组认为准入条件（如最低生产规模）的目的在于提高资源开采和生产的效率，并不能证明其限制了国内生产，并且对于已经进入该领域的企业无法限制。①关于国内资源税，尽管2011年统一调整了稀土矿原矿资源税税额标准，调整后的税额标准为：轻稀土每吨60元、中重稀土每吨30元，比调整前的每吨0.4元和每吨2元的税额标准有了大幅度提高。②但在专家组看来这种税收所能达到的效果仍然有限，需要进一步提高税收标准。

第二，关于生产总量限制。专家组认为目前国内对稀土生产限制的效果十分有限，而问题的关键在于原告提出并经专家组确认，中国设定的开采（生产）配额没有得到很好的执行。原告提出，中国在生产总量的控制上并未严格执行，发生严重超产。③因此，专家组认为在该措施方面，很难认定中国有效限制了稀土的生产，同时对于国内生产下游产品的出口退税制度也与这一限制措施相违背。

第三，关于国内消费限制。首先，专家组认为中国没有提供相关证据证明其采取了相关措施限制了国内消费。其次，中国未能证明其采取相关措施限制下游企业使用稀土；同时对于配额中未能出口的稀土，也被下游企业继续使用。第三，中国目前对下游使用稀土的企业采取出口退税的政策，这将促使下游企业使用稀土，这与保护环境的目标相违背。④最后，在国内消费方面，中国实际消费水平只是稍微低于可供消费的水平，⑤以

---

① See Panel Report, China—Rare Earths, paras.7.501.

② 参见《财政部、国家税务总局关于调整稀土资源税税额标准的通知》（财税〔2011〕22号）。

③ 如2012年中国的生产总量是90 400公吨，和2011年持平，但是这些都低于2011年实际生产的数量（96 934公吨），此外原告提出证据证明中国2012年实际生产稀土的数量为95 000公吨，高于规划的数量。

④ 参见《新材料产业“十二五”发展规划》（工业和信息化部，2012年1月）。See also Panel Report, China—Rare Earths, paras.7.549.

⑤ 如2012年中国实际国内消费的稀土为64 797公吨，可供消费的稀土为66 400公吨（当年开采量90 400公吨减去出口额24 000公吨）。

此说明中国在国内消费控制效果十分有限。

第四，关于对国内生产和消费的环境要求和执行措施。2011 年中国出台《稀土工业污染物排放标准》，企业为了达到环境要求，面临更高的成本，一些中小低效企业因此被淘汰；同时通过价格传导机制，限制国内的生产和消费。尽管专家组肯定了环境规制将造成企业成本上升，但是环境成本应该是企业成本的应有之义，是企业外部（负）效应的基础成本和必需成本。[①]此外，在执行措施上，针对国内上下游稀土使用者的非法生产行为，专家组认为中国在法律层面没有相应的处罚措施。总之，专家组对中国的环境措施表示肯定和欢迎，但认为目前国内措施要么程度太低，要么未能得到执行，不能与出口税和配额在效果方面相对等，难以满足 GATT 第 20(g)条所要求的限制程度。

## 三、法律问题：中国入世承诺在本案中的适用

《中国加入议定书》《工作组报告书》是中国入世时“一揽子协议”，是中国的入世承诺，其性质和地位以及在世贸组织中的法律适用一直存在争议，透过本案，我们对其将有更深的认识。

### （一）违反《中国加入议定书》承诺的出口税能否援引例外规则

#### 1. 争议焦点、中国论证与专家裁决

在法律适用方面，本案原被告双方争议的第一个重要问题是违反《中国加入议定书》11.3 条的出口税能否援引例外规则，这其中又涉及三个子问题。第一，中国措施是否违反第 11.3 条，对此中国基本默认违反该条承诺（在此不作讨论）。第二，《中国加入议定书》第 11.3 条能否援引 GATT 第 20(g)条抗辩。第三，若能援引例外，是否符合该条例外规则的适用条件。其中第二个问题是关键和争议焦点，对此中国从不同的角度进行论证。首先，从条约结构上，中国认为第 11.3 条属于《中国加入议定书》中的条款，而根据《中国加入议定书》第 2 条规定“本议定书，包括工作组报告书第 342 段所指承诺，应成为《WTO 协定》的

---

① See Panel Report, China—Rare Earths, paras.7.563.

内容”，因此第 11.3 条应作为《马拉喀什建立世界贸易组织协定》（《WTO 协定》）的内容。其次，从条约间的关系角度认为第 11.3 条与《关税与贸易总协定》存在联系，如第 11.3 条的义务内容本质上与 GATT 第 2 条、第 11 条相关。再次，从条约文本角度认为第 11.3 条中并没有排除适用 GATT 第 20 条的“清晰的条约术语”。①此外，中国还取得了第三方俄罗斯和阿根廷就该法律适用问题观点的支持，巴西不持立场，但偏向于支持中方。②

本案中专家组并未采纳中国的论证意见，其裁判遵循了“文本解释”与“先例指导”的逻辑思路。首先，在文本解释方面，不同意中国提出的预设前提：即作为 1994 年之后的《中国加入议定书》（包括第 11.3 条）自动成为《关税与贸易总协定》的组成部分。换言之，专家组认为两者的关系还没有这么紧密。其次，在先例指导方面，专家组提及在“原材料限制出口案”中，上诉机构认为《中国加入议定书》中没有依据表明 GATT 第 20 条例外可适用于第 11.3 条；本案中中国未能提出足够的理由推翻此前上诉机构的该裁决。可见，先前裁决对本案的裁决起到一定的指示作用，在第 11.3 条法律适用方面，专家组的观点与“原材料限制出口案”的裁决一致。③

2. 本案独立专家组意见

本案的最大亮点之一是在裁判中，针对 11.3 条与《关税与贸易总协定》的关系，有一专家组成员表达了自己的独立观点，并被详细写入最后的裁判报告中。该独立专家组成员认为，同意本裁决的最后结论，即中国不能证明其措施符合《关税与贸易总协定》第 20(b)条的规定。但是，他认为针对本案的合理的解释将使得 11.3 条可以援引第 20(b)条。该专家指出，“我很清晰在先前‘原材料限制出口案’中专家组与上诉机构关于违反第 11.3 条与 GATT 第 20 条适用相关裁决”。④但中国

① See Panel Report, China—Rare Earths, paras.7.96.
② See Panel Report, China—Rare Earths, paras.7.52.
③ See Panel Report, China—Rare Earths, paras.7.115.
④ See Panel Report, China—Rare Earths, paras.7.120.

在本案中提交了新的证据，这将有助于专家组更深地理解 11.3 条与 GATT 第 20 条的关系。

在此将分析独立裁判意见的形成逻辑。首先，意见从 WTO 结构入手，认为 WTO 协定从功能和组成来看，都是属于“一揽子协定”(Single Undertakings)。其次，认为“一揽子协定”(包括加入议定书、工作组报告书、承诺表以及部长级会议或总理会决议)与《WTO 协定》存在关系。他认为《中国加入议定书》起到细化成员适用 WTO 条款(包括《关税与贸易总协定》等多边贸易协定)的作用；同时在认定第 11.3 条是否可援引 GATT 第 20 条例外，应该采取整体性(holistic)的方式进行解释。①需要强调的是，该整体性解释正是专家组或上诉机构裁判时常用的解释方法。最后，认为第 11.3 条与 GATT1994 存在联系。②如第 11.3 条以及 GATT 第 2 条、第 11.1 条，都涉及对出口关税的规范，第 11.3 条可以说是对《关税与贸易总协定》上述条款的延伸。考虑到它们之间的紧密关系，因此在认定中国的权利和义务时，对这三个条款应该进行统一的解释。换言之，中国为了可持续发展和保护环境需要，第 11.3 条义务可援引 GATT 第 20 条，除非中国通过明确的方式放弃援引，但在议定书中看不出有这样的条款。当然，独立裁判意见认为，尽管支持中国可援引例外规则的观点，但中国措施不符合该例外规则的适用条件。如中国措施不能满足措施的“必要性”测试、存在可替代性措施以及序言的非歧视性规定，③尽管独立裁判意见最终未支持中国措施，但其关于第 11.3 条法律适用的裁判思路和观点值得今后参照援引。

3.《WTO 协定》《关税与贸易总协定》与《中国加入议定书》

各方以及专家组对第 11.3 条的法律适用产生分歧，其深层次的原因是对《WTO 协定》《关税与贸易总协定》与《中国加入议定书》这三者

① See Panel Report, China—Rare Earths, paras.7.132.
② See Panel Report, China—Rare Earths, paras.7.138.
③ See Panel Report, China—Rare Earths, paras.7.3.2.2.

的关系定位不同。WTO协定好比是一个"伞状"的法律体系结构，非常复杂，位于法律体系顶端的是《WTO协定》，它与后两者的关系较为明确。《关税与贸易总协定》是《WTO协定》附件1A(《货物贸易多边协定》)中的条约之一，根据前述《中国加入议定书》第2条规定，它也属于《WTO协定》的组成部分。但是，对于《关税与贸易总协定》与《中国加入议定书》的关系却没有明确的文本规定，这是导致各方产生争议的深层次原因。

由于中国反复强调《中国加入议定书》的性质，尤其是与《关税与贸易总协定》的内在关系。因此，针对该问题争议的裁决，专家组非常谨慎。首先，在裁决报告中专家组提醒各方应对该项裁决作狭义解释，即本裁决不表明加入议定书的其他条款不能援引GATT第20条，不表明其他成员的《中国加入议定书》也不适用GATT第20条。其次，专家组指出本裁决不损害中国保护人类、动植物生命或健康的这一合法目的。上述裁决，对中国以及其他新加入成员在处理加入承诺是否可以援引《关税与贸易总协定》例外规则时十分有利。最后，关于对出口税措施的裁决，尽管专家组认为中国出口税措施不能援引例外规则，但还是依照先例对出口税是否符合例外规则的适用条件进行逐条分析。认定中国提供充分的证据证明关于稀土开采将给环境、人类、动植物健康带来危害，但在措施的"必要性"以及序言的"非歧视"(最惠国和国民待遇)规定方面，都不满足条件。因此，专家组裁决认为即便中国能够援引《关税与贸易总协定》第20(b)条，其措施也不符合该条款的适用条件。①

**(二)出口配额管理分配措施(贸易权限制)能否援引例外规则并得到适用**

1.《工作组报告书》的法律适用。尽管裁决认定中国出口配额管理分配措施违反《中国加入议定书》第5.1条和《工作组报告书》第83、84段的相关规定，②但各方对于贸易权、出口配额管理分配措施能否援引

① See Panel Report, China—Rare Earths, paras.8.1.

② See Panel Report, China—Rare Earths, paras.8.13.

《关税与贸易总协定》例外规则这一前提仍有争议。中国提出第 5.1 条可以援引 GATT 第 20(g)条抗辩，这在此前案中已被确认，同时第 83、第 84 段的承诺已反映在第 5.1 条中，两者存在紧密联系。因此上述承诺都可援引《关税与贸易总协定》例外条款。对此，专家组肯定了此前上诉机构对 5.1 条的裁决，即该条可援引第 20(g)条例外。因此，焦点在于第 83、第 84 段与第 5.1 条的关系如何，它们能否援引例外。由于第 83、第 84 段没有如第 5.1 条“在不损害中国以与符合《WTO 协定》的方式管理贸易的权利的情况下”的类似表达，因此必须寻找文本或是其他理由来支持上述承诺可以援引例外规则的依据。专家组在该问题的裁判上，遵循了文本解释和案例指导的思路。

2. 专家组对《工作组报告书》适用的裁判。一方面，专家组从文本上指出第 5.1 条与第 83 段、第 84 段是规范同一内容的条款，并且标题都为“贸易权”。①尤其是在此前案例中，上诉机构认为第 84(b)段更像是政府行使规范贸易管理措施的一个子项，②从中可以看出上诉机构已经在第 83 段、第 84 段与第 5.1 条间建立了联系。从内容上第 83 段、第 84 段也涉及与 WTO 相符的进出口管理措施，如进口许可等。因此，专家组认为如果允许第 5.1 条可援引第 20 条例外，而排除第 83 段、第 84 段援引该例外规则，这在法律和逻辑上都显得不连贯。另一方面，是“先例”的解读。在“出版物案”中，专家组提出有关第 83 条的义务内容解释应该与第 5.1 条的解释保持一致。③该案上诉机构同样认为上述三个条款都是有关中国“贸易权的承诺”，尽管第 83 段、第 84 段没有诸如第 5.1 条存在与 WTO 协定相关的表达，但是它们与第 5.1 条紧密相关。

总之，在法律适用问题上，专家组支持了中国的观点。但由于中国未能提供确凿的证据证明上述措施符合 GATT 第 20(g)条的适用条件，最终裁决中国稀土等配额管理分配措施违反 WTO 规则。目前，实

① 英文标题为“Right to Trade”和“Trading Rights”，基本一致。

② Appellate Body Report, China—Publications and Audiovisual Products, para.224.

③ Panel Report, China—Publications and Audiovisual Products, para.7.310.

践中多将《中国加入议定书》《入世工作组报告书》等统称为"WTO附加条款"(WTO-plus Provisions),从性质上而言都属于中国加入承诺。但在援引例外规则方面,《中国加入议定书》第11.3条与第5.1条、与《入世工作组报告书》的第83段、第84段的命运完全不同。可见目前争端解决裁判实践中,对"WTO附加条款"是否可援引例外规则进行了个案对待和具体分析。

## 四、程序:迟延证据与程序公正之对抗

### (一) WTO关于对证据提交的规定与实践

根据《关于争端解决规则与程序的谅解》(DSU)规定,专家组的角色是"对案件的事实进行客观的评估"。在2013年7月17日专家组第二次会议之后,美国向专家组提供了十份证据材料,①其中四份属于专家报告。中国对此表示了强烈反对,要求专家组驳回原告提供的证据。美国则认为《工作组程序》允许各方针对对方提出的答复进行抗辩和评论,上述十份证据都是与其对中国的评论一并提出的,因此并不违反《工作组程序》的要求。根据DSU《工作组程序》第7段规定,"任何一方不应在晚于第一次实质性会议前提交所有的实质性证据,除非是基于对另一方所必要抗辩、问题回复和答复评论"。根据此前判例,专家组在证据处理上一般包括两个步骤。第一,原告基于自身提供的证据,就事实问题作一个全面的陈述;第二,允许各方对对方提出的证据和观点进行抗辩。②在本案中,专家组还引用了此前类似案件的一个裁判观点:"程序公正"(Due Process)作为争端解决中一条最

---

① 这十组证据包括:"商务部关于公布2013年稀土出口企业名单并下达第一批出口配额的通知"(2012年12月17日),"稀土开采控制被指形同虚设,实际产量年年超标"(新浪网,2011年4月1日),"稀土产业版图重构广东率先占座"(《羊城晚报》,2012年2月28日)。"中国有色金属计划生产争端,揭示稀土行业潜规则"(新华网,2011年8月1日),"关于中国出口配额以及相关措施推动下游产业的引述"(2011年),以及著名经济学家温特斯(Alan Winters)教授和克鲁格曼(Gene Grossman)教授等几位专家的意见。

② Appellate Body Reports, Argentina—Textiles and Apparel, paras. 79—81 and Thailand—Cigarettes(Philippines), para.149.

重要的原则必须得到遵守。在泰国香烟案中，上诉机构也认为，程序公正是 WTO 争端解决的根本原则，专家组必须保证该原则得到尊重，维护好程序公正原则是保证司法裁判机制合法性和效率的最重要方式之一。①

**（二）专家组对迟延证据的裁判**

专家组认为，针对第二次会议之后原告提供的证据不予采纳，并具体分析了原因。第一，针对美国搜集的关于中国新闻类负面报道，专家组认为上述证据应该更早就提出。如对于一些新闻信息早在 2012 年前就已经刊登的证据，不必等到 2013 年 7 月再提供。此外，专家组进一步强调了此前的裁判，即当一方在后面阶段提出“新事实”时，必须特别考虑程序公正。②实际上，根据专家组观点，原告提出的证据是否属于“新事实”也有待商榷。

第二，新证据提出将影响案件审判进度。根据 DSU 第 3.3 条的规定：高效解决纠纷对于保证 WTO 争端解决机制的有效运作是必要的。在此前的案件中，上诉机构提出应该考虑到案件应以一种及时有效的方式解决。③在本案专家组看来，迟于规定时间提出的新证据（如专家报告）将会给裁判带来不必要的拖延。因为中国毫无疑问也会提出自己的专家报告，美国务必会进行反驳，如此循环将有无数回合的专家报告，这将影响案件审判进度。最后，有关中国推动下游产业发展的证据，此前已有相关内容。专家组认为这与《专家程序》第 7 段“基于必要抗辩的证据才可接受”的规定不符。总之，专家组并非否定这些证据材料的功能，而是认为原告可以更早提出，并且相关的证据反驳的成分不足，如果专家组接受则将违反世贸组织的程序公正原则，影响审判效率，因此在该问题上，专家组接受了中国的观点，当然美国对此提出上诉。对中国而言，未来提交证据要充分考虑到时间节点，加以警惕。

---

① Appellate Body Report, Thailand—Cigarettes(Philippines), para.147.

② Appellate Body Report, Thailand—Cigarettes(Philippines), para.149.

③ Appellate Body Report, Thailand—Cigarettes(Philippines), para.150.

## 五、“稀土案”及其法律适用的价值指导

### (一)重视多边参与经验,为区域谈判提供参考

仔细考察已有WTO中国涉诉案例发现,由于当时设计的某些条款不够明晰,埋下了争议隐患。①首先,与《WTO协定》及其附件相比,《中国加入议定书》没有涵盖任何的争端解决条款。其次,比较《中国加入议定书》《工作组报告书》与其他WTO“涵盖协定”的文本,不难发现前者的“前言”采用的是叙事的方式,其中没有如“保护和维护环境”“可持续发展”等宗旨性条款,这影响到正文中具体条款的解释,使中国陷于不利地位。相反《WTO协定》及其附件《货物贸易多边协定》《服务贸易总协定》和《与贸易有关的知识产权协定》(TRIPS)中都包含有用于说明本协定的宗旨和目的的前言条款,这些对于正确解释正文条款十分必要。最后,中国入世文本中没有任何关于“超WTO条款”的修改程序规定。因此,中国要想修改,必须依照修改《WTO协定》的程序进行,不易操作。WTO法律体系已经进入了“法解释”的时代,短期之内也不可能进行立法修改。我们必须看到新近中国参与区域贸易协定的谈判、签署异常活跃,以史为鉴,需要重视WTO多边历史经验对区域协定谈判的价值,已有的争端解决案例(尤其是败诉案件)恰好可以对此提供参考。为此,在设计相关区域性的贸易和投资协议时,尤其需要注意协议的例外条款的适用、序言、争端解决以及协议修改条款,以防埋下纠纷隐患。

### (二)加强国际人才智库建设,为争端解决提供专业化意见

WTO争端解决已经成为一国参与国际治理综合软实力的体现,除政府外,还需要学者、研究机构、企业和非政府组织等非国家行为体(Non-state Actor)充分参与。不难发现,美国几乎所有起诉案例都是企业界“自下而上”的推动,其他各方主体的积极参与,美国将本案比喻

① 如出版物案、金融信息案、原材料案和稀土案等,都涉及《中国加入议定书》和《工作中报告书》能否援引《关税与贸易总协定》《服务贸易总协定》例外规则的问题,其中金融信息案以磋商解决,避开了《服务贸易总协定》例外规则的适用问题。

为"本国产业界的胜利"。美国为了证明中国限制稀土出口影响到国际市场价格、违反WTO规则，特别提供包括经济学家格罗斯曼在内的专家意见。①出于专业知识需要，裁判者有时会向第三方或专家征询专业意见，如在欧盟荷尔蒙牛肉进口限制案、美国海龟案（US-Shrimp）、欧盟海豹案（EU-Seal Products）中都涉及向第三方寻求信息的法律问题。本案中美国提供的专家意见在裁判报告中得到体现，如专家组在论证出口税的设计目的和效果时，便举出了格罗斯曼在《出口税：作为一种解决环境外部性的方式》中的观点，该分析认为"出口税导致国内销售规模的扩大，作为一种保护环境的政策目标设计，是不合时宜的"。②与此相呼应，中国在论证稀土生产过程中可能产生的环境风险时，也列举了相关研究报告和学者观点加以证明。③

关于"超WTO条款"的法律适用问题，在本次"稀土案"专家组审理中，中国提交了关于《中国加入议定书》等法律性质与适用的相关学术文献，以佐证其论点。此外，据称在本次上诉审理中，中国还提交了一份有关"WTO争端解决中的裁判者不同意见或协同意见"的总结文献，以及一份欧委会法律部官员此前撰写关于"集体智慧与不同意见的可能性"的专题论文，以引起本案上诉机构对单独意见的重视。文献多是知名学者发表在《国际经济法杂志》《世界贸易杂志》等顶级期刊的专业文章，这些文献在一定程度上影响到专家组成员的裁判思路。在专家组裁决报告中，大量援引相关学术权威专家意见、报告和论文，这是否将成为一种趋势，有待观察。但这一法律现象需要引起中国学术界

---

① Panel Report, China—Rare Earths, para.7.15，包括温特斯（Alan Winters）教授、著名经济学家，曾担任英国政府国际开发署首席经济学家、世界银行研究部主任，并任欧盟委员会和理事会、美洲开发银行顾问等；金斯诺思（Dudley Kingsnorth）教授，澳大利亚科廷大学任教，拥有40余年国际矿业从业经验；格罗斯曼（Gene Grossman）为普林斯顿大学著名经济学教授。

② See Panel Report, China—Rare Earths, para.7.178.

③ 这其中包括比较权威的《2011年欧洲议会绿色一自由联盟（EFA）研究报告》和《2012年美国环境保护组织研究报告》等。最终，专家组支持了中国关于稀土在生产过程中将产生环境污染的观点。See Panel Report, China—Rare Earths, paras.7.151—7.155.

的高度关注，以提高国际话语权，可惜目前能够撰写国际高水平文章的国内学者太少，使得在裁判中难以找到对中国有利的国际文献。同时，专家证人制度在美国较为发达，利用国际著名学者的观点来影响裁判，对他们而言驾轻就熟。为此，中国应该早作准备，考虑加强中国国际法律人才的智库建设，为争端解决提供智力支持。

**（三）利用已有争端实践，形成对中国有利的裁决**

出于上诉机构的案件排期考虑，美国在 2014 年 4 月 8 日预先提出上诉。为此，中国在 4 月 17 日也提出交叉上诉。①对于中国上诉应该达到什么目的，这需要我们认真思考。在上诉中中国应该继续强化《中国加入议定书》第 11.3 条与《关税与贸易总协定》的关系论述，尤其发挥专家组成员的单独意见。据称，在本次上诉审理中，中国就将提交一份有关“WTO 争端解决中的裁判者不同意见或协同意见”的总结文献，此外还提交了一份欧委会法律部官员此前撰写关于“集体智慧与不同意见的可能性”的专题论文，以引起本案上诉机构对单独意见的重视。有些案件中专家组的单独意见或协同意见得到了上诉机构的支持，如在美欧持续归零案（DS350）关于《反倾销协定》是否允许归零做法的认识上，上诉机构便支持了专家组成员的单独意见，不认可简单归零的做法。

因此，基于此前的争端解决实践，以及本案中出现的专家组单独意见，中国可通过上诉使得上诉机构在认定《中国加入议定书》与 GATT 第 20 条的关系时，朝着有利于中国的方向发展，甚至对此前在原材料案中的观点进行修正。《中国加入议定书》和《工作组报告书》内容基本是义务性条款，上诉中应力争使司法裁判的实践形成“中国入世承诺法律文件原则上可援引 WTO 例外规则”的共识，为未来案件的审判形成先例。同时，按照争端解决机构“既往不咎”的特点，上诉无疑也将给国内政策调整带来缓冲时间。不管上诉最终结果如何，至少可以从程序

① 美国上诉的事项主要是关于迟延证据的认定，美国认为专家组该项裁判有误。参见 Notification of an Appeal by the United States, China—Rare Earths, WT/DS431/9, 11 April 2014。另据有关实务界人士解释，美国预先提出上诉考虑的因素之一是上诉机构的案件排期问题。

上获得时间保证，因此很有必要并需认真对待。

**（四）完善国内法律、政策治理，并做到知己知彼**

WTO规则作为一只无形的手，无时不在影响着国内治理，某种意义上是对主权的侵蚀。一个明显的事实是：WTO争端解决机制对国内立法、行政及司法措施正扮演着“司法审查”的角色（如有些地方性“十二五”规划可能被质疑违反WTO规则）。如果不是借争端解决“既往不咎”之软肋，有意为之，则涉外立法和决策不可无视WTO规则。[①]“稀土案”只是一个缩影，它反映出中国某些产业亟待完善的管理模式和体制。未来产业政策规划需要考虑国际规则，因为陈旧、事与愿违和得不偿失的管理体制最后可能“赔了夫人又折兵”。从法律角度而言，未来产业政策制定甚至可以考虑直接引入GATT第20条例外条款的内容，这对今后诉讼抗辩十分有利。

同时，我们应该强化对贸易伙伴涉外措施的收集能力，做到知己知彼，甚至适时采取反制。后续，中国可进一步加强对美国国内措施的研究。目前，美国在天然气出口方面也存在限制，进口国如果与美国没有签订自由贸易协定，则需要层层审批，耗时费力。比如美国《外交政策》杂志就声称如果把“稀土”换成“天然气”，“中国企业”换成“美国企业”，那么华盛顿就会发现，自己的未来也将受制于此项裁决。但是对于美国更加细致的产业政策还需进一步挖掘研究，尤其是中美进行双边投资协定谈判，一项重要的准备工作便是对美国各类产业投资政策的把握。只有加强对其产业政策和法律的研究，才能明确谈判中的要价，否则文本一旦确定并发生纠纷，中国无疑将陷入被动。

## 六、结　论

有关“超WTO条款”的性质及其法律适用的纠纷，成为新近WTO中国涉诉案例的一个特有现象。“超WTO条款”犹如世贸组织对中国

① 据商务部有关人员指出，考虑到“原材料案”败诉以及目前稀土无序开采严重，相关职能部门希望在法律以及政策制定时，能够更好地遵守国际规则和保护环境。

的一个"私人订制"条款，并在条约发展实践中改变了WTO统一适用的规则体系。由于世贸组织当初未能很好地明确《中国加入议定书》等与WTO"涵盖协定"的关系，这一立法上的"空缺结构"无疑使得此类案件成为司法争端解决中的疑难案件。但这种疑难案件的裁决又具有标志性的意义，影响的不仅是争端双方，而且关乎以后案件裁决的走势。如果今后此类案件依然不断出现，则有必要考虑各种可能的路径，以弥合各方在"超WTO条款"上的认识分歧，其中通过部长级会议和理事会发布权威解释报告或是可能的路径之一。

回到本章所讨论的"稀土案"，其引发的思考和价值指导弥足珍贵。这其中包括多边参与的经验对区域谈判的参考价值、加强国际人才智库的建设及以符合国际规则的方式管理国内产业等。某些措施的完善从短期看可能损害国内一些主体尤其是下游产业的利益，但从整个国家可持续发展和保护资源的角度而言，有助于产业转型升级。

## 第三节　国际贸易中的"国家安全"审视：以美国国家安全调查为例*

### 一、问题的提出

2018年3月8日，美国总统特朗普签署命令，认定进口钢铁和铝产品威胁到美国国家安全，决定将对进口钢铁和铝产品分别按25%和10%的税率进行征税。早在2018年1月11日和17日，美国商务部先后发布《进口钢铁国家安全影响报告》以及《进口铝国家安全影响报告》，两份报告的调查结论均认为，目前钢铁和铝的进口数量和情形正在"弱

* 本节内容参阅：彭德雷、周围欢、杨国华：《国际贸易中的"国家安全"审视——基于美国"232调查"的考察》，载《国际经贸探索》2018年第5期。

化美国国内经济”，已对美国国家安全造成威胁。①本轮贸易调查的法律依据为1962年《贸易扩张法》第232条的“保障国家安全”条款。②尽管征收范围涵盖欧盟、中国、日本、印度、巴西等，但主要目的却是为了防止中国钢铁等产能过剩对其可能造成的不利影响。美国政府认为，尽管2017年进口中国钢铁的比例只有2.4%（位居第11），但中国钢铁产能占全球近50%，且有证据表明许多来自第三国的钢铁进口源自中国。③

历史上，美国借助“国家安全”发起贸易调查的情况并不多见。为此，以下将围绕国际贸易中“国家安全”这一核心关注点，具体分析美国“国家安全”调查的历史实践、独有特征、国际合法性检验，旨在更透彻地审视美国“国家安全”贸易调查措施。

## 二、国际贸易中美国“国家安全”调查的历史实践

美国商务部工业和安全局的数据显示，自1962年《贸易扩张法》实施后，美国政府共发起过26项“232调查”，其中只有极少数属于发现进口产品威胁国家安全并采取制裁措施。例如，尼克松和福特两位总统，曾经根据232条款，以石油危机引起国家安全担忧为由采取过应对措施。而自1995年世贸组织成立以来，美国政府仅发起过两次“232调查”，分别是在1999年与2001年，但最终总统均未采取制裁措施对进口作出调整。④以下是对历年来以“国家安全”为由，美国发起案件的梳理，⑤以便从历史的角度更好地审视本轮美国“国家安全”调查。

---

① The Effect of Imports of Steel on the National Security, An Investigation Conducted under Section 232 of the Trade Expansion Act of 1962, as Amended, p.5.

② Public Law 87.794-OCT. 11, 1962，本法后经多次修订。

③ The Effect of Imports of Steel on the National Security, An Investigation Conducted under Section 232 of the Trade Expansion Act of 1962, as Amended, “Top U.S. Imports of All Steel Products”, p.28.

④ 参见“Section 232 Investigations: The Effect of Imports on the National Security”，美国工业与安全局官网，https://www.bis.doc.gov/index.php/other-areas/office-of-technology-evaluation-ote/section-232-investigations。

⑤ 需要说明的是美国实际执行“232调查”的机构不断发生变化，1962—1973年，为紧急事务准备局；1973—1980年为财政部，1980年起为商务部。

**表 4-4 历史上适用 1962 年《贸易扩张法》第 232 条的贸易调查汇总(1963—2017)**

| 序号 | 产　业 | 申请调查主体 | 调查日期 | 最终状态 |
|---|---|---|---|---|
| 1 | 铁矿石和钢铁半成品 | 詹姆斯和巴特(两位议员) | 2001 年 1 月 16 日申请调查,2001 年 2 月 1 日发起调查。 | 总统最终宣布没有采取措施、调整出口的必要。 |
| 2 | 石油(原油和精炼制品) | 商务部长 | 1999 年 4 月 28 日申请调查,2000 年 3 月 24 日总统批准调查结果,认为原油进口危害国家安全。 | 总统最终宣布没有采取措施、调整出口的必要。 |
| 3 | 石油(原油和精炼制品) | 美国石油协会 | 1994 年 3 月 11 日申请调查,1995 年 2 月 16 日,总统批准调查结果,认为原油进口危害国家安全。 | 总统最终宣布没有采取措施、调整出口的必要。 |
| 4 | 集成电路陶瓷封装 | 库尔斯电子封装公司和陶瓷工艺系统公司 | 1992 年 11 月 20 日申请调查。 | 1993 年 8 月 18 日,商务部长宣布当前进口的集成电路封装产品不会危害国家安全。 |
| 5 | 齿轮和传动装置 | 美国齿轮制造商协会 | 1991 年 10 月 17 日申请调查。 | 1992 年 8 月 11 日,调查报告认为进口不会危害国家安全。 |
| 6 | 铀 | 美国能源部长 | 1988 年 12 月 30 日申请调查。 | 1989 年 10 月 23 日,调查报告认为进口产品不会危害国家安全。 |
| 7 | 注塑机器 | 塑料工业协会有限公司 | 1988 年 11 月 18 日申请调查。 | 1989 年 2 月 17 日商务部长宣布,总统批准其认为进口产品不会危害国家安全的调查。 |
| 8 | 石油(原油和精炼制品) | 国家能源安全委员会 | 1987 年 12 月 1 日申请调查。 | 1989 年 1 月 3 日,总统认为原油进口危害国家安全。考虑到能源部提升能源安全的详细计划,没有采取措施的必要。 |
| 9 | 滚动轴承 | 美国滚动轴承生产协会 | 1987 年 7 月 17 日申请调查,1988 年 7 月 15 日报告递交总统,后总统要求进行补充分析。 | 1988 年 11 月 28 日,总统最终宣布没有采取措施的必要。 |

（续表）

| 序号 | 产　　业 | 申请调查主体 | 调查日期 | 最终状态 |
| --- | --- | --- | --- | --- |
| 10 | 金属切削和金属成形机床 | 全国机床工具工业协会 | 1983年3月10日申请调查。 | 1986年5月20日，总统作出决定：向外国主要供应商寻求自愿限制协议（VRAs）；以及美国商务部和国防部应制定一个国内行动计划以支持产业复兴。 |
| 11 | 螺母、螺栓和钢制大螺丝等 | 美国国防部长 | 1982年2月11日申请调查。 | 1983年2月15日，调查报告认为进口产品不会危害国家安全。 |
| 12 | 利比亚原油 | 总统要求 | 1982年3月商务部报告认为，1979年美国财政部对石油进口的调查结果仍有效。 | 总统要求禁运利比亚产的原油。 |
| 13 | 铬、锰、硅的铁合金等相关材料 | 美国铁合金协会 | 1981年8月18日申请调查，1982年8月报告递交总统。 | 总统最终宣布进口不会危害国家安全，但接受美国商务部建议，着手制定十年计划以提升高碳铬铁、高碳锰铁的国防储备。 |
| 14 | 玻璃化学加工设备 | 陶瓷涂层公司 | 1981年3月13日申请调查。 | 1982年3月18日，调查报告认为进口产品不会危害国家安全。 |
| 15 | 石油（原油、原油衍生品等） | 美国财政部长 | 在1979年11月12日的备忘录中，财政部长建议源自伊朗的原油进口应终止，因其危害国家安全。 | 总统终止所有从伊朗的石油进口。 |
| 16 | 石油（原油、原油衍生品等） | 美国财政部长 | 1978年3月15日申请调查，1979年3月21日调查结果认为石油进口危害国家安全。 | 总统对进口石油征收保护费（conservation fee），但这项费用随后被认为不合法并被取消。 |
| 17 | 螺母、螺栓和铁制或钢制大螺丝 | 总统要求 | 1978年2月10日，总统要求申请调查。 | 1978年11月1日，调查报告认为进口产品不会危害国家安全。 |
| 18 | 石油（原油、原油衍生品等） | 美国财政部长 | 1975年1月24日，调查报告公布。总统最终宣布石油进口危害国家安全。 | 总统对石油进口实行新的附加费制度，但随后减为零。 |

（续表）

| 序号 | 产　业 | 申请调查主体 | 调查日期 | 最终状态 |
| --- | --- | --- | --- | --- |
| 19 | 石油（原油、原油衍生品等） | 石油政策委员会主席 | 1973年，石油政策委员会主席建议调整石油进口的方法应该修改。 | 总统暂停了现行的石油进口的关税，并对进口商实行从配额制度转换为可调整的许可费制度。 |
| 20 | 高压电力变压器和电抗器等 | 通用电气公司 | 1972年8月7日申请调查。 | 1973年5月25日，调查报告认为进口产品不会危害国家安全。 |
| 21 | 微型精密仪器滚珠轴承 | 美国滚动轴承生产协会 | 1969年1月31日申请调查。 | 1971年5月5日，调查报告认为进口产品不会危害国家安全。 |
| 22 | 铬、锰、硅的铁合金和精炼金属 | 铁合金和相关产品生产者协会 | 1968年5月24日申请调查。 | 1970年8月14日，调查报告认为进口产品不会危害国家安全。 |
| 23 | 手表机芯及零件 | 总统要求 | 1965年4月2日申请调查。 | 1967年1月11日，调查报告认为进口产品不会危害国家安全。 |
| 24 | 滚动轴承和零件 | 美国滚动轴承生产协会 | 1964年10月16日申请调查。 | 1966年11月2日，根据申请人的要求，终止调查。 |
| 25 | 钨轧机产品 | 通用电气公司 | 1964年1月2日申请调查。 | 1965年9月23日，调查报告认为进口产品不会危害国家安全。 |
| 26 | 锰、铬铁合金和电解锰、铬 | 生产化学家协会 | 1963年5月20日申请调查。 | 1964年7月17日，调查报告认为进口产品不会危害国家安全。 |

数据来源：根据美国贸易与安全局相关资料整理。

从调查的历史实践看，涉及的产品主要是石油、钢铁，而申请调查的主体较为广泛，包括政府、行业协会、企业、总统甚至国会议员等，调查发生的时间则主要在冷战时期。

## 三、国际贸易中美国“国家安全”调查的法律依据及其特征

美国本次调查依据的是美国1962年《贸易扩张法》第232条“保障国家安全”条款。该法产生于冷战时期，其中第四章为“国家安全”，具体涵盖第231条（共产主义国家和区域的产品）以及第232条（保障国

家安全)。①从条文的设置可以看出该法具有浓重的政治色彩和冷战思维。其中第232条经过多次修改,目前适用的是2012年1月修改后的生效条款。②该条款主要涵盖以下内容:(1)防止税收或其他进口限制措施的减少或消除,若此类减少或消除威胁到国家安全;(2)商务部长发起调查并决定进口产品对国家安全的影响,与国防部长以及其他政府人员协商,并向总统报告等;(3)总统作出决定,向国会报告;(4)国内产品的国家防御以及外国竞争对国内产业经济福利的影响等。③从上述内容看,该条款主要是就特定产品之进口是否影响美国国家安全进行调查与认定。如果最终认定进口产品对美国国家安全造成威胁,总统具有对进口产品采取调整措施的决定权,包括措施的形式、额度、产品范围及受影响的国家,以及通过谈判方式决定最后的措施(如自愿限制协议,VERs)等。

同时,针对进口产品国家安全审查的认定标准,则规定在美国商业与对外贸易法律体系中的第705.4节(编号:15 CFR 705.4)中。④第一,在决定调查产品对国家安全影响时,商务部应考虑受调查产品的进口数量或其他相关调查产品的进口情形。针对国家安全,商务部需要考虑以下因素:(1)出于国家安全要求的国内产品的产量;(2)为达国家安全标准所需的国内产量与产能;(3)为生产受调查产品所需的既有与预期人力资源、产品、原料及其他资源,以及其他针对国家安全的必要供给和服务;(4)受调查产品、产业为符合国家安全标准所需的成长条件,以及确保上述增长的必要供给和服务,包括(产业)投资、开发和发展等;(5)任何其他相关因素。⑤第二,商务部基于进口产品的数量、效用、特征和用途,在进行调查时需要考虑:(1)外国竞争产

① Public Law 87.794-OCT. 11, 1962.

② 美国政府出版局(GPO)官网,https://www.gpo.gov/fdsys/granule/USCODE-2011-title19/USCODE-2011-title19-chap7-subchapII-partIV-sec1862, January 3, 2012。

③ §1862. Safeguarding national security, 19 USCA §1862.

④ 15 CFR 705.4—Criteria for Determining Effect of Imports on the National Security.

⑤ 同上引,15 CFR. §705.4。

品对任何国内涉及国家安全的产业造成的经济福利影响;(2)任何国内产品的被取代导致的大量失业、政府收入的减少、特殊技能或投资流失或其他严重后果;(3)任何其他导致或将要导致弱化美国经济的相关因素。①

以上第705.4节(15 CFR 705.4)中规定的"任何其他相关因素""任何其他导致或将要导致弱化美国经济的相关因素",都是属于法律意义上典型的兜底条款,这为美国对国家安全损害因素的评估提供了很大的灵活性。正是基于以上规定,美国商务部在其调查报告中指出,美国钢铁产能自2001年以来一直保持平稳,而其他钢铁生产国的产能总体增加,可以预见全球钢铁产能尤其是中国钢铁产能的过剩,将导致美国的国内钢铁产业份额加剧下滑、工厂关闭以及工人失业等,这将对美国国家安全造成损害。②

## 四、美国"国家安全"贸易调查的国际合法性审视

### (一) GATT"安全例外"的历史发展与司法实践

从本质上说,美国"232调查"属于单边贸易措施,因此是否具有合法性,需要接受国际规则尤其是WTO规则的检验。具体而言,如果本案受调查成员寻求WTO争端解决机构审理,将主要涉及GATT第21条"安全例外"条款的解释。第21条规定:"本协定的任何规定不得解释为:(a)要求任何缔约方提供其认为如披露则会违背其基本安全利益的任何信息;或(b)阻止任何缔约方采取其认为对保护其基本国家安全利益所必需的任何行动:(i)……;(ii)与武器、弹药和作战物资的贸易有关的行动,及与此类贸易所运输的直接或间接供应军事机关的其他货物或物资有关的行动……。"相比于GATT第20条(一般例外),事实上GATT"安全例外"条款被视为"君子协定",WTO成员多

---

① 15 CFR 705.4—Criteria for Determining Effect of Imports on the National Security.

② The Effect of Imports of Steel on the National Security, An Investigation Conducted under Section 232 of the Trade Expansion Act of 1962, as Amended, p.55.

避免在争端解决实践中援用该条款。①从该条款可以看出，其含义模糊且涉及政治因素，极易被某些国家用作阻碍贸易自由化的工具（傅廷中，2011）。

二战后，基于保护国家安全的需要，早在《国际贸易组织宪章》的起草过程中，起草者就认为，“应该对安全予以一定的考虑以应对商业目的”，但“宗旨应该确保该条款不被滥用”。无疑，“安全例外”条款的设置目的之一主要是为了平衡贸易自由与国家主权。②根据联合国贸易和就业会议 1947 年 2 月的历史文献记载，现行 GATT 第 21 条和第 20 条的“一般例外”规则是作为《国际贸易组织宪章（草案）》文本的第 37 条加以规定的，当初两个例外规则是合并设置的。③该条款最早亦是由美国倡导起草，最终《关税与贸易总协定》采纳并以独立的条款作了规定，且一直保留至今。④

但是在多边贸易的司法实践中，却少有案例涉及“安全例外”条款。此前 GATT 时期，仅有少数几起案例涉及“安全例外”条款，如 1986 年尼加拉瓜诉美国贸易制裁案和 1992 年前南斯拉夫诉欧共体经济制裁案。现有 WTO 司法判例中，也只有少数案件涉及该条款的解释，如 1998 年欧盟诉印度进口限制措施案，但该案未进入实质性审理阶段。⑤简言之，在多边贸易的司法裁判实践中，尚没有对“安全例外”条款较为完整的司法解释。为此，以下将节选该条的关键内容，根据《维也纳条约法公约》以及 WTO 裁判机构的解释实践，⑥就本条的核心要素进行

---

① See Panel Report, China—Rare Earth, paras.7.398, 7.404, 7.12.

② GATT. EPCT/A/SR.33, p.3.

③ Report of the Drafting Committee of the Preparatory Committee of the United Nations Conference on Trade and Employment, Article 37, General Exceptions, 20 January to 25 February 1947, New York.二战之后，联合国拟成立“布雷顿森林体系”的第三个专门机构，即国际贸易组织（ITO），但由于未能得到某些国家立法机构的批准，ITO“胎死腹中”，其中的《关税与贸易总协定》作为临时性协定得到适用。

④ Analytical Index of the GATT, p.610.

⑤ DS149: India—Import Restrictions, https://www.wto.org/english/tratop_e/dispu_e/cases_e/ds149_e.htm.

⑥ 关于国际条约解释的方法，可参见《维也纳条约法公约》第 31 条和第 32 条。

学理分析。

## （二）GATT“安全例外”涉及的三个关键性术语解释

从整体结构而言，GATT 第 21 条的“安全例外”区别于 GATT 第 20 条，没有“序言”的限制性要求。GATT 第 20 条设置了一个前提性限制，要求成员的措施不能在情形相同的成员之间构成任意或不合理歧视，①并且这一“序言”限制在很多案件中都起到了关键性作用。②在最后的 GATT 文本中，“安全例外”条款取消了这一限制，这无疑意味着其适用的空间更加灵活。但“安全例外”条款如何适用，还在于以下三个关键性术语的解释。

首先，关于条款中“其认为”(it considers)的解释。这和 GATT 第 20 条一般例外规则不同，③第 21(b)条的表述为《关税与贸易总协定》中的任何规定不得解释为“阻止任何缔约方采取其认为……所必需的任何行动”。其中的“其认为”之表述给缔约方适用“安全例外”条款提供了很大的弹性空间。例如，在 1986 年尼加拉瓜诉美国的贸易限制措施案中，美国认为第 21(b)条赋予了缔约方自身有权决定采取其认为为保护基本安全利益所必需的措施。④甚至早期还有成员提出，WTO 安全例外条款的适用被视为成员自决的权利，不容 GATT 或 WTO 争议解决机构管辖相关争议。在此，我们借助历史谈判文献进行分析，以对其解释有更好的把握。如前所述，谈判早期的“安全例外”和“一般例外”条款是统一规定在《国防贸易宪章(草案)》第 37 条中。但随后，在 1947 年 7 月 4 日的日内瓦谈判中，美国提出将“安

① 具体限制性规定是，“在遵守关于此类措施的实施不在情形相同的国家之间构成任意或不合理歧视的手段或构成对国际贸易的变相限制的要求前提下……”

② 关于 GATT 第 20 条的解释，可参考彭德雷：《超“WTO 条款”法律适用研究：基于中国“稀土案”的考察》，载《国际经贸探索》2015 年第 1 期，第 89—100 页。胡加祥、彭德雷：《WTO 语境下可用竭自然资源例外规则研究》，载《环球法律评论》2011 年第 6 期，第 135—144 页。

③ 《关税与贸易总协定》第 20 条没有“其认为”的表述，未指明由谁来决定所采取的措施属于“所必需”，这意味判断的主体应该交由中立的第三方。

④ Report of the Panel, United States—Trade Measures Affecting Nicaragua, Nicaragua v United States, L/6053, para.1.2.

全例外”条款单独列出，并且首次在该条款中加入了“其认为”的表述，该表述最后被《关税与贸易总协定》所采纳。美国谈判代表对此的解释是“对于国家安全需要给予一定的自由度(latitude)，同时认为这确实是一个需要平衡的难题；一方面不能约定过紧，不能限制一些纯粹出于安全考虑的国家措施；另一方面不能解释得过于宽泛，导致一国以安全为借口而实施以商业为目的的措施”。①WTO法之父约翰·杰克逊早期也指出，对“安全例外”条款作出毫无限制的解释并不符合美国的利益，因为这将使WTO成员仅通过援引该例外条款就能保护其鞋类产业。②

其次，关于条款中“基本安全利益”(essential security interests)的解释。“基本”(essential)在文义上是指“绝对不可缺少的或必需的”。③同时，从历史谈判文献看，④当时一些缔约方代表(如荷兰代表)就担心，针对“基本安全利益”的理解难以把握。对此，美国代表回应提出，“考虑到过宽的例外规则会给整个协定带来巨大的危害，因此在进行条款起草时应对‘基本安全利益’谨慎考虑，对例外规则进行一定的限制”。⑤从中亦可以看出，当时谈判者已经意识到不应该对“安全例外”条款作宽泛的解释。在中国稀土案中，针对GATT第11.2(a)条“为防止或缓解出口缔约方的粮食或其他必需品的严重短缺”的规定，专家组

① Second Session of the Preparatory Committee of the United Nations Conference on Trade and Employment, Restricted/PC/T/A/PV/33, 24 July 1947.

② John H.Jackson, Helms-Burton, the U.S., and the WTO, https://www.asil.org/insights/volume/2/issue/1/helms-burton-us-and-wto, March 03, 1997，最后访问日期2019年4月5日。

③ Shorter Oxford English Dictionary, 6th edn, W.R.Trumble, A.Stevenson(eds)(Oxford University Press, 2007), Vol.1, p.865. “The term ‘essential’ is defined as ‘[a]bsolutely indispensable or necessary’”.

④ Report of the Drafting Committee of the Preparatory Committee of the United Nations Conference on Trade and Employment, 20 January to 25 February 1947, New York.

⑤ The Drafting History of GATT Article XXI: The U.S. View of the Scope of the Security Exception(Posted by Simon Lester), http://worldtradelaw.typepad.com/ielpblog/2018/03/drafting-history-of-gatt-article-xxi.html，最后访问日期2019年4月5日。

和上诉机构在考察分析“其他必需品”时涉及对“基本、必需”(essential)的解释,对此上诉机构主要参照字典,采用了文义解释。①当然,随着时代的发展,“安全利益”的外延不断扩展,当前各国对“安全利益”,尤其是国家安全的界定都相对广泛,例如,中国提出总体国家安全观包括人民安全、政治安全、经济安全和社会安全等。②因此,就美国本次调查所主张的“国家经济安全”被纳入“安全利益”范畴的可能性仍然较大。

最后,关于条款中“所必需”(necessary)的解释。这对中国而言是最为关键的解释。当前,世贸组织有不少对“所必需”的解释判例,均有助于对本条的理解。例如,在泰国香烟案中,专家组认为只有当不具有可替代的(或更小程度上的违规)措施时,泰国用于实现其公共健康目标的措施才被认为是“所必需”的。③在中国出版物案中,上诉机构赞同专家组的裁决,认为如果存在更小程度上的限制措施,则该保护公共道德的争议措施就不是“所必需”的。④同时,在考察一项措施是否“所必需”时,应该考虑其是否为了实现其所追求的目标作出了实质性贡献。⑤在韩国牛肉案中,上诉机构认为“所必需”理解为“不可替代”(indispensable)以及“为了”(making a contribution to),⑥即为了实现所追求的目标;在欧共体关税优惠措施案中亦有类似的表述。⑦另外,在具体该如何界定和解释“所必需”时,上诉机构在韩国牛肉案中提出“权衡和平衡”(weighing and balancing)的评估方法,并指出在进行措施评估

---

① Appellate Body Report, China—Raw Materials, para.326.

② 参见《2015 年国家安全法》第 3 条:“国家安全工作应当坚持总体国家安全观,以人民安全为宗旨,以政治安全为根本,以经济安全为基础,以军事、文化、社会安全为保障,以促进国际安全为依托,维护各领域国家安全,构建国家安全体系,走中国特色国家安全道路。”

③ Panel Report on Thailand—Cigarettes, para.75.

④ Appellate Body Report, China—Publications and Audiovisual Products, paras. 243—249; Panel Report, China—Publications and Audiovisual Products, para. 7.788; Appellate Body Report, para. 307.

⑤ Panel Report, EC tariff preferences, paras.7.198—7.199.

⑥ Appellate Body Report, Korea—Various Measures on Beef, para.161.

⑦ Panel Report, EC-Tariff Preferences, paras.7.198—7.199.

时至少有三个因素需要考虑，一是涉案措施对实现目标的贡献度；二是所追求目标的重要性；三是涉案措施对国际贸易的限制性影响。①在巴西翻新轮胎案中，上诉机构在适用上述评估方法时指出，由于禁止翻新轮胎进口的措施对国际贸易有极大的限制性，所以在评估其是否属于“所必需”时，应该分析其是否为实现目标作出了实质性贡献。②如果将来案件被起诉到世贸组织，裁判者将会综合评估美国的征税措施对美国所主张的保障“国家安全”的贡献度和重要性，有无替代措施以及对国际贸易的影响等。

**（三）GATT“安全例外”的上下文解释**

“条约应依其用语按其上下文并参照条约之目的及宗旨所具有之通常意义，善意解释之”。③GATT 第 21 条的谈判背景是二战结束不久，从其上下文的表述看，其主要目的是战争防御或应对国际关系中的紧急情况，而本案对钢铁和铝的征税很难说是与此相关。一方面，该条中“其认为”赋予主权国家在采取措施时很强的主观性，这体现出谈判者对主权国家的尊重。但另一方面，这种主观的“其认为”并非没有限制，条文中的“所必需”便是对主权国家措施的限制。在 2016 年乌克兰诉俄罗斯过境运输措施案中，④欧盟关于“安全例外”的第三方意见很好地表述了这一思想。首先，原则上每个成员可以自身评估其措施是否“所必需”，但是这并不意味着成员完全享有无约束（unfettered）的决定权，对此专家组需要对措施的必要性进行审查。其次，需要确保该例外规则的适用是基于诚实信用的原则、不能被滥用。最后，援引该例外规则的成员对此负有举证责任，并由此承担举证不能的法律后果。⑤

---

① Appellate Body Reports, Korea—Various Measures on Beef, para.164.

② Appellate Body Report, Brazil—Retreaded Tyres, para. 146, para. 150, para. 176.

③ 参见《维也纳条约法公约》第 31 条（解释之通则）。

④ DS512: Russia—Measures Concerning Traffic in Transit, https://www.wto.org/english/tratop_e/dispu_e/cases_e/ds512_e.htm, 2018-04-05.

⑤ Russia—Measures Concerning Traffic in Transit, European Union Third Party Written Submission, paras.61—63.

## 五、“国家安全”调查的当前应对与中美经贸摩擦的后续关注

本次“国家安全”调查是自世贸组织成立以来美国首次采取征税措施的贸易行为。美国考虑到正在与加拿大和墨西哥进行北美自贸区重新谈判，因此两国被排除在征税之列，但是中国并不在豁免的范围中。对此，中国政府采取了有效应对措施，如根据世贸组织《保障措施协定》，拟对自美进口部分产品加征关税，以平衡美方实施上述措施对中国造成的利益损失。①同时，在多边层面，中国亦决定在世贸组织起诉美国。②基于此，以下将围绕中国上述两类应对路径可能遇到的问题展开分析。同时，探讨后续中国采取其他相应措施的可能性。

### （一）在政府层面，基于《保障措施协定》适当反制

针对美国以“国家安全”为由进行贸易调查，中国首先以《保障措施协定》为依据与美国磋商，化被动为主动。具体而言，将美国对钢铁和铝的征税措施视为一种保障措施，该方案实质上是将争议由 GATT“安全例外”转移至“保障措施”框架下，实现多边规则下的合法救济。基于《保障措施协定》第 8.2 条规定，实施保障措施的成员应该与受该措施影响的成员进行磋商，如果“磋商未能在 30 天内达成协议，则受影响的出口成员有权在不迟于该保障措施实施后 90 天，并在货物贸易理事会收到此中止的书面通知之日起 30 天期满后，对实施保障措施成员的贸易中止实施实质相等的减让或其他义务”。基于此，中国实施对美国对等的征税清单，产品涵盖 7 类、128 个税项产品，按 2017 年统计，涉及美对华约 30 亿美元出口。③另外，第 8.2 条有一项规定，即“只要货物贸易理事

① 参见《商务部新闻发言人就中方发布针对美国进口钢铁和铝产品 232 措施的中止减让产品清单发表谈话》，2018 年 3 月 23 日。

② 参见《商务部条约法律司负责人就中国在世贸组织起诉美国 232 措施发表谈话》，2018 年 4 月 5 日。

③ 参见《商务部关于就美国进口钢铁和铝产品 232 措施及中方应对措施公开征求意见的通知》，2018 年 3 月 23 日。

会对此中止不持异议”,有学者认为该规定应理解为“除非所有的成员都反对被调查国采取对等的中止措施”,这类似于争端解决程序中的“反向一致”原则,因此该规定对被调查国采取对等中止措施并不会构成障碍。①

然而,采取《保障措施协定》加以应对,美国或主张本次贸易调查措施不属于保障措施的范畴,认为中国依据《保障措施协定》实施对等征税不符合 WTO 规则。②对此,世贸组织曾处理过类似的案例,上诉机构最终认定成员实际采取的措施并非该成员所声称的措施。例如,在智利价格体系案中,上诉机构支持了专家组先前的裁决,③认为智利实施的价格体系征税并不属于其所声称的“普通关税”,而是一种更广泛的措施,这一措施更类似于“可变进口征税和最低进口价格”,这违反了《农业协定》第 4.2 条。④因此,后续处理本案时,就应对方案而言下一步应重点分析美国措施所表现出的特征是否符合《保障措施协定》下的相关规定。

**(二)采取公力救济诉至 WTO,但存在外部环境的不确定性**

当前,中国已在世贸组织起诉美国。第一,美国的征税措施难以满足 GATT“安全例外”的要求,尽管该规定赋予主权国家一定的灵活性,未来案件的一个关键点在于裁判人员有多大决心推进该条款的解释。第二,美国“232 调查”措施对包括中国在内的部分成员实施征税,对某些成员却进行豁免,涉嫌违反 GATT 第 1.1 条最惠国待遇原则,以及美国对涉案产品的关税减让承诺。⑤即使受豁免成员与美国有自由贸易

---

① 第 8.2 条的英文表述为“the suspension of which the Council for Trade in Goods does not disapprove”, GATT 第 19.2 条“the suspension of which the CONTRACTING PARTIES do not disapprove”, Michael 教授即持此观点,其关于保障措施的相关论文可参见 Michael J.Hahn, Balancing or Bending? Unilateral Reactions to Safeguard Measures (2005), Journal of World Trade, Issue 2, pp.301—326。

② WTO:“Communication from the US in Responses to China's Request Circulated on 26 March 2018”, G/SG/161/Suppl.1 G/SG/162/Suppl.1 G/SG/167, 4 April 2018.

③ Panel Report, Chile—Price Band System, para.7.104.

④ Appellate Body Report, Chile—Price Band System, paras.218—262, 288.

⑤ 参见 GATT 第 1.1 条(最惠国待遇)和 GATT 第 2.1 条,“每一缔约方对其他缔约方的贸易所给予的待遇不得低于本协定所附有关减让表中有关部分所规定的待遇”。在美国 WTO 货物关税减让表承诺中,对大多数钢铁或钢铁产品给予零关税,铝或铝制品的最高关税为 6.5%,参见 https://www.wto.org/english/thewto_e/countries_e/usa_e.htm。

协定，美国也需证明该关税措施满足《关税与贸易总协定》第24条关于“关税同盟和自由贸易区”的相关规定。[①]在世贸组织起诉，是最符合多边规则体系宗旨的一种路径，能够更好体现中国对多边贸易体制的维护。就本案而言，世贸组织也是后续双方真正从法律上解决争议的主要场所。

但诉至世贸组织的挑战在于，存在外部环境的不确定性。主要体现在：(1)WTO争端裁决存在一定的时间性，一个案件往往需要经历3年左右的时间。(2)当前美国对WTO争端解决机制不满，并对其施加各种压力，或造成实际审理中裁决者难免心存顾虑、十分谨慎。后续美国还可能以退出世贸组织相要挟，使得世贸组织的裁判者十分被动，但某种意义上这又是世贸组织树立威信的一次机会。(3)争端解决机构未来存在不确定性。受美国的阻挠，目前上诉机构只有1名成员(少于法律规定的7名)。早在2002年的钢铁保障措施案中，虽然中国和欧盟、日本、韩国和巴西等联合起诉美国，尽管申诉方最后胜诉，但整个案件历时2年多。[②]总之，起诉至世贸组织是中国应对本案的主要路径之一，在一定程度上对美国今后的贸易保护主义有一定的压制作用。

**(三) 以企业为主体，在美国法院进行跨国诉讼**

针对“232调查”，当前中国主要是依据保障措施进行反制并在世贸组织起诉。理论上，还存在另一应对路径，即将美国征税措施视为具体行政行为，因此受影响的中国企业可单独或联合在美相关受损企业在美国国内进行跨国诉讼。但需要注意的一个问题是，美国总统对国家安全事务的决定具有一定的豁免权，美国国内法院通常不干预国家安全问题，尊重行政机构在此问题上的裁量权，美国法院在是否受理此类案件时会更加谨慎。因此，在实践操作层面存在一定的难度。

当然，一旦措施超越了国家安全或者程序违法，美国法院也存在受

---

① Turkey—Textiles, AB Report, paras. 45—62; Canada—Autos, Panel Report, paras. 10.55—10.56.

② DS252: United States—Definitive Safeguard Measures on Imports of Certain Steel Products.

理的可能性,在此之前有过相关的判例。例如,1980 年,总统卡特依据针对进口石油的“232 调查”结果,采取石油进口调整项目措施,然而该措施被美国法院认定违法。法院认为,该措施并没有直接作用于进口产品,相反其对国内石油产业的影响要强于进口石油;并认为是国会而非总统来决定征收汽油费是不是好的政策。同时,近年来,中国企业在海外诉讼的实践经验也不断增强,对美国国内的司法程序日趋熟悉。①企业起诉美国政府的行政措施,不仅是针对“232 调查”措施,同样适用于后续应对美国“301 调查”措施。图 4-1 是中国企业在美国国际贸易法院的诉讼案件年度统计。

**图 4-1 中国企业在美国国际贸易法院的历年诉讼案件整理(2000—2016)**

资料来源:根据美国国际贸易法院(USCIT)官方资料统计。

### (四) 探讨中美经贸谈判可能、关注相关成员反应、完善对外开放体系

首先,尽管当前中美经贸关系对话经受一些波折,但中美之间合作交流的渠道没有中断。②因此如果中美能够通过开展外交和政治对话,

① 在投资领域,外界俗称的“三一诉奥巴马案”亦涉及国家安全,上诉法院裁定总统命令违反宪法的正当程序。参见 Ralls Corporation Vs. Committee on Foreign Investment in the United States(No.1:12-cv-01513), decided July 15, 2014。

② 商务部长钟山:“贸易战没有赢家 只会给中美和世界经济带来灾难”,十三届全国人大一次会议答记者问,2018 年 3 月 11 日。

达成互利共赢，将是最佳方案，有助于控制局势、避免中美经贸关系失控。其次，密切关注相关成员在中美经贸摩擦中的立场和反应。中美经贸摩擦一定程度上超出意料，中国后续采取任何一种措施之前，需要密切关注其他成员的立场和反应（尤其是欧盟、加拿大等重要的经济体）。一方面，保持与其他受美国措施影响的成员的沟通和合作，共同应对美国贸易保护主义。另一方面，关注其他成员对中国应对措施的反应。对于不利舆论，应该积极消除，同时确保中国实施相关措施，优先考虑在国际规则下行事。最后，从中国自身角度而言，需要在新起点上继续深化对内改革、对外开放。本次美国发起“232 调查”主要目的仍是希望通过实施进口限制，减少中美贸易逆差。对中国而言，自身也应该重视钢铁产能过剩的问题，某些钢铁产品的出口除了面临本次“国家安全”调查之外，未来还可能继续面临高额的反倾销和反补贴税。① 从内部角度而言，未来的产业结构调整至关重要。对外贸易方面，中国应该继续拓展对外贸易“朋友圈”，深化“一带一路”倡议、不断完善多边和双边自贸区安排，推进中国与其他国家的贸易往来，出口不能过度依赖于美国，这也有助于缓解中美贸易逆差。

## 第四节　美国“232 调查”案件的最近进展

2018 年 3 月，特朗普政府以“国家安全”名义针对全球展开“232 调查”（指美国商务部根据 1962 年《贸易扩展法》第 232 条款授权，对特定产品进口是否威胁美国国家安全进行的立案调查），并对除加拿大、墨西哥、澳大利亚、阿根廷、韩国、巴西和欧盟以外的所有国家的某些钢铁产品和铝产品分别征收 25%和 10%的额外进口关税。随后，美国相继

① https://piie.com/blogs/trade-investment-policy-watch/trumps-steel-and-aluminum-tariffs-are-counterproductive-here-are，2018-03-12.

取消对某些国家进口关税的豁免。2018 年 4 月 17 日，美国联邦通信委员会（FCC）通过一项提案，其中规定将禁止美国移动运营商使用美国联邦通信委员会总额度约 85 亿美元的通用服务基金（USF）购买任何对美国国家安全构成威胁的设备或服务。此项措施限制了美国进口的钢铁和铝产品，将会对许多出口相关产品到美的国家产生严重损害。

## 一、磋商阶段

对此，包括俄罗斯、印度和中国在内的 8 个 WTO 成员提出相关质疑。2018 年 4 月 5 日，中国要求与美国就美国对钢铁和铝制品进口征收的某些关税进行磋商。中国认为这些措施不符合以下几条协定：

1.《保障措施协定》：第 2.1、2.2、4.1、4.2、5.1、7、11.1(a)、12.1、12.2、12.3 条；

2. GATT1994：第 1.1、2.1（a）和（b），第 10.3（a）、19.1（a）、19.2 条。

2018 年 4 月 13 日，美国表明愿意与中国进行磋商。

印度是向美国出口钢铁和铝产品的重要国家。由于巨大的贸易利益，2018 年 4 月 17 日，印度要求参加磋商，并认为美国的措施违反的协定有：

1. GATT1994：第 22 条；

2.《保障措施协定》第 14 条。

俄罗斯向美国出口钢铁和铝产品的数量也一直很大，特别是在美国商务部根据 1962 年《贸易扩展法》第 232 条进行调查后的报告中得到承认。美国的此项措施将会对俄罗斯的贸易利益产生重大不利影响。2018 年 4 月 18 日，俄罗斯联邦要求参加磋商，并认为美国违反了下列协定：

1. GATT1994：第 22 条；

2.《保障措施协定》第 14 条。

美国是泰国钢铁和铝产品的第一和第六大出口市场，美国的相关措施可能会严重影响泰国这些产品的销售和出口，进而损害泰国的贸易利益。2018 年 4 月 18 日，泰国要求参加磋商。

2018 年 4 月 19 日，欧盟和中国香港要求加入磋商。

## 二、专家组阶段

2018 年 7 月 19 日，中国与美国进行了磋商，但未能解决争端。因此，为了解决争端，中国要求根据 DSU 第 4 条和第 6 条，GATT1994 第 23 条和《保障措施协定》第 14 条设立专家组。2018 年 10 月 29 日，争端解决机构推迟小组的设立；随后，在 2018 年 11 月 21 日的会议上，争端解决机构确定小组成立。同时，加拿大、欧盟等成员保留其第三方权利。

在中国看来，美国所提议的相关措施的实质内容都是因为钢铁产品和铝产品的进口量急剧增加，对美国国内相关产品生产商造成了损害。美国通过有争议的措施中止义务或撤回或修改特许权是为了减轻这种伤害或威胁，以确保相关的国内产业在经济上可行。

中方指出，这些措施意味着美方是在以单独的形式评估来自各个国家的提供商，这本身就违反了 WTO 最惠国待遇原则①。中国商务部发言人高峰指出，美方以国家安全为由，单方面对进口的钢铁和铝产品采取限制措施，这种滥用国家安全的做法，严重违反世贸组织相关规则和纪律，对多边贸易体制造成破坏，损害了包括中国在内的有关成员的正当权益。

美国方面认为，关税是调整可能损害美国国家安全的钢铁和铝制品进口所必需的。国家安全问题是不容易审查的问题，也不是能够通过 WTO 争端解决机制解决的政治问题。正如 GATT 第 21 条所反映

---

① 通常最惠国待遇是指国与国之间贸易条约和协定的法律待遇条款，在进出口贸易、税收、通航等方面互相给予优惠利益、提供必要的方便、享受某些特权等方面的一项制度，又称“无歧视待遇”。它通常指的是缔约双方在通商、航海、关税、公民法律地位等方面相互给予的不低于现时或将来给予任何第三国的优惠、特权或豁免待遇。条约中规定这种待遇的条文称“最惠国条款”。

的，世贸组织的每一个成员都有权自行确定其认为保护其基本安全利益所必需的事项。由于美方不认为其行为是贸易保障措施，因此没有在《保障措施协定》框架下就钢、铝关税进行磋商的基础，但美方愿意不在《保障措施协定》之下同各成员进行磋商探讨。

## 三、当前中美经贸摩擦简要评论

当前，“非市场经济问题”“232 调查”以及“301 调查”是中美经贸摩擦的“三部曲”。①和以往不同的是，当前 WTO 多边贸易体制的权威正面临严峻挑战与信任危机，如何在这一新形势下应对美国的贸易措施，难免会让决策者左右为难。为此，处理当前“232 调查”及后续中美经贸摩擦更应该把握好以下方面。

第一，对待中美经贸摩擦，仍应保持一种相对理性的态度。在贸易保护主义的背景下，美国充分运用各类贸易政策工具，对华贸易措施咄咄逼人。对中国而言，以当今经济之体量以及中美经贸的交融互汇，采取直接的反制甚至报复措施，在理论和实践上都是有能力实现的。但是中国仍然在不断寻找对话可能，倡导不打贸易战，这无疑是十分克制，又是符合中国长远利益的。因此，对当前政府所表现出的克制和理性应予充分理解。②当然，在处理中美经贸摩擦的问题上，保持理性和克制并不等于消极等待。

第二，采取多边救济方式，继续维护 WTO 多边体制权威。当前，中国已就美国“232 调查”和“301 措施”在 WTO 规则下提出与美国磋商。③

---

① 关于非市场经济的讨论，可参见 Zhou Weihuan and Peng Delei, EU—Price Comparison Methodologies(DS516)：Challenging the Non-Market Economy Methodology in Light of the Negotiating History of Article 15 of China's WTO Accession Protocol (2018)52(3) Journal of World Trade；Available at SSRN：https://ssrn.com/abstract=3115861 or http://dx.doi.org/10.2139/ssrn.3115861。

② 参见《商务部贸易救济调查局局长王贺军就美决定对进口钢铁和铝产品采取限制措施发表谈话》，2018 年 3 月 8 日。

③ DS431, United States—Tariff Measures on Certain Goods from China—Request for consultations by China, 4 April 2018.

首先，采取多边救济起诉至世贸组织，毫无疑问需要付出代价，包括外部环境的不确定性和时间成本；但这又是一条光明大道，如果各国都罔顾 WTO 规则与美国打贸易战，沉淀 70 年的多边贸易体制将遭致命一击。其次，美国本次“232 调查”与关贸总协定所倡导的“安全例外”存在差距，美国有义务证明其措施符合该例外规则，这对美国而言难度很大，也能更好地让 WTO 成员认清美国贸易保护主义的本质，对其贸易保护主义形成长期压制。最后，最重要的是让 WTO 成员相信中国维护 WTO 多边贸易体系的决心，这有助于中国在多边场合获得更多的支持，也与中国所倡导的构建人类命运共同体的宪法理念相吻合。①

第三，从长期看，作好与美国继续谈判的准备，继续深化改革开放。美国贸易调查措施具有很强的“以打促谈”的特征，目前中美已经签署第一阶段协议，但后续还将继续进行第二阶段的谈判，不过由于全球疫情影响，中美贸易谈判也受到一定程度的影响。因此后续应作好与美国谈判的准备，准备谈判清单以应对美国的相关诉求（例如，基于中国自贸区成果的服务贸易开放清单等），以及积极办好中国国际进口博览会，带动相关产品的进口等。

## 第五节　世贸组织争端中国家“安全例外”的法律解释

### 一、乌克兰诉俄罗斯过境运输措施案

2014 年，克里米亚事件使俄罗斯与乌克兰之间的关系迅速恶化。

① 参见《宪法》（2018 年 3 月 11 日）第 35 条“发展同各国的外交关系和经济、文化交流，推动构建人类命运共同体”，以及 2017 年习近平联合国演讲《共同构建人类命运共同体》。

俄罗斯出兵克里米亚，由此引发部分西方国家对俄罗斯实施经济制裁。为此，俄罗斯采取了相应的反制措施，其中包括禁止乌克兰通过公路和铁路经俄罗斯转运特定农产品和原材料，限制措施还进一步扩展至乌克兰向蒙古和塔吉克斯坦等国的出口。①

为此，2016 年 9 月 14 日，乌克兰向世贸组织提出申诉，就俄罗斯采取的过境运输受限制措施与其磋商。乌克兰认为这些措施不符合 GATT1994 第 5 条“过境自由”、第 10 条“贸易法规的公布和管理”等规定，俄罗斯则认为其措施符合 GATT1994 第 21 条“安全例外”条款（主要是国家安全）。因磋商未果，2017 年 2 月 9 日，乌克兰要求成立专家组审理本案。2017 年 3 月 21 日，WTO 争端解决机构决定成立专家组。澳大利亚、巴西、加拿大、中国、欧盟、印度、日本、韩国和美国等作为案件的第三方参与了本案的审理。

2018 年 9 月 28 日，审理本案的专家组主席告知争端解决机构，鉴于该争议中法律和事实问题的复杂性，裁决报告将推迟发布。最终，裁决报告在 2019 年 4 月 5 日分发给 WTO 成员，乌克兰和俄罗斯均未就本案提出上诉。2019 年 4 月 26 日，在争端解决机构会议上该裁决报告获得通过并发生法律效力。

## 二、本案涉及“安全例外”的主要裁决

本案涉及对 GATT1994“安全例外”条款的裁决，主要涵盖以下方面：

第一，管辖权的认定。专家组裁决报告认为，WTO 专家组具有审查成员援引 GATT1994 第 21b(iii)条的管辖权。因此，驳回俄罗斯关于 WTO 争端裁决机关没有管辖权的主张（第 7.102—7.104 段，第 8.1 段）。

第二，关于 GATT1994 第 21 条中“其认为”(It Considers)的解释。专家组裁决报告指出，“其认为”赋予了各成员为保护基本安全利益

---

① Russia—Measures Concerning Traffic in Transit, Report of the Panel, WT/DS512/R, 5 April 2019, para.7.1.

(Essential Security Interests)采取必需措施的相应权利(第 7.130—7.131 段),即各成员具有一定程度的判定权。不过专家组同时认为,各成员在解释和适用第 21b(iii)条时应该履行“善意”的义务。这也意味着专家组可以审查各成员在行使基本安全利益时是否属于善意,以及涉案措施在保护基本安全利益时是否妥当。①

第三,关于“国际关系中紧急情况”(Emergency in International Relations)的认定。专家组裁决报告认为,俄罗斯实施的运输限制措施属于 GATT 1994 第 21b(iii)条规定的“在战时或国际关系中的其他紧急情况下采取的行动”。②

## 三、案件评析及后续影响

本案是 WTO 成立后首次对“安全例外”条款进行相对完整的法律解释的案例,案件主要涉及乌克兰对俄罗斯相关运输限制措施的申诉。乌克兰声称,俄罗斯的相关过境限制措施不符合 GATT1994 第 5 条、第 10 条中的义务以及《俄罗斯加入议定书》中的有关承诺(第 7.2 条)。俄罗斯主要援引 GATT1994 第 21 条“安全例外”加以抗辩,认为这些措施是为应对国际关系紧急情况而采取的措施,是保护其基本安全利益所必要(第 7.3—7.4 段)。本案的重要意义主要有以下三个方面:

第一,WTO“安全例外”的管辖权。被诉方俄罗斯认为,如果 WTO 成员援引“安全例外”条款,专家组对整个案就没有管辖权。乌克兰反对俄罗斯关于专家组对“安全例外”条款没有管辖权的主张;乌克兰认为如果专家组没有管辖权,则此类案件中关于涉案措施是否违反 WTO 规则变成成员的单方判断(第 7.23 条,第 7.30 条,第 7.31 条)。专家组裁决报告认为,《关于争端解决规则与程序的谅解协议》(DSU)明确了

---

① Russia—Measures Concerning Traffic in Transit, Report of the Panel, WT/DS512/R, 5 April 2019, paras.7.132—7.135, paras.7.138—7.139.

② Russia—Measures Concerning Traffic in Transit, Report of the Panel, WT/DS512/R, 5 April 2019, para.7.76, paras.7.114—7.123.

争端解决程序适用于DSU附件1列明的所有“涵盖协定”，这包括1994年《关税与贸易总协定》，除非另有规定。因此，专家组报告认定WTO争端解决机构具有对于“安全例外”条款的管辖权。

第二，WTO规则中“安全例外”条款的法律解释。现有WTO的司法判例中，只有少数案件涉及该条款的解释，如1998年欧盟诉印度进口限制措施案，但该案未进入实质性的审理。本案专家组对GATT1994第21条“安全例外”的法律解释主要包括：其一，WTO争端解决结构对“安全例外”条款具有管辖权，安全例外并非WTO成员的“自主裁判”条款。WTO成员对于其认为的保护其基本安全利益所必需的措施，具有一定程度的判断权，但应遵守“善意”原则。①

第三，本案对后续相关案件的影响。除本案外，WTO中后续还有一些重要案件涉及对“安全例外”的认定。例如，中国诉美国钢铝关税措施案(DS544)。②2018年1月，美国商务部发布《进口钢铁国家安全影响报告》和《进口铝国家安全影响报告》，美国政府认为当前钢铁和铝的进口已对美国国家安全造成威胁，决定对进口钢铁和铝产品分别按25%和10%的税率进行征税，这其中包括对来自中国的钢铝产品征税。美国本轮贸易调查征税的国内法依据是其1962年《贸易扩张法》第232条的“保障国家安全”条款。

为此，2018年4月5日，中国就美国对进口钢铁和铝产品征收关税，在世贸组织要求与美国进行磋商。此外，印度、欧盟、加拿大、墨西哥、挪威等也分别在WTO向美国提出申诉(DS547，DS548，DS550，DS551，DS552)。中国提出美国的关税措施不符《保障措施协定》第2条(条件)、第4条(严重损害或严重损害威胁的确定)和GATT1994第1条(普遍最惠国)、第2条(减让表)、第10条(贸易法规的公布和实施)和第19条(对某些产品进口的紧急措施)等相关规定。

---

① Russia—Measures Concerning Traffic in Transit, Report of the Panel, WT/DS512/R, 5 April 2019, paras.7.132—7.133.

② DS544: United States—Certain Measures on Steel and Aluminium Products, April 5, 2018.

因磋商未果，2018 年 10 月 18 日，中国要求成立专家小组，目前案件仍在审理当中。尽管 WTO 争端解决机构作为一个准司法机构，不存在先例制度，但是实践中，在专家组和上诉机构的审理过程中，往往会援引先前的案例加以分析论证。因此，本案中关于“安全例外”条款的管辖权及相关法律解释，都将为后续相关案件的裁判提供参照。

# 第五章
# “非市场经济地位”的争论与探究

## 第一节 “非市场经济地位”条款的法律适用

事实上，WTO法律体系中并没有关于“市场经济”或是“非市场经济”的严格界定，对市场经济条件的认定标准，更多地体现为一成员的国内法规定。①在有关中国的入世法律文件和承诺中，也没有明确指称中国属于“非市场经济地位”国家，与之相关的技术性条款集中体现为《中国加入议定书》第15条。②此前，国内对该条的普遍理解是，“非市

① 如欧盟对市场经济条件的认定，可参见 Article 2.7(c) of Council Regulation (EC) No.1225/2009 of 30 November 2009。

② 学界习惯将该条称作“非市场经济地位”条款，为了讨论方便，在此沿用这一表述。第15条(确定补贴和倾销时的价格可比性)：GATT1994第6条……涉及原产于中国的进口产品进入一WTO成员的程序，并应符合下列规定：

(a) 在根据GATT1994第6条和《反倾销协定》确定价格可比性时，该WTO进口成员应依据下列规则，使用接受调查产业的中国价格或成本，或者使用不依据与中国国内价格或成本进行严格比较的方法：

(i) 如受调查的生产者能够明确证明，生产该同类产品的产业在制造、生产和销售该产品方面具备市场经济条件，则该WTO进口成员在确定价格可比性时，应使用受调查产业的中国价格或成本；(转下页)

场经济地位”条款将于2016年12月11日到期，中国企业将在此后的反倾销调查中“自动”获得市场经济地位待遇，比如认为“到2016年后，无论情形如何，各国都将在反倾销诉讼中以市场经济国家的地位对待我国”。①然而，随着日期的临近，国际层面对于“2016年中国将自动获得市场经济地位”的判断却开始提出质疑，并不断蔓延。通过对质疑论点的梳理和技术分析，某些观点甚至不乏合理性，对国内实务界和理论界的既有认识形成冲击。尽管目前相关案件——中国诉欧盟替代国计算方法措施案(DS516)已申请暂停审理，但对上述问题仍需认真对待。

## 一、“非市场经济地位”条款适用的争论

### (一)“非市场经济地位”条款适用争论的第一波

其一，否认“非市场经济地位”条款的自动到期。早在2011年，就有学者对《中国加入议定书》第15条作出不同的解读，较为典型是欧洲学者奥康纳(O’Connor)认为，有关2016年后非市场经济地位条款的到期是一种误读。奥康纳主要从法律条文和事实两个方面进行论证。一方面，从法律条文的角度分析，第15a(ii)条终止后，该条的序言以及a(i)项依然有效，条约有效解释的原则要求其他的条款得到解释和适用，2016年后第15条在针对中国的反倾销调查中仍然发挥作用。②简言之，他

---

(接上页)(ii) 如受调查的生产者不能明确证明生产该同类产品的产业在制造、生产和销售该产品方面具备市场经济条件，则该WTO进口成员可使用不依据与中国国内价格或成本进行严格比较的方法……

(d) 一旦中国根据该WTO进口成员的国内法证实其是一个市场经济体，则(a)项的规定即应终止，但截至加入之日，该WTO进口成员的国内法中须包含有关市场经济的标准。无论如何，(a)项(ii)目的规定应在加入之日后15年终止。此外，如中国根据该WTO进口成员的国内法证实一特定产业或部门具备市场经济条件，则(a)项中的非市场经济条款不得再对该产业或部门适用。

① 参见漆彤、杨琼：《中国诉欧盟紧固件案“单独税率”争议评析》，载《武大国际法评论》2011年第2期，第372页。

② Bernard O’Connor, The Myth of China and Market Economy Status in 2016, pp.3—4, available at http://worldtradelaw.typepad.com/files/oconnorresponse.pdf. See also Bernard O’Connor, Market-economy status for China is not automatic, in Yale Global Online, 8 December 2011.奥康纳(O’Connor)是欧洲著名的贸易法律师和研究者，处理过大量贸易类案件，包括与中国相关的案件，并在欧洲多所著名大学任教(个人简历参见世界贸易研究院：http://www.wti.org/people/oconnor/)。

认为只是第15条的某一款项终止，该条中的其他条款并没有过时，如果仅仅依照某一终止条款就自动授予中国市场经济地位，这不符合国际法的解释原则。①另一方面，从事实的角度而言，中国市场经济地位在2016年前或者2016年以后都不是自动获取的。目前中国企业的一些经营行为仍然不符合国际会计准则，如许多市场部门都在五年规划的框架中运作，一些受到鼓励的领域获得来自国有银行的资金。中国企业市场经济地位的获得需要满足进口成员的认定标准，如欧盟《反倾销条例》规定了五个标准来评估市场经济条件是否存在，如果中国想要被视为市场经济，则必须向欧盟证明其满足五项标准。②

其二，坚持“非市场经济地位”条款的自动到期。对于奥康纳的解读，一些国内外学者提出针锋相对的反驳。比如高树超(Henry Gao)教授认为，从技术上讲第15条确实未直接表明2016年之后WTO成员需认可中国的市场经济地位；但是从文本上分析，第15(a)条只有a(i)和a(ii)两项，因此既然作为非市场经济特殊计算方法的a(ii)项到期终止，则意味着2016年后中国将获得市场经济地位。③还有学者指出，第15a(ii)条的到期，产生了赋予中国市场经济地位的实际效果，因为在2016年后《中国加入议定书》中已经不存在将中国视为“非市场经济地位”的法律基础。④亦有学者认为，对于中国“非市场经济地位”的认定，

① Bernard O'Connor, China and Market Economy Status III, available at http://worldtradelaw.typepad.com/ielpblog/2012/05/china-and-market-economy-status-iii.html (last visited Jan.24, 2015).

② 该五项标准为：(1)企业根据市场供需情况对价格、成本和产出，包括主要原材料、技术和人工成本，产出，销售和投资等方面作出决定，不受政府干预，其主要投入成本实质性反映市场价值；(2)企业要有一套用于所有场合的、按国际会计标准审计的财会账簿；(3)原非市场经济体制对企业的生产成本和财务状况没有造成重大扭曲，尤其是在资产折旧、其他勾销、易货贸易和偿债支付等方面；(4)企业适用于破产法和财产法，以确保公司经营的法律确定性和稳定性；(5)根据市场汇率执行货币兑换。See Article 2.7(c) of Council Regulation(EC) No.1225/2009 of 30 November 2009.

③ Henry Gao, If You Don't Believe in the 2012 Myth, Do You Believe In the 2016 Myth? http://worldtradelaw.typepad.com/ielpblog/2011/11/if-you-dont-believe-in-the-2012-myth-do-you-believe-in-the-2016-myth.html(last visited Jan.24, 2015).

④ Rao Weijia, China's Market Economy Status under WTO Antidumping Law after 2016, Tsinghua China Law Review, Vol.5, 2013, p.165.

唯一的可能是基于 GATT1994 第 6.1 条的解释,①但是该解释的适用门槛非常高,成功适用的可能性非常小。简言之,2016 年后在正常价值的认定上,中国的商品将和其他 WTO 成员一样被共同对待。②

**(二)"非市场经济地位"争论的第二波**

其一,"非市场经济地位"条款的自动到期是一种误读。围绕中国"非市场经济地位"是否自动到期的争论一波未平、一波又起。2014 年全球著名的《国际贸易与海关》杂志组织了一次广泛的讨论。③围绕该问题的讨论文章层出不穷,其中对于"2016 年后中国将自动获得市场经济地位"的观点,质疑者居多,其中一种比较典型的观点是举证责任倒置论。该观点认为第 15(d)条第二句,不能达到消除中国非市场经济地位的作用,其功能是导致举证责任的转移,即此前中国出口企业必须举证证明其符合市场经济条件,如果不能证明则承担不利结果,调查国可采用特殊的方法计算正常价值。2016 年后,中国出口企业的举证责任转嫁到进口国申请者承担,即改为由申请调查方的企业来举证,④其意指,2016 年后国外申请者如自己有证据证明中国企业经营行为不符合其国内法规定的市场经济标准(不必证明符合《反倾销协定》第 6.1 条的注释,该注释的证明难度更大),则调查机关可采用特殊方法计算

① 《关税与贸易总协定》《附件 I:注释和补充规定》关于第 6.1(b)条的注释:"各方认识到,在进口产品来自贸易被完全或实质上完全垄断的国家,且所有国内价格均由国家确定的情况下,在确定第 1 款中的价格可比性时可能存在特殊困难,在此种情况下,进口缔约方可能认为有必要考虑与此类国家的国内价格进行严格比较不一定适当的可能性。"

② Christian Tietje, Karsten Nowrot, Myth or Reality? China's Market Economy Status under WTO Anti-Dumping Law after 2016, Policy Papers on Transnational Economic Law, No.34, December 2011, p.11.

③ Brian Gatta, Special Focus Issue: China's Market Economy Status after 2016, Global Trade Custom Journal(2014), Issue 4, pp.144—145.

④ Jorge Miranda, Interpreting Paragraph 15 of China's Protocol of Accession, Global Trade Custom Journal(2014), Issue 3, p.98.米兰达(Jorge Miranda)是一位拥有 20 多年处理 GATT/WTO 贸易救济和补贴纪律的经济学家,曾担任 WTO 规则司顾问(1995—2002),协助 WTO 专家组和成员处理过大量的争端案例,并为国际组织、WTO 成员以及企业提供贸易法律咨询,并担任美国 King & Spalding 律师事务所顾问。

正常价值。一些学者对此观点予以支持,认为尽管难以接受举证责任倒置作为解决该争议必要路径的观点,但它却是一种合理、可能被其他成员调查机关接受的解释方法。①

此外,否认中国“非市场经济地位”自动到期的论点还包括法律依据缺失论和客观事实不符论。法律依据缺失论认为2016年后a(ii)项的到期,并不影响第15(d)条的第一句和第三句的法律效果,因此,不能认为2016年后中国将自动获得市场经济地位;即便到时一些国家给予中国市场经济地位,更多的也是从政治角度而非法律或技术角度,这与奥康纳的观点有些类似。②还有尽管《中国加入工作组报告书》第151段对15条的适用作了相关的规定,但是其更多的是关于通知、透明度等程序性的规定,并未指明2016年中国将自动获得市场经济地位,也未禁止其他成员采用替代国成本作为正常价值的计算方法。③

客观事实不符论就中国的市场化发展事实提出质疑,指出中国的市场经济并未得到很好的发展,中国的企业在很大程度上仍然是在非市场经济条件下运营。如果认为“非市场经济地位”条款自动到期,则

---

① Theodore R.Posner, A Comment on Interpreting Paragraph 15 of China's Protocol of Accession by Jorge Miranda, Global Trade Custom Journal(2014), Issue 4, pp.152—153.

② Laurent Ruessmann & Jochen Beck, 2016 and the Application of an NME Methodology to Chinese Producers in Anti-dumping Investigations, Global Trade Custom Journal(2014), Issue 10, pp.460—463. See also Terence P.Stewart, William A.Fennell, Stephanie M.Bell, Nicholas J.Birch, The Special Case of China: Why the Use of a Special Methodology Remains Applicable to China after 2016, Global Trade Custom Journal (2014), Issue 6, pp.272—279.

③ 《中国加入工作组报告书》第151段:“中国代表对某些WTO成员以往采取的措施表示关注,这些成员将中国视为非市场经济国家,而在未确定或公布所使用的标准、未以公平的方式给予中国公司充分的机会提供证据以维护其利益以及未说明作出其裁定所依据的理由,包括裁定中进行价格比较的方法的情况下,对中国公司征收反倾销税。对于这些关注,工作组成员确认,在实施议定书(草案)第15条(a)项(ii)目时,WTO成员将遵守以下规定:(a) 在以并非根据中国国内价格或成本进行严格比较的方式,确定一具体案件中的价格可比性时,WTO进口成员应保证已经制定并提前公布有关下列内容的规定……”See also Terence P.Stewart, William A.Fennell, Stephanie M.Bell, Nicholas J.Birch, The Special Case of China: Why the Use of a Special Methodology Remains Applicable to China after 2016, Global Trade Custom Journal(2014), Issue 6, p.278.

意味着“非市场经济”经过了2016年12月11日的一夜睡梦，醒来之后，便自动化身为“市场经济”，这与现实和逻辑不符。①此外，该学者还提出，历史上有关波兰、罗马尼亚、匈牙利和南斯拉夫、俄罗斯（直接承认其市场经济地位）的加入议定书，在对待“非市场经济地位”时，采取的是肯定或否定的方法，然而，中国和越南采取的是依据具体事实而定的方法。如果承认15年后“非市场经济地位”自动终止，则与上述确立的具体个案认定的逻辑不符。②

其二，“非市场经济地位”条款应该自动到期。当然，针对上述诸多不同意见，也有支持中国的声音。有学者认为，《中国加入议定书》并未涉及关于举证责任的问题，因此关于第15(d)条第二句的功能是导致举证责任倒置的说法站不住脚。③该观点认为今后针对中国采取非市场经济的特殊计算方法更可能是启动《反倾销协定》的第2.2条④，即在“特殊市场条件”下，不采用被调查国的国内价格或成本作为计算标准。此外，一位来自欧洲布鲁塞尔的法律人士认为，第15条关于“非市场经济地位”的条款是一个临时性的条款，并且援引了欧洲一名议员在欧洲议会的演说加以证明，该演说明确指出2016年中国将获得市场经济地位。⑤还有学者认为，如果能够选择自动终止非市场经济条款，无疑有

① Jorge Miranda, Interpreting Paragraph 15 of China's Protocol of Accession, Global Trade Custom Journal(2014), Issue 3, p.102.

② Jorge Miranda, Interpreting Paragraph 15 of China's Protocol of Accession, Global Trade Custom Journal(2014), Issue 3, pp.102—103.

③ Matthew R.Nicely, Time to Eliminate Outdated Non-market Economy Methodologies, Global Trade Custom Journal(2014), Issue 4, p.161.

④ 在出口国国内市场在正常贸易过程中不存在该同类产品的销售时，或者该项销售由于该市场的特定情况，或在出口国国内市场的销售量太少而不能用于适当的比较时，则倾销幅度应通过与向一个合适的第三国出口的同类产品的可比价格（如果该价格是有代表性的话），进行比较而确定，或者与原产地国的生产成本，加上合理数额的管理费、销售费和一般成本并加利润进行比较而确定。

⑤ Folkert Graafsma, Elena Kumashova, In re China's Protocol of Accession and the Anti-Dumping Agreement: Temporary Derogation or Permanent Modification? Global Trade and Customs Journal(2014), Issue 4, pp.154—159. See also Karel De Gucht, Modernisation of Trade Defence—Getting the Job Done.该议员的发言的原文为“In 2016 China will receive market economy status”。

助于美国树立尊重国家规则和落实非歧视待遇的国际形象，与其花费大量的精力应对来自中国的起诉，不如采取务实的方法，接受中国市场经济地位的到期。①总之，正如有观点所言，对于第 15 条的认识争议将给中国带来挑战，②从后续的事实来看也正是如此。

## 二、“非市场经济地位”条款的探究

### （一）“非市场经济地位”条款的源流

WTO 规则中最早与“非市场经济地位”相关的条款是 GATT 第 6.1 条注释。③在 1954—1955 年间，GATT 工作组对 GATT 进行了例行审议，该审议是基于捷克斯洛伐克提出修改 GATT 第 6.1(b)条的建议。捷克斯洛伐克提出，当一成员国内价格是由其政府决定时，该国内价格并不是建立在公平市场环境下的正常价值，因此此时国内价格难以作为出口价格的比较对象。④工作组将捷克斯洛伐克的建议吸纳到 GATT 第 6.1 条的注释中，该注释指出，当国内价格是由政府控制或设定，或贸易(几乎)由政府控制时，则允许国内价格可不作为正常价值加以对待。有关反倾销调查中，采取特殊方法确定“正常价值”的问题，20 世纪六七十年代在波兰、罗马尼亚和匈牙利的加入 GATT 文件中再次得到体现。比如在波兰和罗马尼亚的《加入工作组报告书》中，都载明了“关于 GATT 第 6.1(b)条的注释……可以得到适用”的条款。⑤而匈牙利的《加入工作组报告书》则直接指明“根据 GATT 第 6 条的规定……当采用国内价格计算正常价值不合理时，其他缔约方可以采用

---

① K.William Watson, Will Nonmarket Economy Methodology Go Quietly into the Night? Policy Analysis, October 28, 2014 Number 763, pp.11—14.

② Theodore R.Posner, A Comment on Interpreting Paragraph 15 of China's Protocol of Accession by Jorge Miranda, Global Trade Custom Journal(2014), Issue 4, pp.152—153.

③ 参见前引 GATT1994《附件 I:注释和补充规定》关于第 6.1(b)条注释。

④ See GATT document L/334, circulated on 1 Mar.1955.

⑤ GATT document L/2806, circulated on 23 Jun. 1967, para.13; GATT document L/3557, circulated on 5 Aug.1971, para.13.

第三国的价格作为参照”。①

通过查阅相关的历史谈判文献发现，关于《中国加入议定书》第15条的历史渊源可以追溯到1999年3月。当时中美双方都就反倾销调查中“价格可比性”问题提出了自己的谈判文本。在中国最初文本中，第15(a)条并没有单独的序言，而是采取直接列举的方式。另外，采取替代国成本的计算方法是在《中国加入议定书》生效的第5年而非15年后终止。②在所有WTO成员的加入法律文件中，中国和越南极为相似，《中国加入议定书》第15条和越南《加入工作组报告书》第255段，都明确了反倾销过程正常价值的核算，可以采用替代国成本的特殊方法，其中中国的过渡期为15年，越南的过渡期为12年，即2018年12月31日到期(越南2006年加入WTO)。③此外，越南的《中国加入议定书》和俄罗斯的《中国加入议定书》类似，都只有短短的4页，④中国则有103页，其中包括第15条，从中也可以看出，当时其他成员对于中国的入世非常谨慎。

**(二)“非市场经济地位”条款的文本考察**

第一，第15a(ii)条终止后的实际效果。有关第15条的解读，关键是该条的a款和d款的第二句。尽管d款第二句只是明确了a(ii)项的到期终止，并未言及a款的序言，但是仔细分析发现，a(ii)项的到期终止已经使得序言中“使用不依据与中国国内价格或成本进行严格比较的方法”失去了根基。因为a款序言中列举的两种情况，就是a(i)和a(ii)两项内容。简言之，a(ii)项的到期意味着第15(a)条中对中国的不利

① GATT document L/3889, circulated on 20 Jul.1973, para.18.

② 参见《中国加入世界贸易组织谈判文件资料选编(多边卷)》，中国商务部出版社2013年版。See also Rao Weijia, China's Market Economy Status under WTO Anti-dumping Law after 2016, Tsinghua China Law Review, Vol.5, 2013, pp.162—163.

③ Working Party on the Accession of Viet Nam, WT/ACC/VNM/48, Circulated on 27 October 2006, Paragraph 255.

④ Protocol on the Accession of Viet Nam, WT/L/662, Circulated on 15 November 2006, Protocol on the Accession of the Russian Federation, WT/L/839, Circulated on 17 December 2011.

条款已经结束，即便中国企业不能证明国内同类产业在制造、生产和销售该产品具备市场经济条件，其他成员的调查机构也不能采取替代国成本的方法计算反倾销幅度和税率。

关于争议中提到的中国在一夜之间由非市场经济转为市场经济的讽喻，这可以从中国加入 WTO 法律文件中包含众多过渡性条款这一特征加以解释，如有关纺织品贸易的规定，“中国代表同意下列规定将适用于纺织品和服装产品贸易，直至 2008 年 12 月 31 日”；①有关于特定产品过渡性保障机制的规定，“本条的适用应在加入之后 12 年终止”等。②可见，第 15 条和上述条款都具有过渡性的特征，因此，尽管文本未能直接写明认可中国获得市场经济地位，但同样没有指明中国仍然被看成是“非市场经济国家”。从条款到期的实际效果来看，2016 年后中国应当获得与其他成员同等的地位。

第二，特别法向一般法适用的转变。在 WTO 法律体系中，可以采取替代国成本进行核算的方法有两个来源：一般法（GATT 第 6.1 条的补充解释）和特别法（各成员的加入议定书）。2016 年后第 15 条“潜伏”的问题或者说争议还在于：一旦其他成员企业或政府有证据证明中国出口企业不满足其国内法关于市场经济的要求时，能否采用替代国成本计算反倾销幅度和税率。对此，我们认为《中国加入议定书》第 15 条（特别法）并没有明确规定，因此其法律依据仅仅是 GATT 第 6.1 条（一般法）的规定，即调查机关必须依照 GATT 第 6.1 条的注释，证明“在进口产品来自贸易被完全或实质上完全垄断的国家，且所有国内价格均由国家确定”，显然 GATT 第 6.1 条的证明责任比不符合某成员国内市场经济标准的证明责任更高。总之，从 WTO 法律适用角度而言，有关“非市场经济地位”的认定，中国应该获得与其他 WTO 成员相同的法律地位。因为计算反倾销中正常价值的唯一不利条款第 15 条 a(ii) 项已经终止。因此，若发生争议，一成员采取替代国成本计算时，举证

---

① 参见《中国加入工作组报告书》第 242 段。

② 参见《中国加入议定书》第 16 条。

证明必须符合第6.1条的规定，而非简单证明出口国生产该同类产品的产业不符合其国内的市场经济条件。

第三，第15a(ii)条的到期并不意味着中国企业可消极等待。关于第15(d)条的第一句和第三句都提及整个第15(a)条，而第二句只提到a(ii)项的到期而非整个a款。一种解释是，a(i)项的保留实际上对中国有利，这意味着2016年后a(i)项仍然具有法律效力，也即如中国企业主动证明生产该同类产品的产业具备市场经济条件时，其他成员就必须采用中国国内的价格或成本作为"正常价值"。这种解释是有意义的，为此即便在2016年之后，中国企业面对国外机关的反倾销调查时，仍然应该积极举证证明其生产经营符合市场经济条件。如果中国企业自身能够主动证明其符合市场经济条件或者其证明力明显强于发起调查方的证据，则在具体的争端中将处于有利地位。此外，关于反倾销中"价格可比性"问题由于还存在GATT第6.1条的一般法约束，因此中国政府和企业仍需坚持市场化的发展路径，保持相互独立。

**(三)"非市场经济地位"条款的司法适用**

有关"非市场经济地位"的解读，并非仅仅停留在学理上。非常巧合的是中国诉欧盟紧固件案(EU-Fasteners)成为WTO争端解决机构从司法上解释《中国加入议定书》第15条的第一个案例。[①]该案中，欧盟《反倾销基本条例》修正案第9(5)条第2款规定了给予出口商分别裁决(单独税率)的五条标准(如可自由决定出口价格、数量、销售条件和条款等)，只有符合上述标准，才有资格获得分别裁决，否则将只能适用全国统一税率，即"一国一税"。[②]欧盟依据15条认为，中国仍然不属于市场经济国家，故对中国企业实施"一国一税"。中国认为第15条关于"非市场经济地位"的条款只是一个临时性的条款，欧盟应取消这一

① 关于该案详细分析，可参见漆彤：《WTO非市场经济问题的一次重要澄清——评中国诉欧盟紧固件案之"单独税率"争议》，载《中国贸易救济与产业安全论丛》2013，第10—20页。

② 该税率的倾销幅度通过比较所有合作的未获得分别裁决待遇的供应商的出口价格的加权平均值和替代国的价值确定。

对中国企业的不公正待遇。[①]最终,专家组认为第9(5)条的分别裁决测试规定违反了《反倾销协定》第6.10条等。[②]

在上诉裁决报告中,上诉机构对15条进行了具体阐述,认为第15条和GATT协定第6.1条的注释类似,都是为了解决“价格可比性”的认定难题。上诉机构对于第15(d)条的理解分为两个部分:一是第15(d)条设定了15条中某些特殊条款的到期终止,二是设定了一些条件(如符合进口成员国对市场经济条件的国内法要求)。一旦满足这些条件,这些采取替代国成本的特殊计算方法就应该提前终止。上诉机构的裁判要点对中国总体有利,如认定第15条仅适用于正常价值的认定,它并不是一个无限制的(open-ended)例外,未授权成员可以在其他方面给予中国不同的待遇;并且未确认中国是非市场经济国家。[③]同时,上诉机构指出,第15(d)条将使得a款在2016年后到期,不过奥康纳认为上诉机构的裁决存在误差,忽视了第15(d)条的具体规定。[④]比较遗憾的是,受制于上诉机构的权限和谨慎,其裁决报告并未就2016年中国“非市场经济地位”自动到期作出评论。

## 第二节 《中国加入议定书》第15条的谈判

如果条约解释的主要手段使解释中的问题不明确,那么应当采用补充解释手段。根据《维也纳条约法公约》第32条(解释之补充资料)

---

① 李成钢:《世贸组织规则博弈:中国参与WTO争端解决的十年法律实践》,商务印书馆2011年版,第189—212页。

② 《反倾销协定》第6.10条:调查机关通常应对被调查产品的每个出口商或生产者确定各自的倾销幅度……

③ See Appellate Body Report, European Communities—Definitive Anti-dumping Measures on Certain Iron or Steel Fasteners from China, paras.283—291, WT/DS397/AB/R(Jul.15, 2011).

④ 从上诉机构的措辞来看,似乎确有笔误,裁决报告的原文为(第289段):“Paragraph 15(d) of China's Accession Protocol establishes that the provisions of paragraph 15(a) expire 15 years after the date of China's accession(that is, 11 December 2016)。”

规定,“为证实由适用第三十一条所得之意义起见,或遇依第三十一条作解释为:(甲)意义仍属不明或难解;或(乙)所获结果显属荒谬或不合理时,为确定其意义起见,得使用解释之补充资料,包括条约之准备工作及缔约之情况在内”。①在多边谈判下,中国恢复关贸总协定的成员工作组于1987年3月4日成立,由33个关贸总协定缔约方组成。②世界贸易组织成立后,中国复关工作组与中国入世工作组负责编写中国加入议定书草案。③因此,关贸总协定与世贸组织工作组编写的文件是解释《中国加入议定书》的相关准备工作。WTO秘书处准备了一份关于中国入世的文件清单。④但是,加入件在关于非市场经济法是否在15年后到期未作出相应指导。

在双边谈判下,中国与44个WTO成员进行了市场准入谈判。⑤在这些谈判中,最关键的是在1999年11月进行的中美谈判,推动了其他所有双边谈判的进行。⑥中美双边谈判可以作为解释第15条的补充资料。就这一点而言,上诉机构作出相关裁定:(1)除条约的准备工作外,缔约之情形可能有助于在缔结条约时辨别双方的共同意图;(2)“准备工作”和“缔约之情形”并没有用尽解释的补充方式,所以裁判者可以决定考虑其他有关的补充手段来协助确定当事人的共同意图。⑦但是,中

---

① 参见《维也纳条约法公约》第32条,see also Appellate Body Report, Canada—Measures Affecting the Importation of Milk and the Exportation of Dairy Products, WT/DS103/AB/R, WT/DS113/AB/R, adopted 27 Oct 1999, para.138。

② GATT, “Working Party on China”, GATT/AIR/2392, 11 March 1987; GATT “Working Party on China Status as a Contracting Party”, L/6191/Rev.1, 25 February 1988.

③ World Trade Organisation, “Communication from China”, WT/ACC/CHN/1, 7 December 1995. Also see Jeffrey L. Gertler, “China's WTO Accession—the Final Countdown” in Cass et al. (eds) China and the World Trading System: Entering the New Millennium(Cambridge: Cambridge University Press, 2003) p.56.

④ For a list of documents on the accession of China, see WTO, “Accession of China: Checklist of Documents”, WT/ACC/CHN/23, 14 July 2000.

⑤ Gertler, “China's WTO Accession—the Final Countdown”, p.57.

⑥ Ibid., p.56—57.

⑦ Appellate Body Report, European Communities—Customs Classification of Frozen Boneless Chicken Cuts, WT/DS269/AB/R, WT/DS286/AB/R, adopted 27 Sep 2005, paras.283, 289.

美两国谈判起草的最后文本并不能反映世贸组织成员国的共同意图，因为没有公开提供的关贸总协定/世贸组织的记录，所以在工作组会议上第15条的各项草案的讨论不得而知。①在中国诉欧盟替代国计算方法措施案(DS516)中，裁决者应该考虑中美谈判历史作为解释的补充手段。鉴于多边谈判下缺乏相关的谈判记录，裁判者也有必要这样做。在欧盟提交的书面文件中，欧盟本身就把中美双边谈判作为第15条解释的补充手段。②

## 一、第15条的多边谈判历史

在关贸总协定工作组早期的一次会议上，有人指出，谈判的目的是要根据《关贸总协定》的原则了解“中国的经济体系”，以确保中国加入的条款和条件在中国和缔约方的权利和义务上取得平衡。③在同一届会议上，一个成员曾将中国定位为计划经济，并提出在《中国加入议定书》中列入特殊规则，以处理与中国经济结构和条件有关的各种问题。④这些问题包括从补贴和非关税壁垒到国营贸易的贸易管理实践，中国贸易体制的透明度以及价格政策等。⑤在这方面，该成员提到对于计划经济国家的加入，作了特别的规定并指出，对中国来说，这些规则是过渡性的，“当中国经济和贸易体制完全变化后，这些规则便失去作用”。⑥在中国诉欧盟替代国计算方法措施案中，美国提交的报告认为WTO成员的共同意图是非市场经济规则必须适用，直到中国

① For a discussion of whether bilateral agreements can be employed as preparatory work for treaty interpretation, see Michael Lennard, “Navigating by the Stars: Interpreting the WTO Agreements” (2002) 5 (1) Journal of International Economic Law, pp.47—50.

② EU Submission, para.113 & FN116.

③ General Agreement on Tariffs and Trade, “Working Party on China's Status as A Contracting Party: Introduction and General Statement—Note by the Secretariat”, Spec(88)13, at 7—8.

④ Ibid., Spec(88)13, pp.10—11, 15—16.

⑤ Ibid., Spec(88)13, pp.12—15.

⑥ Ibid., Spec(88)13, p.16.

完全转型为市场经济。①但是,美国的论点过分地解释了这些记录的含义。首先,美国所依靠的声明是由一个成员作出的,因此并不代表工作组成员的共同意见。其次,在考虑有必要对中央计划经济实施特别规则以保护国内市场时,该成员提到 GATT 第 6.1 条的第二个解释性说明,可以用替代价格或成本来确定正常值。它写道:"人们认识到,如果从一个贸易完全或基本完全垄断的国家进口,并且所有国内价格均由国家确定,那么就第 1 款而言,在确定价格可比性方面可能存在特殊困难,在这种情况下,进口缔约方可能会认为,在这样的国家与国内价格进行严格的比较是不当的。"这个解释性说明是在 1954—1955 年的关贸总协定审议会议上提出的,目的是为了应对某些国家(即波兰、罗马尼亚和匈牙利)的极端市场状况,这些国家的市场主要由国家垄断。②在随后的关贸总协定工作组会议上,中国代表团强调,中国经济已不再是一个中央控制的计划经济体,而是自 1979 年以来经过十年的改革,把计划经济与市场经济相结合。③因此,代表们明确反对对中国实行所谓的非市场经济,并坚持认为应该适用《关税与贸易总协定》的一般规定。④根据工作组的要求,GATT 秘书处编写了成员提出的议题清单以帮助起草入世议定书。事实上,成员方担心中国的国家干预和市场扭曲"可能导致中国大量出口非市场价格的商品,这会对缔约双方的市场产生不利影响"。⑤然而,中国政府关注的是价格管制和出口补贴而不是倾销。随后,GATT 秘书处关于中国外贸体制的报告证实,中国致力于建立"社会主义市场经济体制……市场在国家宏观调控下合理配置

---

① US Submission, paras.1.1—1.8, 2.19—2.21.

② GATT Analytical Index, "Article VI Anti-Dumping and Countervailing Duties", at 228, available at: https://www.wto.org/english/res_e/booksp_e/gatt_ai_e/art6_e.pdf.

③ General Agreement on Tariffs and Trade, "Working Party on China's Status as A Contracting Party: Communication from China", Spec(88)37, 11 July 1988, p.2.

④ Ibid., Spec(88)37, p.7.

⑤ General Agreement on Tariffs and Trade, "Working Party on China's Status as A Contracting Party: Annotated Checklist of Issues—Note by the Secretariat", Spec(88)13/Add.5, 9 June 1989, p.17.

资源方面发挥着根本性的作用”①，这使中国不同于纯粹的中央控制经济。世贸组织创始总干事萨德兰(Peter Sutherland)先生在乌拉圭回合谈判结束后的北京讲话中，对中国为建立社会主义市场经济而进行的迅速改革和市场自由化进行了肯定。②这些表明了关贸总协定缔约方对于中国在建立市场经济方面取得的重大成就所达成的一致意见。

与前文讨论的关贸总协定谈判记录相比，世贸组织关于起草第15条或《中国加入议定书》的记录更为少见。根据可公开查阅的记录，在世贸组织工作组有关中国经济状况的广泛讨论中，甚至没有提及倾销和反倾销。③因此，与关贸总协定起草记录一样，世贸组织的记录也表明，对中国实施特别反倾销规则最初只是某个成员的立场，该成员后来又说服其他成员站在其立场。鉴于中美关于第15条的激烈谈判，基本可以推测认为第一个支持该立场的成员就是美国。由于在关贸总协定及之后的世贸组织多边框架下未见关于该条的谈判记录，因此从历史的角度，中美谈判记录对解释第15条是最有意义和最全面的。

## 二、第15条的双边谈判历史

没有官方消息显示，中美双边谈判的记录像中国商务部提供的标

① General Agreement on Tariffs and Trade, “Working Party on China's Status as A Contracting Party: China's Foreign Trade Regime—Note by the Secretariat”, Spec(88)13/Add.4/Rev.1, 4 March 1993, at 1. For a comprehensive note on China's foreign trade regime, see General Agreement on Tariffs and Trade, “Working Party on China's Status as A Contracting Party: China's Foreign Trade Regime—Note by the Secretariat”, Spec(88)13/Add.13, 7 September 1993.

② General Agreement on Tariffs and Trade, “Global Multilateral Trading System: The Role of The PRC”, Address by Peter D.Sutherland, GATT/1633, 10 May 1994.

③ See, eg. World Trade Organisation, “Communication from China”, WT/ACC/CHN/15, 13 July 1998; World Trade Organisation, “Communication from China”, WT/ACC/CHN/30, 18 July 2000.

题为“关于中国入世的多边谈判的基本文书和选定文件”（MOFCOM Records）的系列一样详细。①为了清楚地表明美国和中国就第 15 条达成的妥协，可将中美双边谈判分为三个阶段。

第一阶段：中国明确反对引入反倾销特别规则。

根据商务部的记录草案，中国反对在《中国加入议定书》中列入任何歧视性的反倾销规则。②1995 年 11 月 8 日，美国发表了一份关于中国加入世贸组织的非正式文件，提议应允许 WTO 成员国“继续长期以来的利用替代国的价格数据进行反倾销调查”。③中国在 1996 年 2 月 12 日的第十轮中美谈判中直截了当地拒绝了美国的提议。中国认为，使用替代国计算方法确定商品正常价格是为了应对中央计划经济体中的某些极端市场情况，而中国已经不再是这样一个经济体。④在 1996 年 8 月的下一轮双边谈判中，中国重申：对中国实施非市场经济的反倾销规定是不能够被接受的，因为它没有承认中国在经济改革方面的广泛成就，并且对中国出口产业和企业是歧视和不公平的。⑤

第二阶段：中国同意引入反倾销特别规则，但认为其应有明确的终止日期，“日落条款”成为谈判的关键问题。

由于美国的坚持，中国同意就反倾销谈判中加入一项特殊条款。1999 年 3 月 18 日，美国提出了特别条款草案。同时，美国和中国在“日落条款”方面存在分歧，应该在五年后终止特别条款还是对其连续申请进行审查。

---

① Department of WTO Affairs of the Ministry of Commerce of the People's Republic of China(eds), Basic Instruments and Selected Documents on the Multilateral Negotiations for China's Accession to the World Trade Organization(Beijing: China Commerce and Trade Press, 2012).

② Series on Multilateral Negotiations, Vol.4, at 868, 913, in “Draft Protocol on China”, p.900.

③ Series on Bilateral Negotiations, Vol.1, at 825, in “Non-Paper on China's Accession to the World Trade Organization”, p.818.

④ Ibid., pp.869—870, in “The 10th Round of US-China Negotiations”, p.855.

⑤ Ibid., p.925, in “The 11th Round of US-China Negotiations”, p.899.

在1999年4日至10日的第22轮谈判中，中国回应了美国的“日落条款”草案，并提出建议。随后对“日落条款”进行了漫长的讨论，当时中国认为特别条款必须有明确的截止日期。[①]在随后的1999年4月7日的“日落条款”草案中，美国也提出了案文。[②]双方仍然无法达成一致的是，特殊的反倾销规则是应该接受定期审查机制，还是应该在5年后自然终止。在谈判的这一阶段，双方已就《中国加入议定书》的其他几乎所有条款达成了一致，“日落条款”成为少数几个遗留问题之一。

第三阶段：美国同意设定特殊规则的终止日期，在15年的期限内与中国达成协议。

从1999年5月8日起，双边谈判因美国轰炸中国驻南斯拉夫大使馆而中断。当谈判在1999年9月恢复时，中国立即重申其立场，即反倾销特殊规则必须有终止日期，否则中国不加入世贸组织。[③]鉴于中国的坚定立场，美国同意根据上述中国提出的案文谈判“日落条款”。[④]1999年11月3日，谈判的最后一个月，美国提出一个“最后平衡一揽子”（“balanced final package”）计划。[⑤]1999年11月13日，美国通报修订后的“日落条款”，将到期的期限定为15年。在1999年11月16日，中美双边就第15条达成协议的第二天，白宫网站总结了以下特别反倾销规则：“美国和中国已达成共识，在

① See above n 83, Series on General Matters, Vol.1, pp.249—250, in “The Final Consultation Between China and the US in Washington Before the Arrival of Premier Zhu Rongji(April, 1994)”, p.249.

② Series on Bilateral Negotiations, Vol.3, p.869, in “The Text on the Relevant Provisions of the Protocol on China's Accession to the WTO(Proposed by the US, Washington)”, p.864.

③ Ibid., p.1013, in “The Position on China's Accession to the WTO(Presented by Minister Shi Guangsheng During the Meeting with Barshefsky)”, p.1010.

④ Ibid., p.139, in “The Status of China-US WTO negotiations”, p.138.

⑤ Ibid., p.1045, in “The Letter from President Clinton to President Jiang Zemin Regarding the U.S. Position on the Bilateral WTO Discussions”, p.1041.

未来的反倾销案件中,我们将维持目前的反倾销方法(将中国视为非市场经济),而不会面临法律风险。”这一条款在中国加入世贸组织后有效期为 15 年。①此外,根据中国商务部的记录,在中美谈判之后的中欧双边谈判中,欧盟评论说,15 年的有效期过长,这样不利于贸易发展。②

从上述双边谈判记录的审查中可以得出如下结论:

第一,这些记录清楚地证明,中美两国就第 15 条达成的妥协是,尽管中国接受了反倾销特别规则的适用,但美国同意这些规则仅适用 15 年。在双边谈判中,尽管美国坚持要使用特殊规定,但中国坚决反对这种歧视性的待遇。当各方开始转向妥协时,“日落条款”成为谈判的关键问题。在谈判中,美国试图用审查方式决定特殊规则是否终止,而不是自动到期终止,这一点被中国明确拒绝。因此,中国的底线是特殊规则的适用必须具有明确的终止日期,这一条不容改变。美国最终接受了中国的这一坚定立场,而中国同意将特殊规则纳入《中国加入议定书》。因此,对第 15 条的任何解释都必须尊重这一妥协。

第二,有学者提出的第 16 条在 2016 年后适用举证责任,但是该论点在当时并未被讨论。这表明美国和中国在谈判中都未将非市场经济地位中的举证责任视为问题。这些规则也没有被写入《中国加入议定书》,谈判的关键在于适用非中国价格或成本的特殊规则何时到期终止。因此,谈判记录并不支持欧盟和美国提出的举证责任倒置的方法。同时,如果适用举证责任倒置,毫无疑问将加重中国的义务,不符合当时谈判的初衷。

① White House, “Summary of U.S.—China Bilateral WTO Agreement, 16 November 1999”, available at: https://clintonwhitehouse4.archives.gov/WH/New/WTO-Conf-1999/factsheets/fs-006.html.

② Series on Bilateral Negotiations, Vol.5, p.21, in “China-EU WTO Consultation Meeting”, p.13.

# 第三节 “非市场经济地位”的政府对话与应对路径

## 一、“非市场经济地位”的政府对话

### (一) 欧盟及成员对中国“市场经济地位”的最新表态

学术界的争论,对政府间关于对中国“市场经济地位”的讨论无疑起到推波助澜的效果。2016 年 5 月 12 日,欧洲议会全体会议通过一项非立法性决议[2016/2667(RSP)],反对承认中国市场经济地位。决议主要涵盖以下内容:第一,认为中国不是一个市场经济体,至今尚不能满足欧盟规定的五项市场经济体判断标准,因此,在中国符合所有五项市场经济标准之前,对中国产品的反倾销和反补贴调查中应该继续采用非市场经济方法。第二,呼吁欧委会与欧盟的主要贸易伙伴继续确保《中国加入议定书》第 15 条的所有条款在各成员国内有效,反对各成员单方面给予中国市场经济地位。第三,呼吁欧委会充分考虑给予中国市场经济地位对制造业在就业、环境、标准和可持续经济增长以及对欧盟整体产业的影响。第四,希望欧委会就如何确保《中国加入议定书》第 15 条的所有条款在欧盟境内继续有效执行方面提出建议。①不过,欧洲议会也强调,欧盟不能违反世贸组织相关法规。为此,欧洲议会要求欧盟委员会和其他主要贸易伙伴协商,就如何解读世贸组织针对中国市场经济地位的规定拿出一个联合方案,同时呼吁在欧盟—中国峰会上就给予中国市场经济地位问题进行磋商。

德国和法国作为欧盟重要的成员国,其态度对欧盟其他成员影响重

① See European Parliament Resolution of 12 May 2016 on China's Market Economy Status(2016/2667(RSP)).

大。2016年6月，德国总理A.D.默克尔（Angela Dorothea Merkel）应邀访问中国，默克尔总理就市场经济地位问题表示，“我代表德方重申，我们很清楚记得当年作出的承诺，不会动摇。如果《中国加入议定书》第15条相关内容不能按时终止，对谁都没有好处”；同时她指出“欧盟委员会已经认清了自己的义务，正在努力提出解决方案。双方将在专业层面开展进一步会谈，找到符合WTO规则的解决方案”。① 2016年5月，法国外交部长J.M.艾罗（Jean-Marc Ayrault）访问中国，在接受媒体专访时也表示，“长期以来，中国采用了自己的经济模式，即社会主义市场经济模式，这里不涉及承认这种或那种模式的问题，有关‘承认市场经济地位’的讨论涉及的是反倾销税的计算方法，欧盟将就此集体作出决定”。②艾罗还表示，支持中国和欧盟就这一问题展开深入对话，各方的共同目标应该是促进全球经济可持续的复苏，避免冲击、失衡和产能过剩。

### （二）美国对中国“市场经济地位”的态度

比较遗憾的是，截至目前美国政府对是否在2016年12月11日后承认中国市场经济地位或放弃替代国的做法没有任何官方正式表态。较为正式的观点表述是在2016年7月14日WTO货物贸易理事会正式会议上，当中方提醒各方《中国加入议定书》第15(a)条相关规定将在2016年12月11日到期时，美方首次对中方的声明作出回应，其提出：其一，到期并不意味着对中国市场经济地位的自动授予；其二，中国市场经济改革尚未达到预期，特别是铝业和钢铁行业，还存在产能过剩等问题。③

此外，早在2016年初，美国驻WTO大使庞克（Michael Punke）在接受中国媒体采访时也曾表示不认为中国的“市场经济地位”是可以自

① 默克尔：《我们很清楚地记得当年的承诺，不会动摇》，《中国经济周刊》2016年第24期。

② “法外长谈中国市场经济地位：支持中欧对话”，财新网，http://international.caixin.com/2016-05-13/100943490.html，2017-10-15。

③ “美国WTO掀底牌：拒绝12月自动授予中国市场经济地位”，第一财经，http://www.yicai.com/news/5043652.html，2016-10-15。

动获取的;美国作出决定并不基于日历上特定的一天。2016 年 6 月,美国财长 J.卢(Jacob Lew)在被问及是否认为中国的市场经济地位可以“自动获得”时,他也表示:“市场经济地位并不是一种自动认可的地位,这将取决于美国商务部进行的分析和评估。”①同时,美国一直对欧盟施压要求其不要单方面给予中国市场经济地位,美国官员甚至警告欧盟同行称,给予中国市场经济地位无异于“单方面解除”欧洲对中国的贸易防御。2016 年恰逢美国总统大选,各种利益集团要求进行贸易保护的呼声和压力日益高涨,因此,要想让美国政府到期承认中国市场经济地位或放弃替代国做法,可能性较小。

**(三)中国政府对“市场经济地位”问题的主张**

首先,是商务部对此问题的表态。早在 2015 年 11 月,商务部新闻发言人就指出,中国希望相关国家和地区尽早承认中国市场经济地位,并放弃使用对华反倾销中的“替代国”做法。无论是否承认中国市场经济地位,根据《中国加入议定书》的相关条款,反倾销“替代国”的做法自 2016 年 12 月 11 日起都将失去多边法律依据,必须如期终止。“条约义务必须遵守”是国际法的基本原则,按照议定书的规定,如期终止对华反倾销“替代国”做法这一条约的义务也不例外。②

其次,中国外交部表态回应各方关切。2015 年 12 月,中国外交部发言人陆慷针对中国市场经济地位指出,“维护国际贸易体系的严肃性是世界贸易组织所有成员的共同责任,根据《中国加入议定书》第 15 条规定,世界贸易组织成员在对中国出口产品的反倾销调查中使用‘替代国’的做法应当于 2016 年 12 月 11 日终止‘条约必须遵守’是国际法的基本原则和义务,任何缔约方都不能以国内法为由规避自己在国际条约下的义务,对中国企业采取不公平、不公正、不合理的歧视性做法;作为世界贸易组织成员,中国自入世以来一贯认真履行世界贸易组织各

① “美国 WTO 掀底牌:拒绝 12 月自动授予中国市场经济地位”,第一财经,http://www.yicai.com/news/5043652.html。

② 商务部:《对华反倾销“替代国”做法必须如期终止》,http://world.huanqiu.com/hot/2015-11/7995647.html.

项法律义务，同时也必须享受世界贸易组织赋予的各项权利。希望欧盟模范遵守世界贸易组织规则，采取实质性行动，如期履行《中国加入议定书》第15条条约义务”。①此外，2016年5月26日，外交部发言人华春莹表示，“世贸组织规则中并没有所谓‘市场经济地位’的概念。不管承认还是不承认，中国已是世界第二大经济体，第一大货物贸易国以及130多个国家的最大贸易伙伴，中国经济对全球经济增长贡献率超过25%。另《中国加入议定书》第15条明确规定，世贸组织成员应于2016年12月11日终止在对华反倾销调查中使用‘替代国’做法。这是世贸组织所有成员都应该而且必须遵守的国际条约义务”。②

第三，政府最高层面对市场经济地位的立场。2016年6月，李克强总理在与德国总理默克尔会见时表示，“中国‘入世’后，在开放市场方面已经作出了很大努力，履行了对世贸组织的承诺，现在欧盟等相关各方也应履行承诺”；“‘市场经济地位’与履行《中国加入议定书》第15条承诺义务是两个层面的问题”。③

最后，2016年6月7日李克强总理在会见美国总统奥巴马特别代表、国务卿克里和财政部长卢时表示，中国愿同美国加强双边磋商，希望美国落实WTO的第15条承诺。④总之，中国政府的立场表明，根据《中国加入议定书》，终止对华反倾销的“替代国”做法，这是WTO成员应遵守的国际条约义务，并不取决于成员的国内标准。

## 二、“非市场经济地位”的后续发展及应对

### （一）“非市场经济地位”的后续发展

第一，第15条仍然作为对华实施反倾销的基础。2016年后，第15

① 中国贸易救济信息网：http://www.cacs.gov.cn/cacs/newcommon/details.aspx?articleid=134985，2017-09-10。

② 外交部：《2016年5月26日外交部发言人华春莹主持例行记者会》，http://www.fmprc.gov.cn/web/fyrbt_673021/t1366883.shtml，2017-09-10。

③ 李克强：《中国“入世”后履行了对世贸组织的承诺》，HYPERLINK “http://www.gov.cn/xinwen/2016-06/13/content_5081803.htm”。

④ http://www.gov.cn/xinwen/2016-06/13/content_5081803.htm，//i.ifeng.com/news/sharenews.f?aid=109999152&from=timeline&isappinstalled=0，2017-09-10。

条中对中国唯一不利的 a(ii)项已经到期。因此,从法律适用的渊源而言,中国应该获得与其他 WTO 成员的同等对待。但比较模糊的是,协议中没有明确中国的市场经济地位自动到期,因此实践中其他成员可能继续采取以替代国成本计算正常价值的特殊方法;或者主张举证责任倒置,即调查成员的国内申请者如能证明出口价格等是在非市场经济条件下形成,则采取替代国成本加以核算。①正如有学者指出,对美国而言,结束非市场经济的实践才是符合法律和逻辑的选择。然而这往往可能是一厢情愿。美国既往的一些实践表明美国不会善意地接受 2016 年非市场经济条款的“寿终正寝”。②比如最近的迹象表明,在反倾销调查中有关市场经济地位和单独税率的认定上有不断加严的趋势,近期一些案例中甚至否定了一些企业的单独税率申请。③

从事贸易法律实务和研究的人员,都意识到第 15 条是对中国的一个不利条款。尤其是在中国企业遭受反倾销调查时,往往被扣上“非市场经济”的帽子,用替代国成本计算中国企业的正常价值。近年来国外对华反倾销的案件处于上升趋势。

第二,以 WTO 一般法为新依据对华实施反倾销。即便一些主要成员放弃对第 15 条的利用,也并不意味着关于中国企业正常价值的计算就可以高枕无忧。他们可能转而借助 GATT 第 6.1 条、《反倾销协定》第 2.2 条为依据,在正常价值的计算方面继续对中国采取歧视性的措施,当然这需要其他成员举证证明存在政府控制价格和垄断贸易的行为。尽管“所有国内价格均由国家确定”似乎并不符合中国的情况,但中国仍然应该避免这种情况,因为类似的争端已经发生。

① K.William Watson, Will Nonmarket Economy Methodology Go Quietly into the Night? Policy Analysis, October 28, 2014, Number 763, pp.11—14.

② Ibid., p.2.

③ 商务部新闻办公室:《商务部贸易救济调查局负责人就美对华轮胎双反案反倾销初裁发表谈话》。2015 年 1 月 21 日,美商务部公布对原产于中国的乘用车轮胎反倾销调查初裁结果,多家应诉的国有企业被拒绝给予平均税率,而适用 87.99%的全国统一税率。

以2013年俄罗斯诉欧盟反倾销措施案(DS474)为例,尽管俄罗斯的市场经济地位已经得到认可,但是欧盟在该案中采取“成本调整”(costadjustment)的方法,拒绝采用俄罗斯生产商和出口商提供的、根据一般公认会计原则记录的成本信息,并将这一成本替换为目标国市场成本。欧盟的涉案措施包括:(EC)No1225/2009号法规、欧盟在反倾销幅度计算中采取的“成本调整”方法和“特殊市场情况”政策等。欧盟的“特殊市场情况”政策要求调查主体在特定情况下拒绝将相似产品的价格作为构建正常价值的要素,这些情况包括当主管机关认为价格“被人为降低”“价格不符合国际市场或其他有代表性的市场的状况”或其他扭曲市场的状况。俄罗斯指出上述措施本身和适用,违反了GATT1994第1条、第6.1条和AD协定第2.1条等。①目前该案仍然在专家组阶段,中国作为第三方加入到该案的审理中,为此需要密切关注该案件的审理情况。总之,2016年后一些主要成员可能忽视相关条款的到期终止,试图延长对华“双反”特殊规则的时间,或者原则上承认市场经济地位,实践中采用歧视的手段,变相适用对华“双反”特殊规则,为此必须做好预判和必要的应对准备。

### (二)应对“非市场经济地位”条款争议的可能路径

首先,在国际司法层面,向WTO争端解决机构提出申诉。2016年后,一些主要成员在实践中仍然对中国适用“非市场经济地位”条款,最直接解决争议的方法是向WTO争端解决机构提出申诉,通过司法的途径迫使主要贸易伙伴修改国内法或国内措施。此路径当属最直接、最有效的方法。2016年12月,中国已在世贸组织分别起诉了美国和欧盟,要求其改变在反倾销实践中继续采取“替代国”价格计算方法,维护中国出口企业的合法利益。根据世贸组织对中国诉欧盟“替代国”价格比较措施案发布的文件,该案的专家组裁判报告原定于2019年6月

① 参见WTO官网:http://www.wto.org/english/tratop_e/dispu_e/cases_e/DS474_e.htm,2017-09-10。

左右发布，不过目前处于暂停审理状态。

其次，国内层面可以积极寻求其他成员的国内司法救济。中国企业可继续推进在美、欧等国（域）内的诉讼。如根据美国国内法规定，美国国际贸易法院（CIT）针对商务部的反倾销最终裁决具有司法管辖权，①美国国际贸易法院曾就商务部反倾销调查过程中涉及的事实和法律问题作出司法裁决，这其中包括如通知义务、程序公正、归零、替代国价值、单独税率等程序性和实体性问题的裁判。②因此，国内企业和政府可以积极利用美国的国内程序，进行司法救济。

美国在判定一个国家是否属于非市场经济国家同样有自己的考虑标准，一旦认为不符合其国内标准则按照非市场经济条件对待。③最近，中国企业在美国（欧盟）贸易法院的诉讼逐渐积极，某些案件取得一定的成功。尽管 WTO 规则在某些国内法院不能直接适用，但是遵守 WTO 规则也是一个国家司法公正的表现，因此在那些不能直接适用 WTO 规则的国家，这类案件至少可以形成一种舆论压力。根据美国国际贸易法院的资料显示，在 1999 年裁决的 144 起案件中，涉及中国的 1 起（太原重型机器进出口公司）；2000 年裁决 173 起，涉及中国的 4 起。最近几年的案件则越来越多，如仅 2014 年上半年的 64 起案件中就有 18 起是对中国企业的裁决。④

---

① See Section 516A of the Tariff Act of 1930，19 U.S.C. § 1516a(2012).

② Jeffrey D. Gerrish and Luke A. Meisner，U. S. Court of International Trade Overview Non-Market Economy Cases in 2012，Georgetown Journal of International Law (2013)，No.5，pp.5—47. Mark David Davis and Doug Campau，U.S. Court of International Trade Overview Non-Market Economy Cases in 2011，Georgetown Journal of International Law(2012)，No.5，pp.15—87.

③ 美国商务部在认定市场经济条件时主要考虑：(1)货币的可兑换程度，即该国货币转换成其他国家货币的程度；(2)工人工资是否由劳资双方讨价还价自由商定；(3)允许外国企业以合资或其他形式投资的程度；(4)政府对生产工具、生产资料等拥有或控制的程度；(5)政府对生产资料分配、产品价格和企业产出的控制程度；以及(6)商务部认为适当的其他因素。

④ 美国国际贸易法院官网：http://www.cit.uscourts.gov/SlipOpinions/SlipOps-2000.html，2017-09-10。

最后，积极推进国内各项应对措施。中国1978年的改革开放和2001年的入世，都表达了其不断融入世界的决心，①通过四十多年的改革，市场经济的环境已经形成。一些成员继续对中国以“非市场经济地位”相待，忽略了中国改革开放的成果。为此在国内层面，我们仍然需要做好相应准备：(1)贸易救济方面，关注2016年前后各主要成员对待中国非市场经济地位认定的立法动态；关注实践中对华反倾销中适用市场经济条件的宽严标准；警惕2016年后一些成员转而主要依靠反补贴的方式应对中国的贸易出口。(2)外交方面，做好外交说服工作，获得更多成员对中国市场经济地位的官方承认，通过更多成员公开承认中国的市场经济地位，形成国际示范和相互影响的效应；同时考虑将承认中国市场经济地位作为双边投资和自贸区协定谈判、签署的前提条件。(3)国内市场化改革方面，坚持国内市场化和法治化的改革方向，甚至出台一些关于强化市场化发展的法律文件或措施，减少政府对价格和贸易的控制和干预。(4)政府与企业关系方面，处理好政府与私营体(企业)的关系，在公司章程中明确其市场化的发展导向，明确公司中党组织的地位，企业应积极改变过度依赖政府的习惯。(5)企业举证方面，在具体的案件中，中国企业还应该积极举证证明其生产、制造和销售符合市场经济的条件等，不可消极等待。

基于法律条文的分析，2016年后一些成员以《中国加入议定书》第15条(特别法)为基础，继续对中国采取替代国成本的特殊计算方法，法律依据不足。尽管第15条未明确中国将自动获得市场经济地位，但关于“非市场经济地位的举证责任倒置论”等同样只是一种扩大的学理解释。为此，第15a(ii)条的到期(由此也可能使2015年的反倾销案出现“井喷”)，意味着在“确定反倾销价格可比性”的法律适用问

---

① 如《中国加入工作组报告书》第43段规定：中国代表表示，中国国有企业已基本依照市场经济规则运行，政府不再直接管理国有企业的人、财、物和产、供、销等生产经营活动。

题上将由“特别法”转向“一般法”，中国应该获得与其他成员一致的法律适用地位，不应该再被特殊化。但在实践中，2016 年后一些成员可能继续对中国实施替代国成本的计算方法，为此，无论如何不能误以为 2016 年后在反倾销的价格可比性方面，国内同类产业的成本（价格）将被绝对地作为正常价值加以认定，据此忽视企业独立市场主体地位之必要。

的确，中国从“非市场经济地位”向市场经济地位转变不是“一夜之获”，而是一个长期市场化改革的综合结果。关于“非市场经济地位”的争论，也映射出任何真正的改革都是市场取向的改革，建立自由的企业制度和竞争性的市场体系是改革成功的关键。①为此，需要理论界和实务界从立法和司法、国际和国内等诸多层面探讨可能的应对路径，做好应对争端的必要准备，在司法层面确立对中国有利的裁判，使得疑虑和争论不攻自破。

## 三、关注区域贸易协定中“非市场经济”的“毒丸条款”

特朗普上台后高举“美国优先”大旗，为进一步保护美国工人及企业的利益，在原有的北美自贸区协定（NAFTA）的基础上进一步谈判，并于 2018 年 11 月 30 日签署了新的三方协定——“美墨加协定”（USMCA）②。

值得关注的是，在《美墨加协定》的第 32.10 条中，涉及“非市场经济国家自由贸易协定”的条款。该条款针对中国意图明显，也被美国财政部长罗斯称为“毒丸条款”（poison pill provision）③。

---

① 有关中国的改革路径研究，可参见吴敬琏：《当代中国经济改革教程》，上海远东出版社 2010 年版，第 28 页。

② “United States-Mexico-Canada Agreement, United States Trade Representative,” accessed December 2, 2018, Para, 1. https://ustr.gov/trade-agreements/free-trade-agreements/united-states-mexico-canada-agreement.

③ “Exclusive: U.S. Commerce’s Ross Eyes Anti-China ‘poison Pill’ For...,” Reuters, October 6, 2018, Para, 6. https://www.reuters.com/article/us-usa-trade-ross-exclusive-idUSKCN1MF2HJ.

在“非市场国家”的定义上，其表明：一是在本条款签订之时，被至少一方的贸易救济法认定为非市场经济体；二是与任意缔约方均未签订自由贸易协定。其规定：某一缔约方需至少提前三个月通知其他缔约方其和“非市场经济国家”进行自由贸易谈判的意图。若一方和“非市场经济国家”达成自由贸易协定，则其他缔约方则可以在 6 个月的时间内终止该协定，并替换为双边协定。在双方均完成法律适用后，双边协定将会在签署日 60 天后生效。①

在《美墨加协定》中，美国利用“毒丸条款”，意欲阻止缔约方与中国进行自由贸易谈判，并以此作为未来双边协定的模板，试图将该条款强加在任一双边协定的缔约方身上，限制其和中国开展自由贸易谈判。这彰显了特朗普政府试图孤立中国，阻挠他国与中国展开自由贸易的野心。②在中美贸易关系紧张的当下，该种举措只会进一步升高双方贸易摩擦激化的可能性，无助于贸易全球化、经济一体化的整体趋势，为妥善处理中美贸易摩擦增添了更多不确定性。

另外，“毒丸条款”的强制力仍待观察。③若缔约方与非市场经济国家签订自由贸易协定，并不必然导致两个缔约方退出“美墨加协定”。而且，条款限定为“自由贸易协定”，对于其他的协定未加限制。最重要的是，加拿大总统特鲁多也在公开场合表示“毒丸条款”并不会阻止与中国正在开展的自贸区谈判。④可见，在是否与相应国家开展自贸区谈判，加拿大有着自身的国家利益和贸易利益考量。

---

① United States-Mexico-Canada Agreement (USMCA), Article 32.10, Nov. 30, 2018.

② 屠新泉：《美国的毒丸条款其实没有那么毒》，http://www.financeun.com/newsDetail/20181.shtml, Nov. 26, 2018. Para, 1。

③ 同前引，Paras, 6—9。

④ 孙晓宇：“China and Canada Eye More Mutually Beneficial Trade Deal-USA-Chinadaily.com.cn,” accessed December 2, 2018, Para, 1//usa.chinadaily.com.cn/a/201811/21/WS5bf491e6a310eff303289f50.html。

# 第四节 世贸组织争端中的诉讼中止及其影响

## 一、“非市场经济地位”以及其他争端案例的中止诉讼

中国诉欧盟替代国计算方法措施案目前处于中止阶段。根据世界贸易组织公布的信息，2019年5月7日，中国根据《关于争端解决规则与程序的谅解》(DSU)第12.12条的规定，请求专家组暂停本案的审理。其间，中欧之间对此进行了沟通反馈。2019年6月14日，专家组通知争端解决机构暂停本案的审理。

关于该案中止的具体原因并未透露。不过可能存在以下可能：一是目前WTO上诉机构面临瘫痪，由于2019年12月31日之后只剩下一名法官，这意味着对未来争端裁判产生不确定性。在当前争端解决机构发展方向不明确的情况下，暂停本案的审理，也不失为一种选择。当然，还有一种可能是诉讼未能达到双方预想的结果，通过暂停诉讼，防止案件中对各方不利结果的公布。同时，根据DSU第12.12条的规定，如果12个月后，仍未启动本案的审理，则设立专家组的授权即告终止，这或意味着关于“非市场经济地位”争论在司法上没有定论，美欧或仍然延续以往的实践，当然，中国的企业仍然可以以个案的形式在美国国内法院以及欧盟法院起诉其政府不合法的贸易措施。根据DSU第12条的规定，如专家组的工作已中止12个月以上，则设立专家组的授权即告终止。因此，从时间上看，中国诉欧盟替代国计算方法措施案目前不太可能继续进行后续的审理。

与此同时，2019年6月14日，世界贸易组织争端解决机构发布公告，美国诉中国知识产权保护措施案(DS542)的专家组程序暂停至

2019 年 12 月 31 日。①根据此前美国的磋商请求，本案的涉案措施主要是中国《技术进出口管理条例》(2011 年修订)第 24、27、29 条和《中外合资经营企业法实施条例》(2014 年修订)第 43 条违反《与贸易有关的知识产权协定》(TRIPS)第 3 条国民待遇原则，以及违反了 TRIPS 第 28.1 和第 28.2 条的规定。②仔细分析暂停中止的原因，实质上以上相关涉案措施，2019 年 3 月 18 日发布的《国务院关于修改部分行政法规的决定》第 38 条"删去《技术进出口管理条例》第 24 条第 3 款、第 27 条、第 29 条"，即因技术对第三方产生的侵权责任不再强制由技术转让方承担，在技术转让期内的技术改进成果不再强制归属于受让方等。③上述《国务院关于修改部分行政法规的决定》第 33 项规定："删去《中华人民共和国中外合资经营企业法实施条例》第 43 条第 2 款第 3 项、第 4 项"，即取消对进口技术转让最高 10 年的期限限制及技术转让期满后受让方继续使用该项技术的权利的规定等。可见，本案的涉诉条款依据《国务院关于修改部分行政法规的决定》已经失效。该案中止诉讼，很大原因是中国已经修改了相关的涉案措施，继续审理对双方都无多大必要。因此，由于中国政府在案件审理中，已经自动修改了相关措施，暂时中止本案，也是对各方司法成本的节约。

## 二、专家组程序暂时中止的法律依据以及以往实践

在世界贸易组织的争端案例中，尽管申诉方中间提出暂停诉讼的

---

① DS542：China—Certain Measures Concerning the Protection of Intellectual Property Rights，https://www.wto.org/english/tratop_e/dispu_e/cases_e/ds542_e.htm.

② 第 28 条(授予的权利)：1.一专利授予其所有权人下列专有权利：(a)如一专利的客体是产品，则防止第三方未经所有权人同意而进行制造、使用、标价出售、销售或为这些目的而进口该产品的行为；(b)如一专利的客体是方法，则防止第三方未经所有权人同意而使用该方法的行为，并防止使用、标价出售、销售或为这些目的而进口至少是以该方法直接获得产品的行为。2.专利所有权人还有权转让或以继承方式转移其专利并订立许可合同。

③ 中华人民共和国国务院令(第 709 号)，《国务院关于修改部分行政法规的决定》，http://www.gov.cn/zhengce/content/2019-03/18/content_5374723.htm，2019 年 3 月 18 日。

情况并不常见，但却是有法律依据的。DSU 第 12 条：专家组可随时应起诉方请求中止工作，期限不超过 12 个月。如发生此种中止，本条第 8 款和第 9 款、第 20 条第 1 款以及第 21 条第 4 款所列时限应按中止工作的时间顺延。涉及专家组程序中止的案件还包括欧盟诉美国关于古巴自由和民主声援法案(DS38)。①1996 年 5 月 3 日，欧洲共同体与美国就其《赫尔姆斯—伯顿法案》可能违反 WTO 规则进行磋商。《赫尔姆斯—伯顿法案》(Helms-Burton Act)，又称《古巴自由和民主声援法》于 1996 年通过该法旨在寻求对卡斯特罗政府领导下的古巴进行制裁，其第三编的启用将会使得外国企业被“连坐”性的制裁。基于此，欧盟认为该法违反了美国在 WTO 协定下的义务：即违反《关税与贸易总协定》(GATT)第 1，3，5，11 和 13 条以及《服务贸易总协定》(GATS)第 1，3，6，15 和 17 条的规定。②

WTO 于 1996 年 11 月 20 日成立专家组，后因美国与欧共体达成和解，应欧共体的请求，专家组于 1997 年 4 月 21 日暂停其工作，根据 DSU 第 12.12 条的规定，由于双方都未申请重新启动审理工作，因此该专家组的权力于 1998 年 4 月 22 日失效。

不过，2019 年 4 月 17 日美国国务院宣布，自 5 月 2 日起重新启动搁置 23 年的《赫尔姆斯—伯顿法案》第三篇，由此引起了国际社会的巨大反响。欧盟对外关系和安全政策最高代表莫盖里尼(Federica Mogherini)发表声明称，美国单方面启动 1996 年《赫尔姆斯—伯顿法案》(1996 Helms-Burton Act)第三篇违反国际法，欧盟将采用一切适当措施予以反击。因此，相关成员是否会在 WTO 框架下挑战美国上述措施的合法性，还需持续关注，同时如果引发新的争端，美国可能援引 GATT“国家安全例外”条款进行抗辩。

---

① DS38：United States—The Cuban Liberty and Democratic Solidarity Act，https://www.wto.org/english/tratop_e/dispu_e/cases_e/ds38_e.htm.

② 关于本案的详细分析，还可参阅周勇、王进、罗诗静：《美国对古巴贸易制裁升级，“连坐”制殃及池鱼》，http://www.junhe.com/legal-updates/936。

此外，还有一次案件的中止是关于美欧之间关于大飞机补贴措施案的诉讼。2006 年 1 月 31 日，美国对欧盟就影响大飞机措施进行起诉(DS347)，之后 2006 年 10 月 6 日，美国要求专家组中止工作，具体原因并未对外公开，根据 DSU 第 12.12 条，专家组中止工作。之后，由于美国没有要求重启专家组，2007 年 10 月 7 号专家组授权失效。①

① https://www.wto.org/english/tratop_e/dispu_e/cases_e/ds347_e.htm，DS347：European Communities and Certain Member States—Measures Affecting Trade in Large Civil Aircraft(Second Complaint).

# 第六章
# 互联网时代服务贸易争端案例研究

## 第一节　互联网时代服务贸易争端与规制

### 一、问题的提出

当前，中国政府从顶层设计中提出"互联网＋"行动计划。目前，"互联网＋"模式已经全面应用到服务产业，形成诸如互联网金融、互联网交通、互联网医疗和互联网教育等新业态。互联网"去中心化"的特征加速了私人投资者进入公共服务领域的步伐，这其中当然也包括外国投资者。

毋庸置言，服务贸易已成为当今一个重要而敏感的话题。①随着全球经济一体化的融合加速和市场准入限制的逐步消减，国内规制领域将弥漫着服务贸易带来的挑战。国内规制不得不考虑已经成型的国际贸易政策和入世承诺；与此同时，最新《服务贸易协定》(TISA)的高标准要求，还将继续给国内规制带来压力。在服务贸易领域，需要面临的

① 如目前 WTO 争端开始越来越多地涉及服务贸易的市场准入、新近中国签署的自贸区协定无不涉及服务贸易的减让承诺。

一大难题是如何平衡贸易自由化与国内规制这组关系。互联网的渗透融入，使得这一关系愈加紧张复杂。

新一代服务贸易毫无疑问已经插上了互联网这双“隐形的翅膀”。在互联网环境下，传统服务业演化出新的模式，如互联网金融、互联网教育和互联网医疗等，服务贸易提供方式不再限于“商业存在”，“跨境提供”日显重要。外国投资者对中国服务贸易市场无疑充满期待，能否介入的关键就在于中国对此的市场准入承诺。更为重要的是，“负面清单”管理模式的准入转向将给互联网环境下服务贸易国内规制带来巨大挑战。在规制中需要平衡自由贸易与国家安全、消费者利益保护等诸多价值，寻找市场准入开放与国内规制监管的“黄金分割点”注定是艰难的，其中可能存在违规风险，为此有必要关注互联网环境下的规制之道。

## 二、WTO背景下互联网公共服务的市场准入

### （一）互联网环境下服务贸易的变革

新近国际贸易的一个明显特征是，与陆地或海上的货物贸易“丝绸之路”相比，以服务贸易为主的“互联网丝绸之路”正在开启。①在互联网环境下，信息的提供者和接受者无需任何签证、通关就可实现信息和服务的跨境流通。在中国，2012年以来互联网环境下的服务业迅速发展，金融、医疗和教育表现尤为突出。2012年被称为“慕课（MOOC）元年”，2013年被称作“中国慕课元年”和“互联网金融元年”。2014年“优步”（Uber）网络租车服务进入中国。2016年8月，滴滴出行宣布与优步全球达成战略协议，滴滴出行将收购优步中国的品牌、业务、数据等全部资产在中国大陆运营。双方达成战略协议后，滴滴出行和Uber全球将相互持股，成为对方的少数股权股东。优步全球将持有滴滴5.89%的

① 有关“互联网丝绸之路”的讨论，可参阅 Anupam Chander, The Electronic Silk Road: How the Web Binds the World Together in Commerce, Yale University Press(July 16, 2013)。

股权，相当于17.7%的经济权益，优步中国的其余中国股东将获得合计2.3%的经济权益。在国家“互联网+”和鼓励创新的政策激励下，共享经济得到蓬勃发展。

与此同时，国外大量的互联网医疗公司正在考虑如何进驻中国（如Flatiron Health、Nanthealth、Proteus Digital Health等）。入世之后，中国的公共服务领域并未完全开放，但方兴未艾的互联网，使得外资已经找到进入中国严格控制的公共服务领域的秘密通道，为此需要引起重视。同时“未来医院”的计划也已提上议程，这将使得网上医疗以及医患互动等环节均可在线完成。①无疑，互联网正在改变传统服务业及其贸易模式。

互联网金融1995年起源于美国，至今约有20年历史。1995年10月，全球首家以网络银行冠名的金融组织——安全第一网络银行（SFNB）打开了它的“虚拟之门”，开始网上营业。新近互联网金融在中国呈现多种模式，包括第三方支付、P2P网络贷款平台、基于大数据的金融服务、众筹融资、信息门户网站等。中国入世之后，外资在中国银行业依然步履维艰，方兴未艾的互联网金融，使得外资已经找到切入中国严格控制的银行业的秘密通道和方便之门。如美国IDG（国际数据集团）、红杉和软银等外国资本已经通过商业存在的方式进入中国互联网金融行业。由于互联网金融企业多是从母公司互联网企业脱胎而来，而中国互联网企业早期引入大量外资风投，使得股权结构甚至是控制权一定程度上被外资掌握。

互联网医疗被称为移动互联的一座金矿。2012年WTO对中国的第四次贸易政策审议中，不少成员如韩国、哥斯达黎加等就中国的医疗服务开放、医疗卫生服务业的投资试点等问题提出了关切②，尤其是韩

① 2014年5月28日，马云旗下第三方支付平台支付宝宣布了名为“未来医院”的计划。按照计划，在5—10年后，挂号、候诊、缴费、查看检验报告以及医患互动等环节均可以在线完成。

② Trade Policy Review, China, 12 and 14 June 2012, Replies, RD/TPR/19，详见胡加祥、彭德雷：《WTO对中国第四次贸易政策审议的法律考察》，载《国际经贸探索》2012年第12期，第86—87页。

国在整容医疗等领域行业发展成熟，因此希望能够在中国占有更广阔的市场，包括互联网医疗。互联网医疗使所有与疾病相关的信息可以自由流动、上传、分享，使跨国家之间的医生会诊得以实现。在互联网教育领域，慕课这一大规模在线课程被誉为“印刷术发明以来教育最大的革新”，呈现“未来教育”的曙光。目前多家专门提供慕课平台的外国供应商纷起竞争，不少已进入中国。①如果说传统服务贸易被认为是贸易 2.0，以互联网为基础的服务贸易则可称为贸易 3.0。

**（二）GATS 下互联网公共服务的准入承诺**

相比起关税作为调节货物进出口价格数量的主要工具，国内规制政策则是影响国际服务贸易准入的主要甚至是唯一手段。在倡导全球法治的今天，服务贸易规制设计则必须基于各成员的入世协议，即《服务贸易总协定》(GATS)和服务贸易承诺减让表。但是，1994 年各成员达成的《服务贸易总协定》并未能很好地反映技术尤其是网络技术所带来的变化，中国的 GATS 承诺表亦是如此。根据《服务贸易总协定》要求，中国针对以下四类不同的服务提供模式，在“市场准入”和“国民待遇”方面作出了相应承诺，如表 6-1 所示。

中国以上《服务贸易总协定》承诺表表明，在金融服务领域的跨境提供方面限于“提供和转让金融信息、金融数据”等，但在商业存在方面，入世五年后在地域、客户和营业许可方面的限制基本消除。在医疗和牙医服务领域，对于跨境提供是“没有限制”。在教育服务领域，跨境提供是“不作承诺”，因此国内对此享有较大的规制自主权，但在商业存在方面，将允许中外合作办学，意味着合作办学机构仍然可以采用互联网的教育方式。在公共交通领域，由于互联网与交通的融合，出现了新的服务提供方式，即网约车经营，这一形式并未反映在《服务贸易总协定》承诺表中，因此作为全球第一部规制网络出租车的法律——《网络

---

① 目前 Coursera、edX 和 Udacity 是其中最有影响力的慕课平台，前两个均进入中国。2013 年 10 月，清华大学打造的全球首个中文版“慕课”平台——“学堂在线”(www.xuetangx.com)。2014 年 4 月，上海交大成功自主研发的中文慕课平台“好大学在线”(www.cnmooc.org)正式上线发布。

**表 6-1　中国服务贸易具体承诺减让表**

服务提供模式:(1)跨境交付 (2)境外消费 (3)商业存在 (4)自然人流动

| 部门或分部门 | 市场准入限制 | 国民待遇限制 |
|---|---|---|
| h. 医疗和牙医服务 | (1) 没有限制<br>(2) 没有限制<br>(3) 允许外国服务提供者与中国合资伙伴一起设立合资医院或诊所,设有数量限制,以符合中国的需要,允许外资拥有多数股权<br>(4) 除水平承诺中内容和下列内容外,不作承诺 | (1) 没有限制<br>(2) 没有限制<br>(3) 合资医院和诊所的大多数医生和医务人员应具有中国国籍<br>(4) …… |
| 5. 教育服务(不包括特殊教育服务,如军事、警察、政治和党校教育) | (1) 不作承诺<br>(2) 没有限制<br>(3) 将允许中外合作办学,外方可获得多数拥有权<br>(4) …… | (1) 不作承诺<br>(2) 没有限制<br>(3) 不作承诺<br>(4) …… |
| 7. 金融服务 | (1) 除下列内容外,不作承诺:<br>—提供和转让金融信息、金融数据处理以及与其他金融服务提供者有关的软件;……<br>(2) 没有限制<br>(3) A. 地域限制。<br>……入世后 5 年内,将取消所有地域限制<br>B. 客户。……入世后 5 年内,将允许外国金融机构向所有中国客户提供服务<br>C. 营业许可。中国金融服务部门进行经营的批准标准仅为审慎性的<br>(4) …… | (1) 没有限制<br>(2) 没有限制<br>(3) ……<br>(4) …… |
| 公路客运服务<br>—城市与郊区间定期运输(CPC 71211)<br>—城市与郊区间专线运输(CPC 71212)<br>—城市间定期旅客运输(CPC 71213)<br>—城市间专线运输(CPC 71214) | (1) 不作承诺<br>(2) 不作承诺<br>(3) 仅限于合资企业形式,外资股比不超过 49%,需进行经济需求测试<br>(4) 除水平承诺中内容外,不作承诺 | (1) 不作承诺<br>(2) 不作承诺<br>(3) 没有限制<br>(4) 除水平承诺中内容外,不作承诺 |

预约出租车经营服务管理暂行办法》对外资采取开放的态度，该法第5条规定，“外商投资网约车经营的，除符合上述条件外，还应当符合外商投资相关法律法规的规定”；第六条规定，“申请从事网约车经营的，应当根据经营区域向相应的出租汽车行政主管部门提出申请，并提交以下材料：……（三）企业法人营业执照，属于分支机构的还应当提交营业执照，外商投资企业还应当提供外商投资企业批准证书”。总之，互联网环境下，外国投资者在中国的服务业市场大有可为。

**（三）中国自贸区战略下互联网公共服务准入的新承诺**

以美国为首的发达国家，以TPP（跨太平洋战略经济伙伴协定）和TTIP（跨大西洋贸易与投资伙伴协定）为主要平台，倡导建立高标准的全球投资规则体系，以图掌握制定全球多边投资规则的主导权。美国推出2012年《双边投资协定》（BIT）范本，充分体现出其对投资领域的强烈关注。在新一轮以投资规则为主导的经济全球化趋势下，中国欲参与投资贸易规则的谈判，就亟须调整现有的投资管理制度，以适应高标准的全球投资规则体系，与国际接轨。①可以说，中国（上海）自由贸易试验区（以下简称“自贸区”）正是在这一大变革背景下破土而出。

首先，自贸区的制度创新表现在《负面清单》的模式转变。在外商投资准入方面，中国实行的是“正面清单”管理模式（具体表现为《外商投资产业指导目录》），将投资产业分为鼓励类、限制类和禁止类。但似乎一切正在变化，2012年中国美国商会明确表示：“希望《外商投资目录》作为一项过时的政策工具不再使用”。②2013年第五轮中美战略与经济对话亦明确提出，未来中美投资协定将对包括准入环节在内的投资各个阶段提供国民待遇，并以《负面清单》模式为谈判基础。③这些正

---

① 2014年1月14日，第11轮中美投资协定谈判在上海举行。其中“准入前国民待遇”和“负面清单”成为主要谈判焦点，而这两项正是自贸区的重大变革所在。参见商务部官网，http://www.mofcom.gov.cn/article/ae/ai/201401/20140100459143.shtml，2018-01-20。

② 江玮：《中国美国商会主席：希望不再使用外商投资目录》，载《21世纪经济报道》2012年5月9日第8版。

③ 参见2013年7月12日《第五轮中美战略与经济对话框架下经济对话联合成果情况说明》第二项：促进开放的贸易和投资。

是中国采用《负面清单》准入模式的外部推力。《负面清单》以“特别管理措施”的方式对相关产业的投资进行了特殊规定，简言之，即“法不禁止则可为”，但对此也常被误读，此中的“法”不仅仅是《负面清单》，即某项目即便未在《负面清单》中，但是违反了国家安全和公共利益，同样受到限制。①

其次，自贸区的制度创新表现在从“准入后国民待遇”到“准入前国民待遇”的管理模式转变。在投资环境上，美国一直希望中国能简化其投资程序并将外国投资由核准制转为备案制。②我国目前实施的投资管理办法，采用的是“准入后国民待遇”，而“准入前国民待遇”将国民待遇延伸至投资发生和建立前阶段，其核心是给予外资准入权，也即将对外资的平等待遇扩大到准入权。自贸区对《负面清单》之外的投资领域实行准入前国民待遇，即企业的分立、合并或者其他重要事项变更，以及中外合作经营企业协议、合同、章程重大变更均由审批制调整为备案管理制（国务院规定对国内投资项目保留核准的除外）。总之，自贸区及其制度设计是在宪法和国内（国际）法基础上的一次创新突破。

在服务业准入方面，2013 年国务院批准《中国（上海）自由贸易试验区总体方案》，要探索建立投资准入前国民待遇和负面清单管理模式，深化行政审批制度改革，加快转变政府职能，全面提升事中、事后监管水平。《总体方案》在其附件中对六大领域的服务业扩大开放具体措施作了明确规定，具体为金融服务、航运服务、商贸服务、专业服务、文化服务和社会服务六大领域。如据《总体方案》规定，在金融服务业领域，自贸区允许符合条件的外资金融机构设立外资银行，符合条件的民营资本与外资金融机构共同设立中外合资银行。在商贸服务领域，在保障网络信息安全的前提下，自贸区允许外资企业经营特定形式的部分增值电信业务。在文化服务领域，自贸区允许设立外商独资的娱乐

① 《负面清单》的前言说明中提到，禁止外商投资危害国家安全和社会安全的项目，禁止从事损害社会公共利益的经营活动。

② 江玮：《中国美国商会主席：希望不再使用外商投资目录》，载《21 世纪经济报道》2012 年 5 月 9 日第 8 版。

场所，在试验区内提供服务。在社会服务领域，自贸区允许设立外商独资医疗机构等。①

2015年国务院批准《进一步深化中国(上海)自由贸易试验区改革开放方案》，要求进一步扩大服务业和制造业等领域的开放。探索实施自贸试验区外商投资负面清单制度，减少和取消对外商投资准入限制，提高开放度和透明度。②其中在互联网和相关服务中的准入作了一些新的突破，具体可参见表6-2。

**表6-2　自由贸易试验区外商投资准入特别管理措施(负面清单)③**

| 序号 | 领　　域 | 特别管理措施 |
| --- | --- | --- |
| 二十六 | 互联网和相关服务 | 61. 禁止投资互联网新闻服务、网络出版服务、网络视听节目服务、网络文化经营(音乐除外)、互联网上网服务营业场所、互联网公众发布信息服务(上述服务中，中国入世承诺中已开放的内容除外)。 |
| | | 62. 禁止从事互联网地图编制和出版活动(上述服务中，中国入世承诺中已开放的内容除外)。 |
| | | 63. 互联网新闻信息服务单位与外国投资者进行涉及互联网新闻信息服务业务的合作，应报经中国政府进行安全评估。 |

2019年7月，国务院颁布《国务院关于印发中国(上海)自由贸易试验区临港新片区总体方案的通知》，作出进一步扩大开放的重大战略部署，对标国际上公认的竞争力最强的自由贸易园区，打造更具国际市场影响力和竞争力的特殊经济功能区，更好地服务对外开放总体战略布局。尤其是在数据跨境流动提出，“试点开展数据跨境流动的安全评估，建立数据保护能力认证、数据流通备份审查、跨境数据流通和交易风险评估等数据安全管理机制。开展国际合作规则试点，加大对专利、版权、企业商业秘密等权利及数据的保护力度，主动参与引领全球数字

① 《国务院关于印发中国(上海)自由贸易试验区总体方案的通知》，国发〔2013〕38号。

② 《国务院关于印发进一步深化中国(上海)自由贸易试验区改革开放方案的通知》，国发〔2015〕21号。

③ 《国务院办公厅关于印发自由贸易试验区外商投资准入特别管理措施(负面清单)的通知》，国办发〔2015〕23号。

经济交流合作”。①

## 三、互联网公共服务外资规制的争端与困境

### （一）互联网公共服务外资规制的争端及分析

1. 美国网络赌博案

关于已有的WTO网络贸易纠纷，有助于监管者的规制设计。安提瓜诉美国网络赌博案是世界贸易组织审理的第一起涉及通过互联网提供服务的争端案件。美国未曾预料的是，一名为杰伊·科恩的人在安提瓜创建了一家“世界体育交易公司”，以“跨境提供”的方式向美国境内提供网络赌博服务，给其造成不利影响。为此，2003年美国众议院通过了一项《禁止非法网络交易法》，规定对网络赌博活动实施限制，特别是限制美国网民使用信用卡和通过银行账户向国外赌博网站支付赌金。但是，这一法案严重影响到安提瓜的赌博产业服务，为此2003年3月安提瓜在WTO提起对美国的申诉，要求美国修改相关立法。

本案关键是美国的《服务贸易总协定》(GATS)承诺内容。美国在“其他娱乐服务(除体育外)”部门的“市场准入”一栏中，对于“跨境提供”的承诺是“没有限制(None)”。基于此，美国对“赌博服务”的跨境提供已经作了完全的市场准入承诺。美国转而抗辩指出“赌博服务”属于“体育”服务中的一类，因为美国将“体育”排除承诺之外。但是美国的抗辩并未得逞，因为GATS减让表的划分依据是联合国《核心产品分类》(CPC)，在该分类中“体育(编码:9641)服务”并不包括“赌博服务(编码:96492)”，相反“赌博服务”却被包含在“其他娱乐服务(编码:9649)”中。②最后，美国只能求助GATS第14条例外规则加以抗辩，但由于美国未能证明其以一致的方式对待本国远程赌博服务提供者和他

---

① 《国务院关于印发中国(上海)自由贸易试验区临港新片区总体方案的通知》，国发〔2019〕15号。

② “其他娱乐服务”(编码:9649)具体包括:娱乐公园服务和海滩服务(编码:96491)，赌博服务(编码:96492)，其他娱乐服务n.e.c.(编码:96499)。

国远程赌博服务提供者，如安提瓜指出四家美国公司（Youbet.com，TVG，Capitail OTB 以及 Xpressbet.com）也在从事提供远程赌博服务，但却没有被提起刑事诉讼，而位于安提瓜的“世界体育交易公司”却被提起刑事诉讼，杰伊·科恩本人也被美国一家法院判处 21 个月的监禁。①因此，专家组和上诉机构认定，美国以“公共道德”的抗辩不符合 GATS 第 14 条序言的“非歧视性”要求。需要指出的是，中国在医疗服务中的“跨境提供”方面承诺也是“没有限制”。

2. 中国出版物案

2007 年美国诉中国出版物案是涉及中国网络服务纠纷的典型案例。中美就 GATS 减让表“视听服务”中“录音制品分销服务”的承诺，是仅适用于“以物理形式存在的录音的分销”还是也包括“录音制品的电子化分销（即是否允许外资从事网络音乐服务）”产生激烈争议。

本案中，中国的抗辩意见可以归纳为以下方面。第一，专家组应按照缔约时的情况对《服务贸易协定》减让表进行解释。在入世谈判时，网络音乐服务在中国还没有成熟，其是在中国入世之后才全面出现。第二，技术发展没有改变这样一个事实，即缔约方都不会同意把一种新的不熟悉的服务写进服务减让承诺表中。第三，“技术中立”（Technological Neutrality）原则未被所有成员普遍接受。第四，根据“疑义从轻”解释的原则，不应轻易地假定一个主权国家给自己加上了更加沉重的义务。对此，美国进行了反驳。美国认为，第一，中方在入世之前，录音制品的电子化分销已经存在。第二，服务贸易是伴随技术发展不断变化的，如果中方的主张被接受，则 WTO 成员可以在一个已有服务发展出一个新的服务提供方式后援引这个推理，以规避自己的服务贸易减让承诺。

专家组在一定程度上考虑了条约签订时的技术发展现状。但当时的事实对中国不利，因为在 20 世纪 90 年代末出现合法在线音乐服务前，在互联网上分销音乐就已经存在；并且 2000 年 2 月 21 日，中美两

① 石静霞、陈卫东：《WTO 国际服务贸易成案研究》，北京大学出版社 2005 年版，第 106 页。

家企业签署了一份在中国设立电子分销音乐的合作经营协议。①这些事实对中国的抗辩极为不利。总之，关于网络音乐的外资准入，专家组裁定中国所作的录音制品分销服务所作承诺包括电子化分销服务。与此类似，互联网金融也是发端于20世纪90年代。

3. 技术中立原则的解释倾向

赌博案和出版物案对中国更为重要的影响是裁判者确立了对新技术引起条约术语变化的解释逻辑，即在事实上遵循着“技术中立”的解释原则。在赌博案中，专家组和上诉机构对GATS承诺表的解释强调条约解释应该根据缔约国的“共同意图”。美国制定GATS承诺表是在乌拉圭回合时期(20世纪90年代初)，当时网络赌博服务正处于萌芽状态，美国当时对赌博服务发展如此迅速并带来社会危害始料未及，因此未将赌博或网络赌博从承诺表中排除而只是排除了“体育”服务，但是专家组和上诉机构似乎忽视了这样一个事实。因此，在抗辩中，美国只能以赌博属于“体育”中一种从而加以抗辩，但是CPC的分类标准显然对美国不利。本案也被认为是WTO裁判机构在解释承诺时，在技术上遵循了“技术中立”原则的首例。②

在出版物案中，对“分销”“录音制品”进行解释时，上诉机构认为如果采用缔约当时的通常含义对服务贸易减让表进行解释，将导致相似或同样的用词由于不同成员加入条约的日期差异而具有不同含义，这将减损服务贸易减让表的可预期性、稳定性和明确性。③换言之，即便各成员承诺的“条约文字”一致，但由于前后加入的时间不同而具有不同的内涵和范围，技术的发展导致后加入成员承诺义务增加，这对其不公平。尽管本案中专家组和上诉机构有意回避“技术中立”的原则，如

① 李成钢主编：《世贸组织规则博弈》，商务印书馆2011年版，第355页。

② Panagiotis Delimatsis, The Puzzling Interaction of Trade and Public Morals in the Digital era, in Mira Burri & Thomas Cottier(eds.), Trade Governance in the Digital Age, Cambridge University Press, 2012, p.293.

③ Appellate Body Report, China-Publications and Audiovisual Entertainment Products, para.396—397.

专家组认为根据条约解释的一般方法即可确定“录音制品分销服务”包括以非物理载体(网络)形式分销录音制品。但是从裁判的报告,尤其是上诉机构的裁决思路来看,在解释承诺表中的承诺术语时,客观上产生了与适用“技术中立”原则相似的效果。为此,出版物案之后,中国颁布了新的《文化部关于实施新修订〈互联网文化管理暂行规定〉的通知》(2011),并对相关条款进行了修改。①“技术中立”原则毫无疑问将会扩大成员的承诺范围,对于那些无法把握有关技术走向,特别当初作出承诺时忽略这一问题的成员来说简直就是潘多拉的魔盒。②因此实践中对“技术中立”的裁判观点,必须引起注意。

4. GATS 例外规则援引的法律适用

新近中国在 WTO 涉及越来越多服务贸易争端,这包括金融信息案、出版物案以及银联案等。其中涉及的一个焦点问题是 GATS 例外规则的适用。对于规制国家而言,GATS 第 14 条例外规则或许是最后的救命稻草,因为其有严格的适用条件。

首先,规制措施须符合保护“公共道德和秩序”的目标。在美国博彩案中,专家组认为,对于 WTO 成员而言,“公共道德和秩序”的含义取决于一系列的因素,包括社会、文化、伦理和宗教价值等。同时,专家组认为,“各成员拥有一定的政策空间,根据各自的价值体系和标准,界定和适用其本国领土内的公共道德和公共秩序”。③因为“公共道德和秩序”的含义极为丰富,且世界各地的文化道德具有多样性,因此出于文化尊重,该目标要求一般能够被满足。

其次,规制措施须接受“必要性”的检验。在美国博彩案中,专家组援引了此前韩国牛肉案的上诉机构报告第 161 段,“必要性”的含义介

---

① 相关条款由“各地暂不受理外商投资互联网信息服务提供者申请从事互联网文化活动”改为“各地暂不受理外商投资互联网信息服务提供者申请从事互联网文化活动(音乐除外)”。

② 胡加祥:《技术中立原则与中国的服务贸易承诺》,载《河南省政法管理干部学院学报》2011 年第 2 期,第 56—57 页。

③ Panel Report, US-Gambling, para.6.459—6.461.

于"有助于"(making a contribution)和"不可缺少"(indispensable)之间,显然本条中的"必要性"更倾向于不可缺少。①同时,专家组在赌博案中提出,在考虑"必要性"检验时,应该考虑"被诉措施对保护利益和价值的重要程度""该措施有助于目标的实现"以及"是否存在可获得的替代措施"。②在出版物案中,对中国较为有利的是专家组确认了中方规定出版物在进行进口前必须进行内容审查(而非禁止),符合保护公共道德的必要性要求,当然审查的主体须是政府,而非作为进口商的国有企业。③

最后,规制措施须满足序言的"非歧视"要求。GATS第14条序言规定"此类措施的实施不在情形类似的国家之间构成任意或不合理歧视的手段或构成对服务贸易的变相限制的前提下"。博彩案中专家组认定,美国未能证实其对本国提供远程赌博服务和其他WTO成员提供的远程赌博服务,以一致的方式实施禁止措施,因此美国措施不符合GATS第14条序言的要求。④为此,中国在实施网络限制措施时(包括一些过滤措施)有必要考虑该条的法律适用和已有的争端案例的指引。需要证明其在保护"公共道德和秩序"时不存在"任意或不合理歧视"以及对"贸易的变相限制"。

### (二)互联网下公共服务贸易外资规制的困境

#### 1. 互联网内容审查的合法性检验

互联网从根本上改变了贸易的行为方式,通过网络实现"产品内容"(如在线视频和音乐等)提供的国际贸易得到快速增长。⑤为了防范风险,互联网服务贸易的市场准入必将涉及"内容审查",中美对此已有

---

① Panel Report, US-Gambling, para.6.475.

② Panel Report, US-Gambling, para.6.488.

③ Panel Report, China-Publications and Audiovisual Entertainment Products, para.7.757—7.767.

④ Panel Report, US-Gambling, para.6.607.

⑤ Bruno Lanvin, Book Reviews on the WTO, the Internet and Trade in Digital Products: EC-US Perspectives(by Sacha Wunsch-Vincent), Journal of International Economic Law, 2006, vol.9, issue 3, p.772.

多次交涉，并曾引发争端。

类似地，在出版物案中，美方认为中国《关于网络音乐发展和管理的若干意见》等涉案措施规定，国产录音制品在网络上传播仅要求文化部备案，而进口录音制品则必须经文化部内容审查和批准等程序方可进行网络传播，这违反了GATT1994国民待遇原则。①不过，由于美方在最初的诉讼请求中未涉及此项内容，因此未得到专家组的支持。在互联网服务贸易中，如果中国对国外的网站实行更为严格的过滤限制，其他成员或以违反了国民待遇为由向世贸组织提交申诉。同时，中国审查的主要目标是境内外的中文网站，因此在中国移民比较多的美国、加拿大等国家的网站以及部分英文网站自然成为过滤审查的主要对象，而对一些法文和德文网站的过滤则相对较少，其他成员也可能以违反最惠国待遇为由提起申诉。②

从目前规定来看，法律依然对进口网络音乐和国产网络音乐作了区分，前者需要进行内容审查，后者仅需要备案。③在互联网内容审查方面，中国必然以GATS第14条“公共道德和安全例外”规则加以抗辩。④因为各国的文化制度、宗教信仰等存在差别，因此对进口产品内容进行审查是必要的。但不管怎样，在互联网服务领域的监管方面，监管独立性、国民待遇和最惠国待遇必须注意一些原则。特别是新近为了进一步推进改革开放，中国在一些双边投资谈判（如中美投资谈判）

---

① 李成钢主编：《世贸组织规则博弈》，商务印书馆2011年版，第355页。

② Henry Gao, Googling for the Trade-Human Rights Nexus in China: Can the WTO Help, in Mira Burri & Thomas Cottier(eds.), Trade Governance in the Digital Age, Cambridge University Press, 2012, p.267.

③ 参见2009年《文化部关于加强和改进网络音乐内容审查工作的通知》。此外，新修订的2011年《互联网文化管理暂行规定》第15条规定“进口互联网文化产品应当报文化部进行内容审查”，“经营性互联网文化单位经营的国产互联网文化产品应当自正式经营起30日内报省级以上文化行政部门备案”。体现出对进口文化产品和国产文化产品进行了审查和备案的区分。

④ 《服务贸易总协定》第14条（一般例外）：在此类措施的实施不在情形类似的国家之间构成任意或不合理歧视的手段或构成对服务贸易的变相限制的前提下，本协定的任何规定不得解释为阻止任何成员采取或实施以下措施：(a)为保护公共道德或维护公共秩序所必需的措施。

或自贸区(如上海自贸区)制度设计中提出“准入前国民待遇”和“负面清单”的管理模式,对负面清单之外的领域,按照内外资一致的管理原则,外商投资项目实行备案制(国务院规定对国内投资项目保留核准的除外)。这些将使得国民待遇的外延扩大,中国相应地承担的义务也将扩大,监管难度增加。

2. 大数据时代的国家安全与消费者权益

(1) 大数据时代的国家安全。大数据时代,更多的信息被采集和存储起来,我们时刻都暴露在“第三只眼”下,大数据给公共安全和个人隐私带来更大威胁。①相比起对国内行业的监管,对服务贸易的监管更加复杂。一方面中国在监管中必须注意到自身的国际义务,如监管独立、透明度和入世市场准入承诺等;另一方面又不得不考虑国家安全因素。斯诺登事件发生后各国对网络安全尤其重视,如在 2014 年金砖国家《福塔莱萨宣言》中就提出“有必要将信息通信技术,特别是互联网作为和平和发展的手段,避免作为武器。探讨利用信息通信技术解决共同的网络安全关切的可能性”。②与此同时,2014 年 5 月美国司法部宣布以所谓网络窃密为由起诉 5 名中国军官,国家互联网信息办公室则公布美国攻击中国网络最新数据,中美于网络安全再度交锋。因此,互联网下的服务贸易市场准入必然受到该大环境的影响。

(2) 大数据时代的消费者权益保护。首先,互联网环境下消费者利益更易受到侵害。“互联网上,没人知道你是一条狗”的隐喻,揭示了互联网的风险。金融、医疗和教育关系到每一个国民,拥有最广泛的消费者,互联网进入必然影响到每一个人。当今服务的形式复杂化,如手机支付涉及消费者的数据保护,互联网金融、医疗和教育涉及跨境数据的流动,尤其是在大数据时代,个人重要的身份信息和数据不经意间就被泄露了,互联网上无疑存在欺诈和对隐私侵犯的高风险。

---

① 维克托·迈尔-舍恩伯格,肯尼斯·库克耶:《大数据时代生活、工作与思维的大变革》,盛杨燕、周涛译,浙江人民出版社 2013 年版,第 194—194 页。

② 参见《金砖国家领导人第六次会晤福塔莱萨宣言》。

同时，在互联网环境下服务贸易，还涉及跨境服务提供者的资格认定问题。这与“自然人流动”模式下的服务提供不同，来华教学和来华行医往往是获得国内机构的短期邀请，具备服务提供的资质。如果互联网跨境提供者没有达到国内资质的认定要求，如未取得教师资格或执业医师资格，是否属于非法行医或非法教学？互联网为服务提供者提供了便捷，但同时使得提供者关闭服务甚至自我消失变得容易，如2013年以来，有超过70家P2P平台“倒闭”或“逃避”，涉及金额约为12亿元，严重损害了消费者的利益。

其次，在互联网服务提供中，消费者权益一旦受到侵犯必然引发诉讼，将会带来管辖权和法律适用冲突。2003年，美国律师协会和国际商会联合对45个国家的277家公司进行了一个有关“全球互联网管辖权”的问卷调查。统计结果显示，当问及管辖权的哪个方面最值得关注时，排在首位的是法律不确定性所带来的诉讼风险。①由于互联网跨境服务提供者在他国没有商业存在，其服务器也不在该国境内也并非针对特定个人，在这种情形下，审查国很难主张属地或属人管辖权。如P2P、云计算等技术，很难界定服务器的地域范围，判断服务器所在地在技术上逐渐不可行，基于属地性而取得管辖也将更加困难。②消费者通过电子商务的形式从国外的工厂购买产品，这种行为是属于服务贸易模式1(跨境交付)还是模式2(境外消费)——类似于消费者本人移动到供应商所在地进行购买，对此也存在争议。③这直接影响到准据法的适用，按照模式1，更可能适用买方法律，按照模式2则可能适用卖方法律。④为此，需要协调互联网环境下的国际民事管辖权。如在积极

① Michael Geist(Sub-Committee Chair), Global Internet Jurisdiction: The ABA/ICC Survey, April 2004, p.2.

② 廖小伟等:《GATS下互联网跨境服务审查相关问题研究——以承诺认定和规则冲突为视角》,载《北京邮电大学学报》(社会科学版)2011年第1期,第40页。

③ Mattoo, A. and L.Schuknecht, Trade Policies for Electronic Commerce, Policy Research Working Paper 2380. Washington, D.C.: Word bank, 2000.

④ 卡洛斯·布拉加:《电子商务监管:新游戏,新规则?》,载[美]马图、斯特恩、赞尼尼主编:《国际服务贸易手册》,陈宪主译,格致出版社、上海人民出版社2012年版,第389页。

协调方面，考虑以协定选择管辖权为首要原则；在消极协调方面，考虑不方便法院原则与先受理法院原则。①此外，除了存在管辖区域法律不确定性外，还存在执法难等方面的问题。总之，网络服务中的管辖权和法律适用冲突无疑是互联网给传统法律框架带来的一大挑战。

3. 贸易开放与国内规制的“黄金分割点”

如何处理贸易自由化和国内规制之间的关系是贸易立法者最棘手的难题。②某种意义上互联网技术刺激着全球经济的发展，是一种人类福利。互联网的作用在于真正实现了“地球是平的”设想。互联网使得会计师、工程师、律师、电影制作者等，不需要通过海关入境便可直接提供跨境服务。通过互联网，美国人可以在网上教韩国人说英语、韩国人可网上为日本的动画片设计卡通人物、中国人可网上为美国人讲授中医知识等。互联网的融入，一方面，对消费者而言使得资源得到最大化和最优化利用，使得优质资源“去中心化”（decentralization）的特征明显；另一方面，对提供者而言，资源的提供渠道变得更加容易和简单。金融、教育和卫生医疗领域肩负着“服务普及”的社会目标，互联网无疑有助于这一目标的实现。以“教育”为例，服务提供区别于货物，并不具有排他性，相反具有很强的“重复性”，可多人共享。

但是，互联网有时让监管者不免陷入“囚徒困境”的两难局面。外国投资者面对潜力如此巨大的市场，拟强行进入，这使得互联网金融、教育和医疗等市场更加复杂。同时，在全球价值链背景下，货物生产、服务和供应连为一体，服务贸易规制政策将对整个链条产生影响。政府满足消费者需求的同时，必须监控由此带来的风险。由于新的服务贸易的出现和迅速发展始料未及，在面对如何规制网络环境下的服务业新兴变革时，监管显得经验不足、左右为难。因此如何确立服务贸易自由化与国内规制的“黄金分割点”，以保证经济发展效率和良好治理，

---

① 刘颖、李静：《互联网环境下的国际民事管辖权》，载《中国法学》2006 年第 1 期，第 100—102 页。

② 参见梅特奥、索韦：《国内管制和服务贸易自由化》，方丽英译，中国财政经济出版社 2004 年版，第 231—232 页。

显得难以把握。网络因素的渗透，无疑使得服务贸易的国内规制变得愈加艰难和复杂。但是针对互联网服务贸易的法律框架极为初级和不确定，显然未能满足互联网发展的制度需要。

## 四、互联网环境下公共服务中外资规制的路径

服务贸易的障碍主要来自国内监管（规制），监管的目的之一主要是为应对市场失灵。[①]《服务贸易总协定》的目标是逐步实现服务贸易自由化，这并不等于解除管制。同时，不同的服务部门规制的程度和方案不尽相同，因此，讨论规制之道设计的逻辑思路或是原则显得必要；并且，规制国家总能更有效地应对变化的环境。[②]

### （一）认真对待WTO规则和案例，确立规制设计的底线思维

规制“歧视”可能引发的国际争端。例如，此前有成员认为中国的《外商投资电信企业管理规定》中关于注册资本（经营全国的或者跨省的基础电信业务的，其注册资本最低限额为10亿元人民币）和出资比例（不超过50%）的要求，涉嫌违反WTO规则。因此，在进行机制设计时，应“认真对待WTO规则和先例”，确立规制设计的底线思维；关注正在进行的《服务贸易协定》（TISA）谈判在数据流动和互联网领域的核心主张，防止不必要的争端，对可能发生的争端要有预判和应对方案。

新近经典贸易争端是对贸易自由化和国内规制紧张关系的例证，因为所有的争端都指向服务贸易的市场准入规制措施。首先，在互联网规制立法和政策机制的设计中应该关注WTO规则要求，这其中包括一些重要的原则和条款，如国民待遇、最惠国待遇以及竞争中立和透明度要求等。其次，应该重点关注中国的GATS减让承诺表，尤其是

---

① ［美］马图、斯特恩主编：《国际服务贸易手册》，陈宪主译，格致出版社、上海出版社2012年版，第28页。

② 有学者的研究表明，美国在1887—1917年间，规制成为法律执行最有效的政府策略，政府介入公共风险治理之后，对法律制度产生巨大影响。参见Edward L.Glaeser & Andrei Shleifer, The Rise of the Regulatory State, Journal of Economic Literature 41 (2003), p.422。

“跨境提供”的贸易模式，对风险防范提前作出评估和安排。最后，应该深入研究已有 WTO 争端案例，把握实践中的裁判标准，如裁判者对技术中立原则的实践倾向等。目前，不少地方都在出台负面清单的外资准入模式，在进行政策制定时，有必要明确“开放的各项开放措施只适用于注册在自由贸易试验区内的企业”，以防范跨境风险和管辖权冲突。

无疑，对外国投资者而言，希望借助自己的先进的技术和成熟的服务业优势，畅通无阻地进驻中国的公共服务领域，但这在当前显然是不现实的。最近中央、各部委和地方政府都在酝酿出台互联网服务业相关的法律、法规，而这些法规正是 WTO 争端解决中可被诉诸的措施（Measures）。待上述法规措施出台后，不排除一些成员对此不满进而诉诸 WTO 争端解决机构。为此，可考虑以国务院《关于进一步加强贸易政策合规工作的通知》为基础，实时自我审查互联网服务立法的合规性。

### （二）关注国家安全等例外条款设计和消费者利益保护

首先，针对外资的互联网公共服务领域应该考虑到国家安全。互联网环境下更容易引起促进自由贸易与保护公共道德的争议。①然而，价值的新技术对服务贸易而言意味着规制更新而非取消规制，规制设计应高度重视国家安全。中国同样面临着严重的网络安全威胁，该问题备受关切。为此 2010 年中国发表《中国互联网状况》白皮书，甚至明确“互联网主权”的概念，指出中华人民共和国境内的互联网属于中国主权管辖范围，中国的互联网主权应受到尊重和维护。目前，各国加紧通过立法，进一步规范本管辖权域内的互联网行为，法院也纷纷行使司法管辖权来审理有关互联网案件。毫无疑问，各国并没有放弃对互联网空间进行规范的主权主张，不能简单地将互联网空间的管辖

① M.Wu, Free Trade and the Protection of Public Morals: An Analysis of the newly Emerging Public Morals Clause Doctrine, Yale Journal of international law 33 (2008), p.215.

类比公海、南极、外太空等领域。①因此，国内规制政策应该关于国家安全、公共道德和秩序等例外条款的设计，保证服务贸易提供者应遵守国际化和本土化(glocalisation)的要求，保证服务提供符合本土的规则。比如在2013版、2014版和2015版的中国(上海)自贸区《负面清单》的前言中都作了兜底性的规定，如2014年《负面清单》规定“禁止外商投资危害国家安全和社会安全的项目，禁止从事损害社会公共利益的经营活动”。②

2015年《负面清单》在其说明中指出，《自贸试验区负面清单》中未列出的与国家安全、公共秩序、公共文化、金融审慎、政府采购、补贴、特殊手续和税收相关的特别管理措施，按照现行规定执行。自贸试验区内的外商投资涉及国家安全的，须按照《自由贸易试验区外商投资国家安全审查试行办法》进行安全审查。《自贸试验区负面清单》之外的领域，在自贸试验区内按照内外资一致原则实施管理，并由所在地省级人民政府发布实施指南，做好相关引导工作。此外，2016年多部委颁布的《网络预约出租汽车经营服务管理暂行办法》规定“网络服务平台数据库接入出租汽车行政主管部门监管平台，服务器设置在中国内地，有符合规定的网络安全管理制度和安全保护技术措施”。总之。在“法不禁止则可为”的价值背景下很容易出现风险漏洞，例外条款的目的在于确保各国能够在各自作出的承诺以及保留各自的公共政策空间之间寻求平衡。

其次，针对外资的互联网公共服务领域应该考虑到消费者权益保护。互联网服务贸易也会带来一系列的风险，如优步公司数据库曾遭到未授权第三方的入侵，导致约5万名司机的信息泄露；印度新德里一名女乘客在使用优步打车后，被司机强奸。因此，政府在逐渐接纳这一争议的“产物”时，需要按照各项要求进行规范管理。

---

① Darrel C. Menthe, Jurisdiction in Cyberspace: A Theory of International Spaces, pp.101—102. available at http://www.mttlr.org/volfour/menthe.pdf.

② 参见《中国(上海)自由贸易试验区外商投资准入特别管理措施(负面清单)(2014年修订)》。

由于技术上的局限，传统的侵权法已经不胜任对公共风险的治理，政府规制在现代社会中发挥了越来越多的作用。①通过政府规制安排，保护消费者权益。随着网络服务形态的多元化，去中心化网络模型越来越明显，由此消费者的利益也容易被侵犯，应该得到重视。规制中应该避免服务贸易提供者为了使其收益最大化甚至与主管部门串谋，即所谓的“规制俘获”。在法律和政策的制定中，加强对风险控制和消费者权益保护，比如要求申请提供互联网医疗保健信息服务的主体，必须提供健全的网络与信息安全保障措施，包括网站安全保障措施、信息安全保密管理制度、用户信息安全管理制度。②规制设计必须考虑到弥补消费者对信息的不充分认识，防止互联网环境下的欺诈和欺骗，对卖方责任、担保、退款以及相关的纠纷解决作出安排，加强适合互联网环境下的交易立法。

在法律规制方面，例如早在2010年颁布的《商务部办公厅关于外商投资互联网、自动售货机方式销售项目审批管理有关问题的通知》中就规定：“（五）外商投资企业从事网络销售应建立合理的退换货制度，保存销售记录，严格保护消费者个人隐私和商业秘密；（六）外商投资企业从事网络销售应当遵守《消费者权益保护法》和《产品质量法》等法律、法规、规章的规定，法律法规禁止交易的商品和服务，不得在网上进行交易”。2014年工商总局关于发布《网络交易平台经营者履行社会责任指引》的公告中指出“网络交易平台经营者应建立健全平台内交易规则、交易安全保障、消费者权益保护、不良信息处理等管理制度，各项管理制度应以显著的方式提请平台内经营者和消费者注意，方便用户阅览和保存”。《网络预约出租汽车经营服务管理暂行办法》还规定“网约车平台公司不得向任何第三方提供驾驶员、约车人和乘客的姓名、联系方式、家庭住址、银行账户或者支付账户、地理位置、出行线路等个人

① 傅蔚冈：《对公共风险的政府规制》，载《环球法律评论》2012年第2期，第140页。

② 比如我国《互联网医疗保健信息服务管理办法》（卫生部令第66号）对此就有相关规定，部门立法中可以相互借鉴。

信息”等，都体现出对消费者的保护。

**（三）顺势而为，规制设计不应阻碍技术进步**

首先，监管者应该放弃随意禁止网络环境下服务贸易的简单做法，除非基于违反国家安全和公共利益的考虑。出于风险（dog problem）防控和国家安全的考虑，监管者往往会对服务贸易提出许可证或其他更加严格的要求，甚至对在线交易产生一种歧视，这种偏见应该消除。

其次，政府应为服务贸易提供便利，遵守去物质化（dematerialisation）的原则。[①]比如对于服务提供者的真实性确认、通知、资格认定、检查甚至是争议解决，没有必要采用物理的方式，尽量缩短申请提供服务贸易的审批程序。监管者必须保证监管的合理、客观和公正性，减少服务提供者不必要的成本，加强对国家贸易政策的再认识。[②]

对待互联网新兴产业必须一分为二。以互联网租车服务为例，上海、云南等地都给予了充分肯定，认为互联网专车应该是对传统出租车的补充，并将出台全国首个专车营运模式试点方案。云南省昆明市也将出台相关规定，将基于互联网技术的出租车定义为“预约出租汽车”，予以合法化。

互联网和数字化对于21世纪的自由贸易来说至关重要，但中国服务贸易发展速度仍然缓慢。2014年世界贸易组织对中国进行第五次贸易政策审议的统计数据表明，2013年中国服务贸易赤字达到1185亿美元，为全球最大。从一种积极的角度来看，互联网金融、医疗和教育的出现为中国的服务业“走出去”提供了很好的渠道。比如在互联网医疗方面，我们一直在强调中医“走出去”，我们存在大量的海外华人，这些可能成为互联网医疗、互联网教育等潜在的消费者。

再次，在探讨互联网下的服务贸易开放中，还可以在区域性贸易协定中先行先试。在目前所签的自由贸易协定中，有关服务贸易自由化

① Anupam Chander, Principles for Trade 2.0, in Mira Burri & Thomas Cottier (eds.), Trade Governance in the Digital Age, Cambridge University Press, 2012, p.18.

② Aik Hoe Lim and Mr Bart De Meester, WTO Domestic Regulation and Services Trade: Putting Principles into Practice(Book launch Speech), On 7 May 2014.

的市场开放已有所突破，比如新近中国通过自贸区协定极力推动中国服务贸易“走出去”。①在互联网服务贸易自由化进程中，中国应密切关注国际上正在进行的重要谈判中涉及服务贸易的内容，适时调整国内服务市场开放政策。②例如，美国于 2014 年 4 月就《服务贸易协定》谈判作出了新的提议，要求《服务贸易协定》参与方保持数据的自由流动，并确保网络的自由访问，提议不得要求将当地存在、技术转让或购买本国技术作为企业提供跨境服务的条件。为此，在新一轮服务贸易谈判中，中国必须考虑互联网因素，谈判中除了政府谈判人员还必须有技术性人员的参与，以免未来陷入被动。

**（四）强调公共服务标准体系的建立**

在“互联网＋”时代，仅采用数量和价格的方式，显然违背了互联网“去中心化”的内在规律。因此，我们认为规制机制的设计应该着眼于服务标准体系（质量和安全）的建立和认证；加强服务提供者的信息披露，防止信息不对称。简言之，需要确立最低的服务标准体系、事后用户评价体系和监督体系（如责令退出）等。

例如，我国《网络预约出租汽车经营服务管理暂行办法》第 19 条规定，“网约车平台公司应当公布确定符合国家有关规定的计程计价方式，明确服务项目和质量承诺，建立服务评价体系和乘客投诉处理制度”。

与此同时，在外国投资者借助互联网进入公共服务领域的初期，进行一定的准入规制仍然是必要的，比如取得相关的电信许可、服务器设置在中国大陆境内。《网络预约出租车经营服务管理暂行办法》第 10 条就规定，“网约车平台公司涉及经营电信业务的，还应当符合电信管理的相关规定”。同时，公共服务涉及广大公众利益（如互联网医疗等），如果外国投资者考虑退出中国市场，可能会对正在接受服务的消

① 《中国—新加坡自贸区协定》和《中国—瑞士自贸区协定》都涉及加强中医药合作对话，推动中医药“走出去”的相关规定。

② Shijingxia, Services Liberalization in China's Free Trade Agreements, China Legal Science(《中国法学》英文版), Vol.1, No.4, Oct.2013, p.117.

费者产生影响，因此有必要设立一定的退出保障机制，目前这方面的立法似乎并不明显。

### （五）完善国家对外资规制的创新体系

1. 自贸区战略下的国家规制创新

针对自贸区投资准入制度的改革，相应地在国家规制方面必须进行配套创新，以完善现有的国家规制体系。基于对新近立法措施的观察，当前国家规制创新主要表现在以下方面。

首先，强调完善事中、事后监管的基础性规制。这具体表现为简政放权的同时，加强事中事后监管，通过推进构建社会信用体系、外商投资信息报告制度、外商投资信息公示平台和境外追偿保障机制等，加强对市场主体“宽进”以后的过程监督和后续管理。①其次，倡导建立健全与市场准入负面清单制度相适应的监管机制。例如，鼓励各地区在省、市、县三级政府推行监管清单，明确监管事项、监管权限、监管程序和处罚措施，构建法律约束、行业规范、公众参与和企业诚信自律有机结合的监管格局。②通过创新监管方式，提升监管效能，优化对准入后市场行为的监管。最后，在自贸区内实施外商投资国家安全审查试行办法。为实施与《负面清单》管理模式相适应的外商投资国家安全审查措施，引导外商投资有序发展、维护国家安全，国务院于 2015 年制定《自由贸易试验区外商投资国家安全审查试行办法》，审查内容涵盖外商投资对国家文化安全、公共道德以及网络安全的影响等。③

2.《外商投资法》下的规制创新体系

2016 年二十国集团(G20)部长级会议批准了首份《G20 全球投资指导原则》，为投资政策制定提供总体指导，其中一条重要的原则是“政

---

① 参见《国务院关于加快实施自由贸易区战略的若干意见》(国发〔2015〕69 号)。

② 参见《国务院关于实行市场准入负面清单制度的意见》，国发〔2015〕55 号。

③ 参见《国务院办公厅关于印发自由贸易试验区外商投资国家安全审查试行办法的通知》，国办发〔2015〕24 号。审查内容具体包括：“(一)外商投资对国防安全的影响。(二)外商投资对国家经济稳定运行的影响。(三)外商投资对社会基本生活秩序的影响。(四)外商投资对国家文化安全、公共道德的影响。(五)外商投资对国家网络安全的影响。(六)外商投资对涉及国家安全关键技术研发能力的影响。”

府重申有权为合法公共政策目的而管制投资”，①这些变化值得中国关注。中国制定的《外商投资法》被定位为“内部深化体制改革的法，扩大对外开放的法，促进外商投资的法和规范外资管理的法”。②以《中外合资经营企业法》为代表的“外资三法”已经难以适应全面深化改革和进一步扩大开放的需要。例如，逐案审批制管理模式已不能适应构建开放型经济新体制的需要。同时，涉及中国的资本流动日趋频繁，外资并购、国家安全审查等重要制度需要上升为基础性法律，并进一步完善。③

2018 年 12 月，十三届全国人大常委会第七次会议对《中华人民共和国外商投资法（草案）》进行审议。2019 年 3 月 15 日，表决通过《中华人民共和国外商投资法》。自 2020 年 1 月 1 日起施行。新的《外商投资法》施行后，将对外商投资实行“准入前国民待遇加负面清单”的管理模式。与此相适应，在规制方面国家将建立统一的外国投资国家安全审查制度，对任何危害或可能危害国家安全的外国投资进行审查。

当前，与美国等国家相比，中国在外资规制领域并没有建立专门的国家层面审查机构，安全审查流程尚缺乏系统性。《外商投资法》的实施对于外资准入的安全审查将“有法可依”。随着中国全面实施外资准入“备案制”后，对外资准入的管理将集中在涉及国家安全的敏感领域，并面临一系列外资安全审查的申报案例。美国外国投资委员

---

① 参见《G20 全球投资指导原则》：“1.认识到全球投资作为经济增长引擎的关键作用，政府应避免与跨境投资有关的保护主义。2.投资政策应设置开放、非歧视、透明和可预见的投资条件。3.投资政策应为投资者和投资提供有形、无形的法律确定性和强有力的保护，包括可使用有效的预防机制、争端解决机制和实施程序。争端解决程序应公平、开放、透明，有适当的保障措施防止滥用权力。4.投资相关规定的制定应保证透明及所有利益相关方有机会参与，并将其纳入以法律为基础的机制性框架。5.投资及对投资产生影响的政策应在国际、国内层面保持协调，以促进投资为宗旨，与可持续发展和包容性增长的目标相一致。6.政府应有权为合法公共政策目的而管制投资。7.投资促进政策应使经济效益最大化，具备效用和效率，以吸引、维持投资为目标，同时与促进透明的便利化举措相配合，有助于投资者开创、经营并扩大业务。8.投资政策应促进和便利投资者遵循负责任企业行为和公司治理方面的国际最佳范例。9.国际社会应继续合作，开展对话，以维护开放、有益的投资政策环境，解决共同面临的投资政策挑战。”

②③ 参见《关于〈中华人民共和国外国投资法（草案征求意见稿）〉的说明》，2015 年 1 月 19 日；2018 年 12 月 26 日。

会(CFIUS)拥有近30年的执法实践,因此,中国的国家安全审查制度,在机构设置、部门协调和操作细则等方面,可以借鉴美国的安全审查制度和实践。需要考虑如何把握国家安全审查的幅度,如何在安全审查中确保程序公正、透明等,以防范政府不当规制的风险。①总之,《外商投资法》的制定有利于构建完善的“国家安全审查制度”,为关键、公共领域的规制提供法律依据。

经系统梳理后不难发现,以“货物”为主的在线交易正延伸至“服务”的在线交易(O2O模式),互联网正改变中国的服务业(从“你订的包裹到了”到“你订的服务到了”)。在2015年的两会中,政府从顶层设计中提出要制定“互联网+”行动计划,推动移动互联网、云计算、大数据、物联网等行业的健康发展。在“互联网+”行动计划中,外国投资者作为重要的市场主体之一,其作用和影响需要引起重视。互联网作为技术性因素推动行业创新和发展的同时,也将带来难以预测的风险。对外国投资者进入公共服务领域的规制,正是为了在行业发展中安装一套“安全阀”。

“在关于《服务贸易协定》的国家政策的辩论中,一个共同的错误就是把‘自由化’等同于‘解除管制(deregulation)’。”②然而现实是:在互联网环境下WTO成员面对如何进行内规制往往陷入“囚徒困境”的两难。一方面,互联网使得金融、教育和卫生医疗等领域肩负的“服务普及”的社会目标更易实现。另一方面,很多成员在加入世贸组织时未能预见互联网的迅猛发展和对服务贸易的渗透,最初的GATS承诺限制主要集中在“商业存在”的贸易模式中,而对“跨境提供”和“境外消费”则关注较少。基于此,对某些网络跨境服务提供的内容审查和禁止,容易与GATS规则和承诺相冲突。一旦发生争端,“技术中立”的解释倾向将使得承诺方陷入不利,GATS“公共道德和公共秩序”以及“安全例

---

① 如在著名的三一诉奥巴马案中,2013年10月16美国哥伦比亚特区上诉法院裁决,奥巴马政府未经适当的程序,剥夺了罗尔斯风电项目受宪法保护的财产权。

② [美]梅特奥、索韦:《国内管制与服务贸易自由化》,方丽英译,中国财政经济出版社2004年版。

外”将成为抗辩之需，但是该条具有严格“必要性”测试和“非歧视”性适用要求。为此，在对互联网环境下的服务贸易规制时，需要“认真对待WTO规则和先例”，确立机制设计的底线思维，需要关注消费者利益和例外条款设计，做到风险可控。同时，互联网对传统行业的改良毕竟是一种技术创新的代表，因此规制设计不应阻碍技术进步，让互联网成为带动中国服务贸易发展的有利因素。

# 第二节　电子支付服务限制措施案

## 一、案件背景和涉案措施

中美电子支付服务限制措施案是中国WTO争端解决进程的第一个服务贸易案件。①该案从2010年9月15日开始发生磋商。美国在2011年6月23日提请总干事根据《关于争端解决规则与程序的谅解》(DSU)第8.7条决定专家组的组成。在2011年7月4日，总干事组成如下专家组：Virachai Plasai先生为主席，其他两位专家组成员分别是Elaine Feldman女士和Martin Redrado先生。澳大利亚、厄瓜多尔、欧盟、危地马拉、印度、日本和韩国保留其作为第三方参与专家组程序的权利。

美国主要质疑中国的以下措施涉嫌违反中国在GATS第16条(市场准入)和第17条(国民待遇)方面的义务。具体为：

(1) 要求中国的银联公司作为电子支付服务在国内所有的人民币和支付卡交易；

(2) 要求中国的银行发行的支付卡须印着银联的标志；

① 美国诉中国集成电路增值税退税案通过磋商解决(DS309)。中美出版物和音像制品争端案(DS363)除涉及《服务贸易总协定》外，还涉及GATT1994第3.4条、第20条等。欧盟、美国和加拿大诉中国金融信息服务措施案通过磋商解决(DS372，DS373，DS378)。

(3) 要求中国所有的ATM、商户卡处理设备和销售点终端都要印着银联的标志;

(4) 要求获取的机构印着银联的标志,并且能够接受所有印着银联标志的支付卡;

(5) 要求禁止使用银联和跨区域支付交易的非银联卡;

(6) 要求在中国内地和香港地区发行的支付卡都能在中国内地、香港和澳门地区使用;

中国的总体观点是:银联作为一个"网络服务"提供机构,其所提供的服务,属于《关于金融服务的附件》第5.14条中的"(金融资产的)结算和清算服务"。而美国认为,属于《关于金融服务的附件》第5.8条中的"所有支付和汇划服务,包括信用卡、赊账卡和贷记卡、旅行支票和银行汇票"。同时,通过认为VISA等电子支付服务提供者和金融机构存在差别,不能等同。美国对金融服务提供者的解释,包括其他金融服务提供者,因为在中国的GATS承诺表中,还有非银行金融机构,外国金融公司,外国金融租赁公司等。金融机构的定义非常广泛,明显地包括了信用卡系统的运营商。中国维持了银联作为电子支付服务的垄断地位,违反了国民待遇原则。

第三方成员的观点,如澳大利亚、厄瓜多尔、日本、韩国和欧盟等也站在美国这一方。这也是符合他们的市场逻辑和情理的,因为他们也希望今后有机会在中国市场上分一杯羹。

## 二、本案涉及的主要规则

在本案中涉及的规则是GATS第16条和第17条,以及中国的《服务贸易具体承诺减让表》等。

2010年9月15日,美国要求根据《关于争端解决规则与程序的谅解》(DSU)第1条和第4条和GATS第22条,请求与中国磋商。

第16条市场准入

1. 对于通过第1条确认的服务提供方式实现的市场准入,每一成员对任何其他成员的服务和服务提供者给予的待遇,不得低于其在具体承诺减让表中同意和列明的条款、限制和条件。

2. 在作出市场准入承诺的部门，除非在其减让表中另有列明，否则一成员不得在其某一地区或在其全部领土内维持或采取按如下定义的措施：

(a) 无论以数量配额、垄断、专营服务提供者的形式，还是以经济需求测试要求的形式，限制服务提供者的数量；

(b) 以数量配额或经济需求测试要求的形式限制服务交易或资产总值；

(c) 以配额或经济需求测试要求的形式，限制服务业务总数或以指定数量单位表示的服务产出总量；

(d) 以数量配额或经济需求测试要求的形式，限制特定服务部门或服务提供者可雇用的、提供具体服务所必需且直接有关的自然人总数。

第 17 条　国民待遇

1. 对于列入减让表的部门，在遵守其中所列任何条件和资格的前提下，每一成员在影响服务提供的所有措施方面给予任何其他成员的服务和服务提供者的待遇，不得低于其给予本国同类服务和服务提供者的待遇。

2. 一成员可通过对任何其他成员的服务或服务提供者给予与其本国同类服务或服务提供者的待遇形式上相同或不同的待遇，满足第五款的要求。

3. 如形式上相同或不同的待遇改变竞争条件，与任何其他成员的同类服务或服务提供者相比，有利于该成员的服务或服务提供者，则此类待遇应被视为较为不利的待遇。

中国减让表中的“银行及其他金融服务(不包括保险和证券)”部门涵盖“d.所有支付和汇划服务，包括信用卡、赊账卡和贷记卡、旅行支票和银行汇票(包括进出口结算)”，该部门在模式三(商业存在)市场准入方面的承诺规定为“对于本币业务，允许外国金融机构向中国企业提供服务。入世后5年内，将允许外国金融机构向所有中国客户提供服务。获得在中国一地区从事本币业务营业许可的外国金融机构可向位于已开放此类业务的任何其他地区的客户提供服务”。

## 三、案件裁决

该案从2010年9月15日进行磋商，2012年7月16日专家组作出裁决。根据DSU第19.1条的内容，专家组建议争端解决机构要求中国将其措施与其在GATS下的义务相一致。例如。专家组认为中国坚持要求所有在中国发行的支付卡都要印有银联的标志、要求所有在中国的终端设备必须能够接受标注银联的支付卡，要求收单机构印着银联的标志并且能够接受所有印着银联标志的支付卡等，这些要求在中国的模式一和模式三的国民待遇义务与GATS第17条不一致。

根据本案争端解决机构的建议，2012年11月22日中美双方就执行的合理时间达成协议，执行合理时间为自专家组报告被采纳起11个月内。[①]为此，2013年6月28日中国人民银行发布《中国人民银行公告〔2013〕第7号》公告规定：《中国人民银行关于统一启用“银联”标识及其全息防伪标志的通知》(银发〔2001〕57号)等3件规范性文件(附件1)自本公告发布之日起废止，《中国人民银行关于印发〈2001年银行卡联网联合工作实施意见〉的通知》(银发〔2001〕37号)等两件规范性文件(附件2)自本公告发布之日起失效。[②]本案中，中国修改了与GATS规则不符的相关措施，当然在客观上也为中国的企业发展赢得了时间。

① WTO官网：China—Certain Measures Affecting Electronic Payment Services (DS413)，http://www.wto.org/english/tratop_e/dispu_e/cases_e/ds413_e.htm。

② 《中国人民银行公告》〔2013〕第7号 。具体为，附件1废止的规范性文件：1.《中国人民银行关于统一启用“银联”标识及其全息防伪标志的通知》(银发〔2001〕57号)；2.《中国人民银行关于印发〈银行卡联网联合业务规范〉的通知》(银发〔2001〕76号)；3.《中国人民银行关于规范和促进银行卡受理市场发展的指导意见》(银发〔2005〕153号)。附件2失效的规范性文件：1.《银行卡联网联合工作实施意见的通知》(银发〔2001〕37号)；2.《中国人民银行关于进一步做好银行卡联网通用工作的通知》(银发〔2003〕129号)。中国人民银行官网，http://www.pbc.gov.cn/publish/tiaofasi/584/2013/20130704144655745624017/20130704144655745624017_.html。

# 第七章
# 与贸易有关的知识产权案例

## 第一节　知识产权保护和执法措施案

### 一、案件背景和涉及的法律

2007年4月10日,美国要求就中国在知识产权保护和执法方面与中国进行磋商。2009年1月26日,世贸组织(WTO)正式公布《"中国—影响知识产权保护与实施的措施"专家组报告》(WT/DS362/R),这是中国加入WTO以来首次因知识产权引发争议的案件。本案涉及的几个焦点问题是:(1)假冒商标和版权盗版行为的刑事处罚的门槛问题;(2)海关当局没收违反知识产权的货物处置问题;(3)对于未经授权在中国境内出版或发行的创作作品的知识产权保护和执行问题。

案件涉及的WTO规则包括:(1)《与贸易有关的知识产权协定》(TRIPS)第61条(边界措施—补救措施)。[①]缔约方应规定,至少在以商业规模蓄意地假冒商标或剽窃著作权的案件中适用刑事诉讼程序和刑事处罚。适用的法律补救措施应包括足以起到威慑作用的监禁或罚款,其处

① 参见《与贸易有关的知识产权协定》第61条。

罚程度应与对具有相应严重性的罪行法律补救措施的处罚程度相一致。在适当的案件中，可采用的措施还应包括充公、没收或销毁侵权物品以及任何其主要用途是用来进行上述犯罪行为的材料和设备。缔约方可以规定将刑事诉讼法程序和刑事处罚应用于其他侵犯知识产权的案件，特别是当侵权行为是蓄意的和以商业规模来进行时。(2) TRIPS 第 59 条(补救措施)。[①]在不损害权利所有者所享有的其他权利，并且保证被告具有要求由司法部门进行复核的权利的条件下，主管部门应有权根据上述第 46 条所规定的原则责令销毁或处置侵权商品。对于假冒商品来说，除非是在例外的情况下，该主管部门应不允许该侵权商品以原封不动的形式再次出口，或者让该商品适用不同的海关程序。(3) TRIPS 第 9.1 条。[②]缔约方应遵守《伯尔尼公约》(1971)第 1—21 条及其附录。然而，缔约方按照本协定对于该公约第 6bis 条所规定的权利或者由此而导致的权利将不负有权利和义务。(4) TRIPS 第 41.1 条(执行一般义务)。[③]缔约方应保证其国内法律能够提供如本部分所规定的施行程序，以便对侵犯本协定所述知识产权的任何行为采取有效的制止措施，包括制止侵权的法律救济和防止进一步侵权的法律救济。这些程序的应用方式应不至于构成对合法贸易的障碍，并且为防止滥用提供保障。

## 二、案件结果

### (一) TRIPS 第 61 条(边界措施)[④]

专家组认为，尽管中国的刑事措施排除了某些版权和商标侵权行为，如果侵权行为低于营业额，利润，销售额或侵权商品的数量限额，这个事实本身还不足以发现违规行为。第 61 条并不要求会员将所有版权和商标侵权定为犯罪。专家组认为，“艺术品”中的“商业规模”，第 61 条是指“某一特定市场上给定产品的典型或一般商业活动的规模或

① 参见《与贸易有关的知识产权协定》第 59 条。

② 参见《与贸易有关的知识产权协定》第 9.1 条。

③ 参见《与贸易有关的知识产权协定》第 41.1 条。

④ 参见曹建、贺小勇：《世界贸易组织》，法律出版社 2011 年版，第 323 页。

程度”。专家组不认同中国的门槛，但得出结论认为，美国提出的事实证据不足以表明，当该标准适用于中国市场时，不承担刑事责任的情况是否符合“商业规模”的 TRIPS 标准。

**（二）TRIPS 第 59 条（补救措施）**

专家组认为，海关措施不受“旅行协定”的限制。在进口方面，虽然不禁止拍卖商品。专家组的结论是，中国海关拍卖这些货物的方式不符合条款，因为它允许在简单移除商标之后出售商品，而不仅仅是例外情况。①

**（三）TRIPS 第 41.1 条（执行一般义务）②**

专家组认为，虽然中国有权禁止作品的发行和展示，《伯尔尼公约》第 17 条规定，这并不能证明在任何作品中否认所有版权保护。因此，中国未能保护被禁作品的版权（即因为其非法内容而被禁止）与条款不符。③

总之，本案对美国诉称我国著作权法和海关措施违背义务的主张“部分予以支持”；同时裁决美国没有证实我国“刑事门槛”不符合 TRIPS 第 61 条设定的相关义务，并适用司法经济原则，对美国根据 TRIPS 第 41.1 条和第 61 条第 2 句所提出的与刑事门槛相关的主张不进一步审查。

## 第二节　多边贸易体制下中美技术转让与知识产权争端

### 一、问题的提出

受中美经贸关系以及一些重大案件（如中兴遭美国制裁）的影响，

① 参见万飞：《WTO TRIPS 协议与老挝知识产权保护制度完善问题研究》，武汉大学出版社 2014 年版。

② 参见曹建明、贺小勇：《世界贸易组织》，法律出版社 2011 年版，第 323 页。

③ 参见张乃根：《论 WTO 争端解决的合理执行期仲裁——兼论中美知识产权案的执行对策》，中国法学会国际经济法研究会年会 2009 年，第 3—8 页。

中国越来越意识到技术的重要性，并在顶层设计中提出“核心技术乃国之重器”的发展理念。①事实上，和征收货物关税相比，围绕国际技术转让的争端更值得关注，因为它是一个长期性（long-standing）、难以量化却更加重要紧迫的问题，正如有观察家所言“如果贸易战失控，最终将演变成技术冷战”，“今天中美两国已经开始了技术冷战，美国的最终目标是‘中国制造 2025’”，②当前各国越来越意识到技术对各自经济发展和世界地位的决定性影响。

事实上，自 2003 年以来，中美以商贸联委会为平台，围绕知识产权和技术转让问题一直在进行对话和谈判。③2016 年在世贸组织对中国的贸易政策审议中，美国围绕“技术转让”问题就曾向中国发问，“中国是否计划修改其国内法，以在技术转让方面，使得外国投资者和中国国内企业享有同等待遇”，中国当时作出的回答是“中国尚未有修改技术进出相关立法的计划”。④在中美贸易摩擦背景下，2018 年 3 月 22 日，美国发布“301 调查”报告，直指中国存在强制技术转让。基于该调查结果，美国总统指示有关部门采取相应措施，具体涵盖向世贸组织起诉中国、对中国相关产品征收关税，以及对华在美投资实施限制等。2018 年 3 月 23 日，美国最终以中国强制技术转让为由，在世贸组织提起诉讼——使得中美之间长期存在的“技术转让”争议最终浮出水面。⑤

为此，以下将以美国在 WTO 起诉中国强制技术转让为起点，分析美国指控中国涉嫌违法的具体措施及其性质，探讨上述措施是否构成

① 习近平：《习近平在全国网络安全和信息化工作会议的讲话》，中国网信办，http://www.cac.gov.cn/2018-04/21/c_1122719824.htm，2018-04-23。

② Frederick Abbott，US Section 301，China，and Technology Transfer：Law and its Limitations Revisited，23 May 2018，https://www.ictsd.org，郑永年：《技术冷战与中美冷战的序曲》，载《联合早报》，2018 年 4 月 24 日。

③ 中美商贸联委会成立于 1983 年，是中美最早建立的高级别经贸磋商机制之一。2003 年底，两国提高中美商贸联委会会议的级别，在其框架下设有贸易、投资、知识产权和工业和信息产业等多个工作组。

④ Trade Policy Review，China，Minutes of The Meeting Addendum，Trade Policy Review Body，20 and 22 July 2016，WT/TPR/M/342/Add.1，p.453.

⑤ DS542：China—Certain Measures Concerning the Protection of Intellectual Property Rights，https://www.wto.org/english/tratop_e/dispu_e/cases_e/ds542_e.htm.

强制技术转让、涉嫌违反哪些国际规则、如何从法律上解释涉案措施和国际法规则、中国可能的抗辩路径等。与此同时，技术转让将是中美经贸投资关系中的长期议题，因此有必要把握当前主要国家对技术转让的规制特征，旨在透彻、深入地理解国际技术转让议题，以应对今后可能产生的技术转让纠纷。

## 二、中美技术转让争端涉案措施与中国入世承诺

### (一) 中美技术转让争端的涉案措施

早在2017年8月18日，美国贸易代表办公室(USTR)就决定对中国发起“301调查”，并于2018年3月22日正式发布调查报告。报告认为，中国在知识产权和技术转让方面实施了以下措施：(1)中国采用所有权限制，例如规定合资和股权限制的要求，以及各种行政审批和许可程序，要求或迫使美国公司从事技术转让。(2)中国某些技术转让的规定促使美国公司对中国公司进行技术转让，该转让基于非市场的条件，这有利于中国的受让企业。(3)中国不公平地推进中国企业一系列地收购美国公司，以使中国公司获得全球技术和知识产权。(4)中国从事和支持未经授权侵入美国公司的计算机网络，以窃取获得敏感的商业信息和商业秘密等。①针对上述四类措施，2018年3月23日美国选择第(2)类措施，将中国诉至WTO争端解决机构(编号：DS542)，指控中国措施涉嫌违反TRIPS第3条(国民待遇)以及TRIPS第28条(授予权利)的规定。②具体而言，涉及以下法律问题。

#### 1. 关于技术侵权责任的强制性认定

《技术进出口管理条例》第24条规定：“技术进口合同的受让人按照合同约定使用让与人提供的技术，侵害他人合法权益的，由让与人承

① USTR, Findings of the investigation into China's Acts, Policies, and Practices Related to Technology Transfer, Intellectual Property, and Innovation under Section 301 of the Trade Act of 1974, March 22, 2018, p.5.

② China—Certain Measures Concerning the Protection of Intellectual Property Rights—Request for consultations by the United States, WT/DS542/1, 26/03/2018.

担责任”，美国提出上述规定违反了 TRIPS 第 3 条，单独或与其他条款违反 TRIPS 第 28.2 条。①美国认为上述规定要求转让人（通常为技术进口合同的外国实体）对“侵害第三方合法权利”承担责任，这对转让人与受让人就风险承担进行谈判施加了限制。即使受让人愿意因各种原因而承担风险，各方也不能就此风险的分配进行谈判。美国认为，这对于试图转让技术的美国中小企业而言要求过于苛刻，因为他们通常不具备评估和覆盖第三方诉讼风险所需的专业知识或资源，②并且在侵权责任方面，中国《合同法》第 353 条针对侵害第三方合法权利的责任承担，允许双方约定。③

2. 技术改进后权利主体的强制性认定

《技术进出口管理条例》第 27 条规定：“在技术进口合同有效期内，改进技术的成果属于改进方。”美国提出，该条款要求所有改进都属于改进方，导致当事人不能通过谈判共享所有权或允许转让人拥有受让人的改进成果。而中国《合同法》第 354 条则规定了“当事人可以按照互利的原则，在技术转让合同中约定实施专利、使用技术秘密后续改进的技术成果的分享办法”，因此上述第 27 条涉嫌违反 TRIPS 的国民待遇义务。

3. 受让人享有改进技术的权利与改进技术的利用

《技术进出口管理条例》第 29.3 条规定，“技术进口合同中，不得限制受让人改进让与人提供的技术或者限制受让人使用所改进的技术”。美国提出，如果中国的受让人对原始发明作出改进，并在中国或其他地方申请专利，这些规定对美国的转让人是非常不利的。若中国企业不经美国企业许可，通过改善技术并阻止美国企业享有改进技术后的成

① 第 28.2 条：“专利权人也应有权转让或通过继承而转移其专利，还应有权订立许可合同。”

② USTR, Findings of the investigation into China's Acts, Policies, and Practices Related to Technology Transfer, Intellectual Property, and Innovation under Section 301 of the Trade Act of 1974, March 22, 2018, p.49.

③ 中国《合同法》第 353 条规定：“受让人按照约定实施专利、使用技术秘密侵害他人合法权益的，由让与人承担责任，但当事人另有约定的除外。”

果，这可能会对美国的企业造成一定损害。①美国认为中国《合同法》在技术转让方面并无类似规定，致使外国权利人在技术转让方面未能享受同等待遇。

4. 技术转让协议到期后的使用权利

美国指控《中外合资经营企业法实施条例》第43.4条，即“技术转让协议期满后，技术输入方有权继续使用该项技术”涉嫌违法。②该条违反了TRIPS第3条，单独或与其他条款违反TRIPS第28.1(a)、(b)或第28.2条的规定。③美国指出，该条使得中国合资企业在技术合同到期后获得永久使用技术的权利，这属于非市场条件下的强制性条款，④而中国《合同法》并无上述规定。

首先，关于涉案措施与《合同法》的关系，《合同法》第355条规定了法律、行政法规对技术进出口合同另有规定的，依照其规定。⑤从中可以看出，《合营条例》和《技术进出口管理条例》属于特别法，《合同法》属于普通法；根据特别法优于一般法的原则，外国投资者从事技术转让适用前者。因此，美国认为其未能享有中国《合同法》规定的相对自由的技术转让制度。此外，2018年3月27日，美国在WTO争端解决会议

① USTR, Findings of the investigation into China's Acts, Policies, and Practices Related to Technology Transfer, Intellectual Property, and Innovation under Section 301 of the Trade Act of 1974, March 22, 2018, pp.49—50.

② 《中外合资经营企业法实施条例(2001年修订)》第43条规定：“合营企业订立的技术转让协议，应当报审批机构批准。技术转让协议必须符合下列规定：(三)技术转让协议的期限一般不超过10年；(四)技术转让协议期满后，技术输入方有权继续使用该项技术……”

③ 第28.1(a)、(b)条：“1.一项专利应为专利人提供如下的独占权：(a)对产品专利，专利权人有权禁止第三方在未经其同意的情况下从事下列行为：制造、使用、为销售而提供、出售、或为上述目的进口该产品(这一权利如同本协定规定的涉及商品的使用、出售、进口或其他推销的权利一样，应服从上述第6条的规定)；(b)对方法专利，专利权人有权禁止第三方在未经其同意的情况下使用该方法，以及使用、为销售而提供、出售或为这些目的而进口至少是由该方法所直接获得的产品。”

④ USTR, Findings of the investigation into China's Acts, Policies, and Practices Related to Technology Transfer, Intellectual Property, and Innovation under Section 301 of the Trade Act of 1974, March 22, 2018, p.50.

⑤ 参见《合同法》第18章(技术合同)第355条，“法律、行政法规对技术进出口合同或者专利、专利申请合同另有规定的，依照其规定”。

中再次强调,中国上述法律规定对外国知识产权和技术所有人构成歧视,影响其在市场条件下就技术转让进行自由谈判的权利,属于强制性技术转让,涉嫌违反国民待遇原则。①

### (二) 中国对技术转让的入世承诺

事实上,在中国入世时,WTO 成员尤其是美国便对技术转让议题表示出极大的关注。中国针对技术转让的入世承诺,主要体现在《中国加入议定书》第 7.3 条。根据第 7.3 条的规定,中国应保证国家和地方各级主管机关对进口、进口权或投资权的任何其他批准方式,不以技术转让、出口实绩或在中国进行研究与开发等为条件。②此外,《中国加入工作组报告书》也指出,某些成员对中国影响技术转让的法律、法规及措施表示关注,特别是在作出投资决定的过程中;WTO 成员认为技术转让的条款和条件,应由投资双方议定,政府不应干预,不应将技术转让作为批准投资的条件。③基于此,中国确认,对其领土内的个人或企业只实施、适用或执行与《与贸易有关的知识产权协定》(TRIPS)和《与贸易有关的投资措施协定》(TRIMs)不相抵触的法律、法规或措施,有关技术转让的条款和条件,特别是在投资的过程中,只需经投资方议定。④简言之,在对外资审批中,中国承诺不以技术转让作为前提。2012 年,中国政府也再次强调"技术转让和技术合作是企业自主行为,中国不会将技术转让作为市场准入的前提条件"。⑤就目前实践而言,中国确实没有相关的法律规定以技术转让作为外资的准入条件,亦未见美国在本次"301 报告"提供相关的书面证据。

本次中美技术争端,另一值得关注的问题是,美国起诉中国的法律依据是《与贸易有关的知识产权协定》,并未以中国上述入世承诺即《中

① Statements by the United States at the Meeting of the WTO Dispute Settlement Body Geneva, March 27, 2018, pp.14—15.

② 参见《中国加入议定书》第 7 条(非关税措施)。

③ 参见《中国加入工作组报告书》第 48 段。

④ 参见《中国加入工作组报告书》第 49 段。

⑤ 商务部:陈德铭就"强制性技术转让"等问题接受彭博新闻社书面专访,http://www.mofcom.gov.cn/article/ae/ai/201202/20120207959737.shtml, 2018-05-20。

国加入工作组报告书》和《中国加入议定书》作为依据。原因之一或是中国入世承诺主要是针对“准入前”的技术转让的规定；而本次争端则主要是针对外资经营者进入中国市场后的技术转让行为，或者说属于“准入后”的国民待遇，即美国认为其企业进入中国之后，在经营过程中未能享受到国民待遇。

## 三、中美技术转让争端中的法律解释

### （一）文义解释：TRIPS 国民待遇及其例外条款

1. 关于国民待遇条款的法律解释

《关于争端解决规则与程序的谅解》第 3.2 条规定，裁判者可“依照解释国际公法的惯例澄清这些协定的现有规定”，此处“解释国际公法的惯例”在实践中通常是指《维也纳条约法公约》。其中第 31 条规定，“条约应依其用语按其上下文并参照条约之目的及宗旨所具有之通常意义，善意解释之”。[①]TRIPS 第 3 条规定，各缔约方在知识产权保护方面，在遵守《巴黎公约》(1967)、《伯尔尼公约》(1971)、《罗马公约》和《关于集成电路知识产权条约》中各自规定的例外的前提下，每一成员给予其他成员国民的待遇不得低于给予本国国民的待遇。[②]美国正是以该条依据，指控中国国内法违反上述国民待遇条款。在 WTO 司法实践中，关于国民待遇的法律适用，在美国诉欧盟保护农产品和粮食的商标和地理标志案中，专家组提出判断成员违反国民待遇主要考察的两个关键要素：一是该成员的措施属于“知识产权保护”的范畴，[③]二是成员给予其他成员的待遇“低于”(less favourable)本国国民。[④]由于存在先例解释，

---

① 《维也纳条约法公约》1969 年 5 月 23 日订于维也纳，于 1980 年 1 月 27 日生效。

② TRIPS 第 3.1 条(国民待遇)。

③ “保护”一词，包括影响知识产权的效力、取得、范围、维持和实施的事项，以及本协定专门处理的影响知识产权的使用的事项。参见 TRIPS 中关于第 3 条的注释。

④ WTO Panel Report, European Communities—Protection of Trademarks and Geographical Indications for Agricultural Products and Foodstuffs, WT/DS174/R, Mar.15, 2005, para.7.125. See also WTO Panel Report, European Communities—Protection of Trademarks and Geographical Indications for Agricultural Products and Foodstuffs, WT/DS290/R, Mar.15, 2005, para.7.175.

各方对国民待遇条款本身的解释应该分歧不大，在此不作重点分析。

2. 关于国民待遇例外条款的解释

尽管《与贸易有关的知识产权协定》没有类似于 GATT 20 条独立的例外规定，但 TRIPS 第 3.2 条却涵盖了一定的例外情况，该条规定各成员可利用第 1 款允许的在司法和行政程序方面的例外，但是这些例外应为保证遵守与本协定规定发生不相抵触的法律和法规所必需，且这种做法的实施不会对贸易构成变相限制。①具体到技术转让，则涉及 TRIPS 第 3.1 条所指的《巴黎公约》。其中《巴黎公约》第 2 条（国民待遇）规定了关于行政程序的例外规定，即“每一国家法律中关于司法、行政程序和管辖权、以及指定送达地址或委派代理人的规定，工业产权法律中可能有要求的，均明确地予以保留”。②例如，《合营条例》第 43.4 条中关于技术转让的规定由于涉及转让协议的审批，这与《巴黎公约》所规定的“行政程序”相关。

但是，问题在于《巴黎公约》有自身的适用范围，其第 1 条规定了工业产权的保护对象包括专利、实用新型、工业品外观设计、商标等。③然而，《技术进出口管理条例》和《合营条例》中涉及的技术转让不仅包括工业产权，还涉及其他专有技术（如商业秘密），这比《巴黎公约》例外规定所涉及的范围要广。④例如，《技术进出口管理条例》第 2 条规定，“前款规定的行为包括专利权转让、专利申请权转让、专利实施许可、技术秘密转让、技术服务和其他方式的技术转移”。⑤因此，如中国援引例外规则，无疑只能在《巴黎公约》涵盖的范围内进行。

3. 关于国民待遇的先例解释

尽管 WTO 并未确立先例的法律约束力，但为了保证裁判的权威

---

① TRIPS 第 3.2 条（国民待遇）。

② 《保护工业产权巴黎公约》(1967)第 2 条。

③ 《保护工业产权巴黎公约》(1967)第 1 条。

④ 《中外合资经营企业法实施条例》(2001 年修订)第 22 条：“合营者可以用货币出资，也可以用建筑物、厂房、机器设备或者其他物料、工业产权、专有技术、场地使用权等作价出资。”

⑤ 参见《技术进出口管理条例》第 2 条。

性和可预期，WTO司法裁判中先例的作用不言而喻。①在美国、日本和欧盟诉印度尼西亚汽车工业案中便涉及国民待遇条款的解释。该案中，美国提出印度尼西亚的“国家汽车项目”(National Car Programme)中关于汽车产业的“商标取得”(Acquisition of Trademarks)政策，违反了TRIPS国民待遇条款，②理由是印度尼西亚规定任何商标想申请获得“国家汽车”(National Motor Vehicle)这一称号，必须是印度尼西亚的汽车公司或者与其合资的公司。③专家组认为判断是否违反国民待遇，主要审查印度尼西亚的法律和实践是否符合“在知识产权保护方面，给其他成员国民的待遇不得低于给予本国国民的待遇”。然而，专家组最后裁决认为，本案中美国的诉求缺乏证据支持；因为在“商标取得”的法律适用上，印度尼西亚汽车商和其他成员的汽车商并无差别。在“国家汽车项目”背景下，有些商标可以申请“国家汽车”这一称号，有些不可以，这属于商标的使用范围问题，而非TRIPS第3条所涉及的“商标取得”(属于知识产权保护的范畴)。④简言之，关于商标权的取得，印度尼西亚的《商标法》并没有违反国民待遇原则。专家组在本案中适用严格的文义解释，而没有对其内涵进行扩大。

### (二) 目的解释：TRIPS的精神和宗旨

首先，《与贸易有关的知识产权协定》的主要宗旨除了保护知识产权，同样鼓励创新、技术转让和技术传播。《与贸易有关的知识产权协定》提出，知识产权的保护和实施应有利于促进技术革新、技术转让和技术传播，有利于生产者和技术知识使用者的相互利益，保护和实施的方式应有利于社会和经济福利，并有利于权利和义务的平衡。⑤因此，

① 根据笔者对WTO案例数据库的查找，目前仅有少数案例涉及TRIPS第3条国民待遇的解释，尚无直接涉及第28.2条解释的案例。

② WTO Panel Report, Indonesia—Certain Measures Affecting the Automobile Industry, WT/DS54/R, WT/DS55/R, WT/DS59/R, WT/DS64/R, Jul.2, 1998, para. 14.263.

③ Indonesia—Certain Measures Affecting the Automobile Industry, para.14.267.

④ Indonesia—Certain Measures Affecting the Automobile Industry, para.14.268.

⑤ TRIPS第7条(目的)。

《协定》兼顾了知识产权所有人和缔约方政府的权利，注重整个社会福利的提高。其次，《协定》亦强调，为了防止权利所有者对知识产权的滥用，防止影响国际技术的转让，缔约方可以采取适当的国内规制措施，当然其条件是这些措施与协定的规定相一致。①第三，根据《协定》，本协定的任何规定均不得阻止各成员在立法中明确规定在特定情况下可构成对知识产权的滥用并对相关市场中的竞争产生不利影响的许可活动或条件。②这说明，《与贸易有关的知识产权协定》赋予各国在知识产权和技术许可中的一些规制权利，旨在保护知识产权和促进创新、技术传播之间达成平衡，这一立法宗旨对处于技术学习阶段的发展中国家(包括中国)无疑是有利的。

**(三) 上下文解释:其他涉及技术转让的国际规则**

《维也纳条约法公约》第 31 条还规定，在进行条约解释时"应与上下文一并考虑者尚有:(c)适用于当事国间关系之任何有关国际法规则"。事实上，针对技术转让，其他一些相关国际法规则(草案)对此也有规定，主要体现在以下方面。

*1. WTO 规则体系下对技术传播和技术援助的鼓励*

除了前文所言的《与贸易有关的知识产权协定》鼓励创新和技术传播外，世贸组织其他协定也在一定程度上反映出对技术转让的提倡。首先，《服务贸易协定》第 4 条(发展中国家的更多参与)规定，"增强其国内服务能力、效率和竞争力，特别是通过在商业基础上获得技术";此外还特别规定，发达国家成员应尽可能设立联络点，以便利发展中国家成员的服务提供者获得与其各自市场有关的"服务技术"等。③其次，《技术性贸易壁垒协定》亦强调发达国家向发展中国家转让技术的精神，如在序言中规定"认识到国际标准化在发达国家向发展中国家转让技术方面可以作出的贡献"。第 11 条(对其他成员的技术援助)规定，

---

① TRIPS 协议第 8.2 条(原则)。

② TRIPS 协议第 8 节(对许可合同中限制竞争行为的控制)第 40 条。

③ 参见《服务贸易总协定》第 4.1(a)、4.1(c)条。

各成员应采取合理措施，对其他成员尤其是发展中成员在“建立管理机构或技术法规的合格评定机构”等方面，提供技术援助。①上述规定都反映出，缔约方当初已经考虑到国际技术对发展中国家的重要性。

2.《联合国国际货物销售合同公约》中知识产权的瑕疵担保责任

该《公约》中包含了一项有关知识产权的保证条款，其与《技术进出口管理条例》第24条中关于“侵害第三者责任”的规定类似。《公约》第42条规定，“卖方所交付的货物，必须是第三方不能根据工业产权或其他知识产权主张任何权利或要求的货物，但以卖方在订立合同时，已知道或不可能不知道的权利或要求为限”。②可见，《公约》对卖方知识产权担保责任的要求非常严格，只要第三方对交付的货物提出了权利或要求，买方都有权要求卖方帮助排除干扰、赔偿损失。但与第24条稍有不同的是，卖方的知识产权担保义务并非绝对，而是以卖方的知识为限。可见，公约中对卖方(转让方)知识产权的瑕疵担保责任比《技术进出口条例》更加灵活。在2016年WTO对中国的贸易政策中，美国就第24条曾向中国提出过关切，问及“中国是否就第24条作出影响评估，尤其是对华技术转让的意愿方面”，中国的回复是“因涉及具体案例，有待掌握进一步信息”，可见当时双方并未达成一致。③

3.世界知识产权组织(WIPO)关于技术许可的相关规定

2015年世界知识产权组织发布了一份名为《成功技术许可》的出版物，其中在谈及技术转让中涉及的“履行保证和责任承担”时，指出对此没有统一答案或者标准适用于所有情况。④这一主张，也间接认可了各国在国内立法方面的自主权。当然，该出版物只是世界知识产权组织的一个指南，并不具有法律约束力，或只能作为辅助性的论证。

---

① 参见《技术性贸易壁垒协定》第11.3—11.8条。

② 《联合国国际货物销售合同公约》(2010年12月)第42条。

③ Trade Policy Review, China, Minutes of The Meeting Addendum, Trade Policy Review Body, 20 and 22 July 2016, WT/TPR/M/342/Add.1, p.453.

④ WIPO, Successful Technology Licensing, 2015, http://www.wipo.int/edocs/pubdocs/en/licensing/903/wipo_pub_903.pdf, pp.27—28.

4.《国际技术转让行为守则(草案)》的技术转让规定

1974 年 5 月,第六届特别联大提出了“制定一项符合发展中国家需要和条件的关于技术转让的国际行为守则”。该守则提出一些有利于发展中国家的技术转让条款,如序言规定“认识到需要促进充分的技术转让和技术发展,以加强所有国家、特别是发展中国家的科技能力”,以及“帮助发展中国家选择、取得和有效使用适合它们需要的技术,以便逐步提高经济水平,改善生活条件”。[①]这些对广大发展中国家无疑有利,问题在于该守则谈判历经十年,但并未最终生效。

总之,国际社会对技术转让的立法相对滞后,当前并无统一的国际技术转让规则,或并不具有法律约束力。具体到本轮纠纷,如果进入专家组程序,裁判者在对相关法律条款进行解释时,总体而言援引适用其他国际规则应该会相对谨慎。上文主要是从法律解释的技术角度分析可能的利弊,下文则主要从定性的视角探讨中国可能的抗辩路径。

## 四、结论和启示

当前,由于中美之间尚未签订双边投资协定,因此美国将技术转让争端提交至世贸组织,也在预料之中。首先,针对本轮中美技术转让争端,对中国而言关键在于对措施性质的认定,以及后续美国提出的证据是否充分。对此,有两种可供参考的路径,一是在贸易法范围内研究对中国有利的法律条款和解释,包括援引例外规则、借助目的解释和先例等;二是主张相关措施主要涉及投资议题,建议 WTO 裁判者采用司法经济原则,将该问题留待今后的投资谈判中解决。同时,由于中国上述涉案措施涉及行政规制,美国将其与私法属性浓厚的《合同法》进行简单比较,有待商榷。

其次,正面客观看待本案影响,把握国际技术转让规制的大势。当前各国纷纷实施“再工业化”战略,以加速推进新一轮全球贸易投

---

① 参见《国际技术转让行动守则(草案)》(1985 年 6 月 5 日拟定),序言。

资新格局。①美国出于保护其技术的需要,今后将对中美之间的技术转让十分警惕。尤其是美国下一步可能通过国内法限制中国对其投资,特别是针对高科技型企业的投资并购,对此中国要有所准备。对于中国今后的技术发展,一方面,由于短期内仍然处于追赶学习阶段,欧盟的“平衡模式”更符合中国当前的发展需要,中国后续可加强与欧洲(如德国、瑞士)以及日本、韩国等在高科领域的科技合作等。另一方面,加强自我核心技术的研发是关键,“市场换不来核心技术,有钱也买不来核心技术”,②正好反映出“以市场换技术”和“以资本换技术”难以实现“制造强国梦”。近期中美之间在核心技术领域的一些纠纷,教训十分深刻。③因此,对当前国际技术转让争端和主要国家技术转让规制模式的研究,有助于应对后续技术转让中可能遇到的新问题,使中国制造沿着合规的道路健康发展。

最后,要注意到中美科技“脱钩论”正在美国蔓延,美国对华为等中方高科技企业正实行技术封锁。中国应及时调整优化供应链,重视与欧盟、日韩等高科技企业合作,寻找外部替代,以保障高科技产品的供应链。

应该看到美国整体科技水平,尤其是基础理论、前沿科技等仍然处于世界前列,在很多领域仍值得中国学习。因此,从长期看,在风险可控的背景下,继续加强与美国的科技合作,仍然具有积极作用。在高科技领域,应该尽量减少当前贸易摩擦对中美双边科技合作的影响,要关注贸易摩擦可能引发的“寒蝉效应”,为双边科技合作提供更加便利化的服务。

---

① 参见《国务院关于印发〈中国制造2025〉的通知》,国发〔2015〕28号,2015年5月19日。

② 新华社:《习近平在网络安全和信息化工作座谈会上的讲话》,2016年4月19日。

③ 例如,中兴遭美国制裁一案,参见《中兴通讯关于美国商务部激活拒绝令的声明》,2018年4月20日。

# 第三篇

# 拓展延伸篇

# 第八章
# WTO 上诉机构的危机与改革

## 第一节　WTO 上诉机构的危机

### 一、WTO 上诉机构的停摆危机与发展动态

#### （一）WTO 上诉机构的停摆危机

争端解决机制一直被誉为 WTO“皇冠上的明珠”，[①]而上诉机构是争端解决机构的重要组成部分。WTO《关于争端解决规则与程序的谅解》(DSU)的达成无异一个奇迹，它完美地融合了强制管辖权、独立和公正的裁决者、上诉复审和具有约束力的裁决等，在解决成员间争端的所有国际机制中，它无疑是独一无二的。[②]然而，2019 年 12 月 11 日，WTO 上诉机构首次遭遇“停摆”，上诉机构作为 WTO 争端解决机制的重要组成部分和关键环节，其“停摆”必然影响到整个争端解决机制发

① Peter D. Sutherland, “Concluding the Uruguay Round—Creating the New Architecture of Trade for the Global Economy”, *Fordham International Law Journal*, Vol.24, No.1, 2000, p.26.

② Peter Van den Bossche:《告别演讲：“历史不会原谅那些造成 WTO 争端解决机制崩溃的人”》，彭德雷译，载《国际经济法学刊》2019 年第 4 期，第 6 页。

挥作用。世贸组织前上诉机构主席彼得·范登博舍(Peter Vanden Bossche)甚至指出,一旦上诉机构瘫痪,败诉方在多数情况下将对一审阶段的专家组裁决报告提出上诉,从而阻止该裁决生效。①

更遗憾的是,上诉机构何时能恢复其审判功能,仍然存在不确定性。2020 年 1 月 27 日,WTO 召开的最新一次争端解决机构会议上,墨西哥代表 WTO 中 164 个成员中的 120 个成员发言,再次提出关于尽快启动上诉机构法官(成员)遴选程序的建议,但继续遭到美国代表的反对。美国认为,当前 WTO 系统性问题仍未得到解决,反对上诉机构法官的遴选。②然而,根据 2020 年《WTO 年度报告》统计,上诉机构截至 2019 年已受理上诉案件共计 178 起,这充分体现出上诉机构在解决经贸争端中的重要地位。中国作为 WTO 多边贸易体制的维护者和争端解决机制的积极实践者,一套有效的经贸争端解决体系对其至关重要。③

**(二)WTO 上诉机构近期发展动态**

WTO 上诉机构"停摆"的直接原因是美国不同意上诉机构法官的补选,由此导致目前上诉机构法官只剩下 1 人的局面,低于需 3 名法官共同审理一起案件的法律要求。事实上,上诉机构危机在 2016 年初就初现端倪。2016 年 5 月 31 日,中国籍法官张月姣任期(2008—2012,2012—2016)届满,需要增补新成员;同一时间,韩国籍上诉机构法官张胜和(Seung Wha Chang)第一届任期(2012—2016)届满,需要考虑其连任问题。然而,美国却一反常态告知争端解决机构主席,不支持张胜和连任。美国称,该名法官未能很好地履行职责,上诉机构法官的连任

① Peter Van den Bossche:《告别演讲:"历史不会原谅那些造成 WTO 争端解决机制崩溃的人"》,彭德雷译,载《国际经济法学刊》2019 年第 4 期,第 6 页。

② https://www.wto.org/english/news_e/news20_e/dsb_27jan20_e.htm;杨海泉:《美国再次阻挠相关提案 世贸组织上诉机构"法官"遴选陷入僵局》,载《经济日报》2020 年 1 月 28 日。

③ 关于争端解决机制的讨论,可参见胡加祥:《TPP 争端解决机制研究——以 WTO 争端解决机制为比较视角》,载《上海交通大学学报》2017 年第 2 期,第 50 页。

并非“自动”，WTO成员有权反对某一人选的连任。①

上诉机构的危机由此开始显露。上诉机构一位法官由于其裁决而不能连任，因此受到广泛关注，一些上诉机构前任法官甚至联名发表“公开信”对美国的行为提出异议，指出上诉机构的裁决代表上诉机构的意见，而不应归结为某一个上诉机构法官，削弱上诉机构的公正与独立，不仅会令上诉机构的完整性遭受质疑，还会将整个WTO贸易体系置于危险境地。②在2016年11月23日争端解决机构例会上，最终决定推荐中国籍赵宏（任期为2016—2020）和韩国籍金炫宗（Hyun Chong Kim，任期为2016—2017）作为上诉机构的新任法官。③但是，不久由于金炫宗回国任贸易部长提前辞职，后续5名上诉机构法官彼得·范登博舍（任期为2009—2013，2013—2017）、斯旺森（Shree Servansing，任期为2014—2018），拉米雷斯·赫尔南德斯（Ricardo Ramírez-Hernández，任期为2009—2013、2013—2017）、巴提亚（Ujal Singh Bhatia，任期为2011—2015、2015—2019）、格拉汉姆（Thomas R.Graham，任期为2011—2015、2015—2019）陆续任期到期后，由此留下的空缺此后再也未能按期顺利补选，造成目前仅剩下1名上诉机构法官的局面。

## 二、WTO上诉机构的“六宗罪”

上诉机构的“停摆”与一些成员对其长期不满有关。当前，围绕WTO争端解决机制，特别是上诉机构的不满主要体现在以下六个方面。④

---

① 参见WTO：WT/DSB/M/379，在此之前，美国籍法官詹尼佛·希尔曼（Jennifer Hillman，2007—2011）也未能获得连任，美国认为在某些案件中该法官未能很好地维护其立场，参见Kuijper，Pieter Jan，“From the Board：The US Attack on the WTO Appellate Body”，*Legal Issues of Economic Integration*，Vol.45，No.1，2018，pp.1—2。

② WTO members debate appointment/reappointment of Appellate Body members，23 May 2016，https://www.wto.org/english/news_e/news16_e/dsb_23may16_e.htm，针对美国反对张胜和连任，13位前上诉机构法官给WTO争端解决机构主席联名写信，对美国的上述行为表示严重担忧。

③ 参见WTO官方文件，WT/DSB/M/389。

④ WTO General Council，Informal Process on Matters Related to the Functioning of the Appellate Body—Report by the Facilitator，H.E. Dr. David Walker，JOB/GC/217，8 May 2019.

第一，越权裁判（Overreach）。美国认为，一些上诉机构的裁判增加了成员的条约义务或减损了成员的条约权利。例如，在某些案件中，裁决报告对“归零措施”的认定、对“公共机构”的解释等存在不妥。①美国认为，上诉机构不能借用上诉程序来修改 WTO 协定，影响 WTO 成员在条约上所享有的权利或承担的义务。第二，“遵循先例”（Precedent）。一些成员认为，上诉机构裁决本身并非成员所同意的文本，上诉机构在司法实践中使裁决发挥先例的作用，并约束了专家组成员的案件审理，这缺乏依据。②第三，混淆审理中的“事实与法律”问题。上诉机构的一些裁决将 WTO 成员国内措施的含义作为法律问题进行审查和解释，而不承认其属于不应受制于上诉审查的事实问题。同时，上诉机构在审查国内措施时，亦不采纳专家组对其的事实认定。第四，在裁决中发表“咨询意见”（Advisory Opinions）。有些上诉机构法官发表并非解决争端所必需的意见，由此也导致审期延误。例如，在 2016 年 5 月 23 日的争端解决机构的会议陈述上，美国指出：上诉机构并不是一个学术机构，不应该按照自己的学术兴趣来处理一些问题；③美国进一步指出，正如此前上诉机构的一些裁判所言，专家组和上诉机构都不应该扮演“造法”的角色，从而导致在现有的文本之外解决争端。④第五，案件“超期审理”。例如，根据《关于争端解决规则与程序的谅解》规定，上诉审查的期限是 90 天，但是不少案件的审理都超过了 90 天，且不再与当事方协商，而只是向争端解决机构通报。第六，上诉机构法官存在“超期服役”的情形。在实践中，上诉机构法官任期结束后继续审理现有案

---

① The latest iteration was the US-EU-Japan joint statement of 14 January 2020, see https://ustr.gov/about-us/policy-offices/press-office/press-releases/2020/january/joint-statement-trilateral-meeting-trade-ministers-japan-united-states-and-european-union.

② 对上诉机构关于先前案例的论述，可参见 *Mexico—Stainless Steel*, *WT/DS344/AB/R*, para.160。

③ Statement by the United States at the Meeting of the WTO Dispute Settlement Body Geneva, May 23, 2016.

④ *US—Wool Shirts and Blouses(AB)*, WT/DS33/AB/R & Corr.1, at 19.

件，缺乏法律依据，其能否继续审理案件决定权在争端解决机构，而不在上诉机构本身。总之，以上为美国不满上诉机构的主要理由。

## 三、主要成员关于上诉机构的改革倡议

针对上诉机构“停摆”和美国提出的关切，包括欧盟、加拿大、中国和印度等成员给予积极关注，并提出一系列改革倡议。①核心要点主要涵盖以下方面：第一，离任上诉机构人员的过渡性规则。倡议提出，即将离任的上诉机构人员应(Shall)完成对在其任期内已经举行听证而未裁决的争端。第二，90天审期问题。在实践中，如果上诉机构预见到审理将超过90天审期，上诉机构应提前与各方协商。同时，上诉机构可建议各方聚焦上诉范围，对各方上诉提交的材料作出指示性页数限制。②第三，国内法作为事实问题。倡议指出专家组报告中所涉及的法律问题以及法律解释，不应包括专家组关于一方国内法措施的认定。第四，咨询意见。建议上诉机构在必要的范围内解决争端各方上诉时提出的问题。第五，先例问题。建议上诉机构（通过争端解决机构）和WTO成员一同举行年度会议，为上诉机构和各成员提供一个额外的“交流渠道”，就上诉机构的某些行为模式、系统性或司法性问题表达意见。

另外，欧盟、中国、印度和黑山共和国4个成员还就上诉机构人员独立性等提出相关改革倡议。③一是上诉机构人员独立性。建议为上诉机构人员提供一届但更长的(6—8年)任期，以增强上诉机构及其人员的独立性。二是上诉机构报告发布效率。建议将上诉机构的任职人数从7名增加到9名，并建议增加上诉机构秘书处的资源，以提供更多的行政和法律支持，确保报告质量和及时散发。三是上诉机构人员甄

① Communication from the European Union, China, Canada, India, Norway, New Zealand, Switzerland, Australia, Republic of Korea, Iceland, Singapore, Mexico, Costa Rica and Montenegro to the General Council, WT/GC/W/752/Rev.2.

② 与此同时，还可以采取适当措施缩短上诉机构报告，可能包括仅以上诉时的语言发布报告，以期符合90天审期的规定，其他语言翻译以及报告散发可在随后进行。

③ Communication from the European Union, China, India and Montenegro to the General Council, WT/GC/W/753/Rev.1.

选。建议明确规定替换离任的上诉机构人员的甄选程序应不迟于特定期限，例如，在离任人员任期届满的前六个月。此外，日本、巴西、泰国、洪都拉斯[①]以及最不发达成员等，[②]都单独或者联合其他成员就上诉机构改革提出了相关建议。

上述总理事会《关于上诉机构运转决定》的草案，其结构内容基本是参照美国的六大关切来组织安排的，很大程度上体现出对各成员尤其是对美国关切的回应。同时，增加了“争端解决定期对话机制”的创新性举措，以便及时解决成员的关切，防止相关问题得不到及时解决。不过，该草案目前仍因美国阻挠未能获得通过。

## 第二节 上诉机构停摆后争端解决的路径

### 一、上诉机构“停摆”争端解决的四种可能路径

由于美国对上诉机构积怨已深，短期内恐难恢复运作。综合现有国内外分析和讨论，后续争端解决总体面临四种解决路径的可能。[③]第一，争端一方继续行使上诉权利。实践中，如果一方继续上诉，将导致一审专家组裁决报告的法律效力“悬而未决”，这不利于案件的胜诉方以及争端最终解决。第二，各方不行使上诉权利。双方约定对专家组

---

① In Formal Process on Matters Related to the Functioning of the Appellate Body, Communication from Japan and Australia, WT/GC/W/768, 18 April 2019; Guidelines for the Work of Panels and the Appellate Body, Communication from Brazil, WT/GC/W/767, 28 March 2019; General Council Decision on the Dispute Settlement System of WTO, Communication from Thailand, WT/GC/W/769, 26 April 2019.

② LDC Views on WTO Reform Discussions and Proposals, JOB/GC/223, 6 December 2019.

③ 相关讨论，还可参见 Joost Pauwelyn, “WTO Dispute Settlement Post 2019: What to Expect?” *Journal of International Economic Law*, Vol. 22, No. 3, 2019, pp.297—321。

裁决报告互不上诉[1]或在报告发布后双方放弃上诉[2]，使得专家组裁判结果自动生效，但该情形取决于双方意愿，不确定性较强。[3]第三，采取仲裁替代方案。在现有 WTO 框架下，依据 WTO《关于争端解决规则与程序的谅解》(DSU)第 25 条采取仲裁方式，临时替代现有的上诉机制。目前欧盟与加拿大、欧盟与挪威已通过双边声明，拟采取此种方式。与此同时，2020 年 1 月 24 日，又有 14 个成员加入采取该种方式的倡议探讨。[4]第四，暂停审理。依据 DSU 第 12.12 条，在专家组裁决报告公布前提请专家组暂停案件的审理，案件结果外界无法知悉。目前，中欧非市场经济地位(替代国计算方法案)案(DS516)即属该种情形。[5]

## 二、上诉机构危机解决路径梳理与评析

围绕上诉机构危机，一些国内外学者提出相关解决路径，以下就关注较多的“仲裁方式”“投票”以及“重建争端解决机制”进行梳理与评析。

### (一) 仲裁方式

通过仲裁方式解决上诉机构的危机，当前受到热议。一些国外学者，如斯科特·安德森(Scott Anderson)等人提出可考虑将 DSU 第 25 条规定的仲裁作为专家组裁决的上诉替代机制。[6]根据这一方案，在专

---

① 关于这类提前约定的案例，可参见 Indonesia—Safeguard on Certain Iron or Steel Products, Understanding Between Indonesia and Viet Nam Regarding Procedures Under Arts 21 and 22 of the DSU, WT/DS496/14(27 March 2019)。

② 例如，在最近澳大利亚与印度尼西亚 A4 纸反倾销措施案件中双方便达成互不上诉的谅解。See *Panel Report*, *Australia—Anti-dumping Measures on A4 Copy Paper*, WT/DS529/R(adopted 27 January 2020).

③ 有关论述还可参见胡加祥：《上诉机构“停摆”之后的 WTO 争端解决机制何去何从》，载《国际经贸探索》2020 年第 1 期，第 6—7 页。

④ Statement by Ministers, Davos, Switzerland, 24 January 2020, https://trade.ec.europa.eu/doclib/docs/2020/january/tradoc_158596.pdf.

⑤ European Union—Measures Related to Price Comparison Methodologies—Communication from the Panel, WT/DS516/13, 17 June 2019.

⑥ Scott Andersen et al., Using Arbitration under Article 25 of the DSU to Ensure the Availability of Appeals, Centre for Trade and Economic Integration(CTEI), *Working Paper*, CTEI-2017-17, https://repository.graduateinstitute.ch/record/295745.

家组报告发布后，争端双方可通过仲裁的方式进行上诉，仲裁员的名单可以包含现任或已卸任的上诉机构法官。对此，国内也有学者，从中国视角对采取仲裁解决“停摆”危机进行了较为深入的分析。具体而言他们认为，首先，我国可与有意向的 WTO 成员尝试订立双边仲裁协议，约定将争端提交仲裁解决。其次，针对我们目前在专家组阶段审理的案件，可与争端方商讨在个案基础上达成协议提起上诉仲裁。最后，如果上诉机构因美国阻挠停止运作，我国应主动发挥建设性作用，联合具有相同意愿的 WTO 成员组成“争端解决挚友”，引领诸边《仲裁协定》的谈判，在仲裁解决贸易争端的系统规则设定上发挥更多主动权和话语权，为仲裁解决贸易争端提供系统性的制度构建，取代临时或逐案达成的提交仲裁协议。[①]当前，关于仲裁的方案也引起一些成员的关注和响应，2020 年 1 月 24 日达沃斯世界经济论坛期间，世贸组织 14 个成员声明有意参加该临时方案的讨论，完善世贸组织纠纷解决机制以应对当前危机。[②]值得关注的是关于仲裁机制的设计，目前欧盟与加拿大[③]、欧盟与挪威[④]达成的仲裁协议提供了一个参考模式。当前，这一模式也引起一些成员的关注和响应，2020 年 1 月 24 日达沃斯世界经济论坛期间，世贸组织 17 个成员声明有意参加该临时方案的讨论，完善世贸组织纠纷解决机制以应对当前危机，[⑤]相关成员于 3 月 27 日达成

① 石静霞、白芳艳：《应对 WTO 上诉机构危机：基于仲裁解决贸易争端的角度》，载《国际贸易问题》2019 年第 4 期，第 16 页、第 33 页；石静霞：《世界贸易组织上诉机构的危机与改革》，载《法商研究》2019 年第 3 期，第 159—163 页。

② European Commission, EU and 16 WTO Members Agree to Work Together on an Interim Appeal Arbitration Arrangement, 24 Jan. 2020, https://trade.ec.europa.eu/doclib/press/index.cfm?id=2106.

③ Canada and the European Union, Interim Appeal Arbitration Pursuant to Article 25 of the DSU, 25 July 2019, https://trade.ec.europa.eu/doclib/docs/2019/july/tradoc_158273.pdf.

④ The European Union and Norway, Interim Appeal Arbitration Pursuant to Article 25 of the DSU, 21 October 2019, available at: https://trade.ec.europa.eu/doclib/docs/2019/october/tradoc_158394.pdf.

⑤ European Commission, EU and 16 WTO Members Agree to Work Together on an Interim Appeal Arbitration Arrangement, 24 Jan. 2020, https://trade.ec.europa.eu/doclib/press/index.cfm?id=2106.

并公布《多方临时上诉仲裁安排》(MPIA),①以下进一步分析。

## (二)投票方式

在前上诉机构法官詹尼佛·希尔曼看来,采取投票的方式解决上诉机构危机是相对危险的一种方式,因为这会打破WTO长期以来协商一致的决策传统,甚至在上诉机构法官的任命上引发合法性危机。②但也有学者提出,如果上诉机构"停摆"得不到解决,为了打破美国的桎梏,启动投票制度遴选上诉机构法官并不违反WTO现行规则,并具有相当程度的可行性。③从现有法律看,尽管(DSU)第2.4条明确规定争端解决机构应按协商一致的方式作出决定。④但《WTO协定》第9.1条规定,"……除非另有规定,如无法经协商一致作出决定,则争论中的事项应通过投票决定"。⑤同时,《WTO协定》第16.3条还特别规定"在本协定的条款与任何多边贸易协定的条款产生抵触时,应以本协定的条款为准",据此,WTO争端解决机构采用投票制度,具有法律依据,⑥这为投票解决上诉机构法官遴选提供了可能。针对投票制度的具体实施,有学者进一步指出,首先,可将上诉机构法官的任命事项纳入总理会的议程,如果总理事会协议一直通过,则皆大欢喜;其次,如果有成员继续阻碍,则可以依据上述法律规定,采取投票表决方式通过上诉机构法官的任命。⑦

---

① See Multi-Party Interim Appeal Arbitration Arrangement Pursuant to Article 25 of the DSU, 27 March 2020.

② Jennifer Hillman, "Three Approaches to Fixing the Appellate Body: The Good, the Bad and the Ugly?" pp. 8—9, https://www.law.georgetown.edu/wp-content/uploads/2018/12/Hillman-Good-Bad-Ugly-Fix-to-WTO-AB.pdf.

③ P.J. Kuijper, "From the Board: The US Attack on the WTO Appellate Body", *Legal Issues of Economic Integration*, Vol.45, 2018, pp.10—12.房东:《解决WTO上诉机构危机:启动投票制度的初步设想》,载《国际经济法学刊》2019年第4期,第17—23页。

④ DSU第2.4条:如本谅解的规则和程序规定由DSB作出决定,则DSB应经协商一致作出决定。

⑤ 参见《世贸组织协定》第9条。

⑥ Jennifer Hillman, "Three Approaches to Fixing the Appellate Body: The Good, the Bad and the Ugly?" pp. 8—9, https://www.law.georgetown.edu/wp-content/uploads/2018/12/Hillman-Good-Bad-Ugly-Fix-to-WTO-AB.pdf.

⑦ 相关具体论述,还可参考Henry Gao, "Disruptive Construction or Constructive Destruction? Reflections on the Appellate Body Crisis", C. Lo et al. (eds.), The Appellate Body of the WTO and Its Reform, Springer, pp.235—236。

尽管《WTO协定》第9.1条涵盖了投票制度，但在世贸组织的实践中几乎没有适用，一个重要原因在于所谓的“协商一致”在多边贸易体制中沿袭已久，它体现了对各个成员权利的充分尊重。①当前一些成员之所以有所顾虑，或是不希望在目前情况下进一步激化成员之间的分歧，甚至刺激美国退出世贸组织。当然，如果有些国家一直恶意阻挠，致使上诉机构法官遴选问题上长期无法达成协商一致，启动投票制度也是一种最后的底线方式。

**（三）重新建立一套争端机制**

为打破现有僵局，还有学者提出了一个大胆的设想，探讨以大型协定的方式设立新的上诉机构，并且该协定不作为WTO体系内的诸边协定，参与成员之间的谈判达成即可，无须考虑非参与方意见。②在该方案下，原有专家组程序不受影响，接受该诸边上诉机构的WTO成员可自行选择加入，反之则可不加入，加入者可选择向该诸边上诉机构就一审专家组报告提起上诉。③不过，这一方案仍然存在两个问题：一是在具体案件中，争端双方可能存在一方加入、一方未加入该诸边协定的情形，由此上诉案件仍只能由原上诉机构审理；二是在一个时期内，可能会形成两个上诉机构并存的局面。④

总之，对于学者提出的仲裁、投票或者另设一套争端解决机制，都必须考虑的问题是：当前美国重要经贸地位，一套不包括美国在内的争端解决机制的局限性不言自明。截至2019年底，美国在WTO中的案件，共计279起，其中原告124起，被告155起，占据所有案件数量（共593起）的47%。同时，应该看到启动新一轮的规则谈判难度较大，截

---

① 房东：《解决WTO上诉机构危机：启动投票制度的初步设想》，载《国际经济法学刊》2019年第4期，第22页。

② 孔庆江：《一个解决WTO上诉机构僵局的设想》，载《清华法学》2019年第4期，第198—205页。

③ Kong Qingjiang & Guo Shuai, “Towards a Mega-Plurilateral Dispute Settlement Mechanism for the WTO?” *Journal of World Trade*, Vol.53, 2019, pp.273—292.

④ 房东：《解决WTO上诉机构危机：启动投票制度的初步设想》，载《国际经济法学刊》2019年第4期，第20页。

至目前世贸组织中有近90个成员并未直接参与过争端解决，可能无心参与新的争端解决规则的制定。从中国的视角而言，目前中国在专家组阶段的7起案件，除一起与欧盟暂停审理的案件外（DS516），其他均为与美国的争端，这些争端通过仲裁解决几乎没有可能性，对此下面将作具体分析。当然，也正是因为这些现实因素，导致上诉机构危机长期陷入僵局，甚至可以说在一定程度上被美国“绑架”。

# 第三节 中国视角下WTO上诉机构危机的应对

自中国2001年入世以来，在世贸组织中参与案件共计65起（原告21起，被告44起），已超过印度56起（原告24起，被告32起）、巴西49起（原告33起，被告16起），仅次于美国279起（原告124起，被告155起）、欧盟190起（原告104起，被告86起）。[①]中国作为全球第二大经济体，已经成为争端解决机制的积极运用者和重要参与者。如何应对上诉机构“停摆”危机，对中国意义重大。

## 一、妥善解决现存WTO贸易争端

### （一）妥善解决中国已有贸易争端，尤其是中美贸易争端

首先，世贸组织下中美经贸争端是当前面临的主要矛盾，中国应对上诉机构危机应着眼这一现实。现阶段，中国在WTO共有13起争端，其中与美争端为8起，约占三分之二。由于美国是造成本次上诉机构“停摆”的直接原因，短期内美国不太可能选择采取新的上诉机构替代方案，仲裁替代方案在实践中的价值仍然有限。当前上诉阶段

① 参见WTO官网：https://www.wto.org/english/tratop_e/dispu_e/dispu_by_country_e.htm。

无中国案件，短期内中国仍有缓冲时间。据统计，目前上诉阶段在审案件共 15 起，除 4 起已召开听证会需继续完成审理外，其余 11 起因法官不足无法完成后续审理。由于现阶段中国暂无上诉案件，上诉机构“停摆”短期内对中国影响相对有限，同时为中国应对该危机提供了缓冲机会。

中国在磋商阶段涉及争端共 7 起，其中 3 起是中美贸易战背景下中国诉美国关税措施案。其他分别是欧盟和巴西各诉中国 1 起，加拿大诉中国 2 起。其中与欧盟技术转让争端案（DS549），中国《外商投资法》已经明确规定“不得利用行政手段强制转让技术”，双方主要争议基本解决。与巴西的糖案（DS568）以及与加拿大纤维素纸浆案（DS483）和油菜籽案（DS589），均是涉及具体产品和措施而非体制性的争议，仍有磋商解决的可能。其次，专家组阶段涉及中国贸易争端共 6 起，其中 4 起为中美相关关税措施案（中国作为原告 3 起，被告 1 起）。此外，剩余 2 起案件中国诉欧盟替代国计算措施案（DS516），以及美国诉中国知识产权保护措施案（DS542）已申请暂停审理，重启可能性较小，因此主要工作仍是处理好中美贸易争端。以下为中国作为被告磋商案件（共 4 起）和专家组案件（共 2 起）。

**表 8-1　中国作为被诉方（被告）磋商阶段案件**

| 争议名称 | 申诉方 | 磋商请求日期 | 有争议的协定 |
|---|---|---|---|
| 中国—油菜籽案（DS589） | 加拿大 | 2019 年 9 月 9 日 | 《关税与贸易总协定》《卫生与植物卫生检疫协定》《贸易便利化协定》等 |
| 中国—糖案（DS568） | 巴　西 | 2018 年 10 月 16 日 | 《中国加入议定书》《农业协定》《关税与贸易总协定》《保障措施协定》等 |
| 中国—纤维素纸浆案（DS483） | 加拿大 | 2018 年 9 月 11 日 | 《反倾销协定》《关税与贸易总协定》等 |
| 中国—技术转让案（DS549） | 欧　盟 | 2018 年 12 月 20 日 | 《关税与贸易总协定》《与贸易有关的知识产权协定》等 |

表 8-2 中国为被诉方(被告)专家组阶段案件

| 争议名称 | 申诉方 | 专家组成立时间 | 有争议的协定 | 现 状 |
|---|---|---|---|---|
| 中国—知识产权案(DS542) | 美 国 | 2018年11月21日 | 《与贸易有关的知识产权协议》 | 根据《谅解协议》第12.12条,专家组暂停审理(WT/DS542/10) |
| 中国—产品附加税案(DS558) | 美 国 | 2018年11月21日 | 《关税与贸易总协定》等 | 专家组预计将在2020年下半年向各方发布最终报告(WT/DS558/4) |

## (二)防止美国借上诉机构“停摆”使裁决结果“悬而未决”

截至2020年2月1日,美国在世贸组织中现有争端共有35起,其中被告27起,原告8起,美国作为被诉方比例超过77%(其中上诉阶段5起均为被告,且已就4起提起上诉;专家组阶段15起作为被告、8起作为原告;磋商阶段7起均为被告)。鉴于该现实,短期内美国启动遴选上诉机构法官的动机并不强烈。从历史数据分析看,WTO争端解决中原告胜诉比例约为90%,就此而言,原告对重启上诉机构的期待更大。同时,由于美国仍有大量贸易争端,因此中国可在上诉机构“停摆”背景下,进一步关注美国采用何种方式解决上述争端。以下是中国作为原告磋商案件(共3起)和专家组案件(共4起)。

表 8-3 中国为申诉方(原告)的磋商阶段案件

| 争议名称 | 磋商请求日期 | 有争议的协定 |
|---|---|---|
| 美国—商品关税措施 III(DS587) | 2019年9月2日 | 《关于争端解决规则与程序的谅解》《关税与贸易总协定》 |
| 美国—商品关税措施 II(DS565) | 2018年8月23日 | 《关于争端解决规则与程序的谅解》《关税与贸易总协定》 |
| 美国—可再生能源(DS563) | 2018年8月14日 | 《关税与贸易总协定》《补贴与反补贴措施协定》《与贸易有关的投资措施协定》 |

**表 8-4　中国为申诉方(原告)的专家组阶段案件**

| 争议名称 | 专家组成立时间 | 有争议的协定 | 现　　状 |
|---|---|---|---|
| 欧盟—价格比较措施案(DS516) | 2017 年 4 月 3 日 | 《中国加入议定书》《反倾销协定》《关税与贸易总协定》 | 2019 年 6 月 14 日,专家组暂停本案审理(WT/DS516/13) |
| 美国—对中国商品的关税措施案(DS543) | 2019 年 1 月 28 日 | 《关于争端解决规则与程序的谅解》《关税与贸易总协定》 | 正在进行中 |
| 美国—光伏保障措施案(DS562) | 2019 年 8 月 15 日 | 《关税与贸易总协定》《保障措施协定》等 | 正在进行中 |
| 美国—钢铁和铝措施(DS544) | 2018 年 11 月 21 日 | 《关税与贸易总协定》《保障措施协定》等 | 专家组预计不早于 2020 年秋季向各方发布最终报告 |

### (三) 充分评估中美第一阶段协议对中美经贸的争端的影响

如上所述,当前世贸组织下部分中美关税措施案都是前期中美贸易战的集中反映,是中国维护自身权利所采取的反制措施。当前《中美经贸协定》达成,使得两国经贸关系在一定程度上得到缓和。值得注意的是,该协定设置了"双边评估和争端解决"一章,并专门设立双边评估和争端解决办公室,争端按照"指定官员——副部长(副代表)——副总理(贸易代表)——中止减让义务或采取补救措施"递进模式,[①]这使双方在世贸组织中的争端得到一定控制。但是,另一方面也需要注意,即围绕该协定的后续执行是否会产生更多的争端,这些争端包括中美之间的争端以及来自其他成员可能基于最惠国待遇提起的争端。

另一个值得关注的方面是《中美经贸协定》对 WTO 争端解决机制的潜在影响。该协定下的争端机制并非旨在建立独立的争端解决机制,相反,其意图是鼓励双方通过谈判解决争端。由于协定中进一步规定了各方的义务,尤其对中国而言,不能排除后续双方的一些争议将主要围绕中国对协议的实施。针对中国的在协定实施过程的异议,美国最可能采取的反制措施是恢复关税,中国也可能采取相应的反制措施,

① 参见 2020 年《中美经济贸易协议》第七章(双边评估和争端解决)。

由此中美在世贸组织下可能产生新的贸易争端。

## 二、利用临时上诉仲裁机制解决与部分贸易争端

2020年3月27日欧盟和中国等16个成员达成《多方临时上诉仲裁安排》,相比起达沃斯部长级声明的成员,少了韩国和巴拿马,增加了中国香港。《多方临时上诉仲裁安排》除正文外,还包含两个附件:《DSX号争端解决中根据DSU第25条仲裁的议定程序》和《根据文件JOB/DSB/1/ADD.12第4段的仲裁员库组成》。《多方临时上诉仲裁安排》正文主要涵盖序言、该安排的适用条件、适用程序、仲裁员组成、资源和管理、中期评审等。附件1是关于临时仲裁的具体程序,如期限规定等,附件2则是关于仲裁员的提名遴选、资质要求和组成等规定。①

从入世后中国争端解决的历史看,中国仅与美国、欧盟、加拿大、墨西哥、日本和巴西、危地马拉7个成员发生过争端,具体参见表8-5。值得注意的是,《多方临时上诉仲裁安排》的16个成员中,已经涵盖欧盟、加拿大、墨西哥、巴西、危地马拉这些曾和中国发生争端的成员。因此,后续针对与上述成员尤其是与欧盟、加拿大之间的上诉案件,可以借助该机制解决相互间的上诉争端。

当前以及后续一段时期内,需要重点关注该机制的实际落实及在具体实施中可能存在的问题。这主要包括:首先,需确保来自中国的合格仲裁员的推选和提名,并做好第一批仲裁员库中10位仲裁员的遴选工作。其次,关于这一临时机制的实施保障,这包括具体运作中资金来源、行政人员的支持等,在后续可能还需要进一步探讨有效的落实方案。此外,理论和实务界需要进一步熟悉和加强对该规则的研究,包括这一机制与现有WTO上诉机制的关系协调等,以为中国在后续规则中的实际运用提供有效支撑。

---

① See Annex 1 Agreed Procedures for Arbitration Under Article 25 of the DSU in Dispute DS X, Annex 2 Composition of the Pool of Arbitrators Pursuant to Paragraph 4 of Communication JOB/DSB/1/ADD.12.

**表 8-5　中国 WTO 争端案例成员分布**

| 成员 | 美国 | 欧盟 | 加拿大 | 墨西哥 | 日本 | 巴西 | 危地马拉 | 合计 |
|---|---|---|---|---|---|---|---|---|
| 原告案件 | 23 | 9 | 4 | 4 | 2 | 1 | 1 | 44 |
| 被告案件 | 16 | 5 | 0 | 0 | 0 | 0 | 0 | 21 |

## 三、推进上诉机构尽快恢复有效运转

### （一）上诉机构乃至 WTO 改革仍是需要持续关注的优先议题

从历史上看，中国在世贸组织作为案件原告的上诉率为 64%，作为被告的上诉率为 47%。①可见，上诉机构对解决中国涉外经贸纠纷具有积极的重要意义，对中国而言，长期目标仍然是推动现有上诉机构重新发挥作用，巩固国际法治的力量。正如《多方临时上诉仲裁安排》所强调，该机制仅是作为临时安排。同时，其在序言指出“决心致力于将与全体 WTO 成员一起寻求上诉机构相关情况的持久改进作为优先问题，并尽早启动遴选程序以使其恢复《关于争端解决规则与程序的谅解》所规定的功能”。当前，美国、日本、韩国、俄罗斯和印度均未加入该项临时安排，然而，美国与近 45 个成员发生争端，欧盟则与近 30 个成员存在贸易争端。②一个没有美国参与的临时性安排其不足也是显而易见的。坚持和维护多边贸易主义是中国的一贯立场，应避免当前贸易治理体系形成的碎片化趋势，从而导致治理成本上升，因此对中国而言，上诉机构改革仍是需要持续关注的优先议题。

同时，即便上诉机构一定时期内无法摆脱危机，仍应谨慎采取投票方式。尽管 WTO 共 164 个成员中已有 120 个要求启动上诉机构法官的遴选程序，但目前仅有 74 个成员运用过争端解决机制（不含第三方身份），总数不到一半。各成员对争端解决机制的需求不同，因此其立场也存在差异。是否启用投票方式直接补选上诉机构法官，仍然需要

---

① 笔者根据 WTO 案例数据库进行的统计，截至 2019 年 12 月 31 日，https://www.wto.org/english/tratop_e/dispu_e/dispustats_e.htm。

② WTO 官网：https://www.wto.org/english/tratop_e/dispu_e/dispu_by_country_e.htm。

多数成员的政治共识，投票只是作为最后的底线应对方式。2019 年 1 月起，新西兰大使戴维·沃克(David Walker)以协调人的身份，一直在协助总理事会主席推动集中讨论上诉机构问题的非正式进程，解决与上诉机构有关的问题需要世贸组织所有成员的政治承诺。①

事实上，2020 年，解决上诉机构危机仍然存在一些窗口期和关键点。一是 WTO 第 12 届部长级会议(MC12)原定于 2020 年 6 月 8 日—11 日在哈萨克斯坦首都努尔苏丹举行，会议将重点讨论世贸组织以及上诉机构改革。不过，由于受全球新冠肺炎疫情的影响，部长级会议被迫推迟。第二个是 2020 年 11 月 20 日，即现有最后一个上诉机构中国籍成员到期，如果那时仍未就上诉机构改革达成任何协议，则意味着上诉机构彻底"消亡"。对中国而言，也意味着中国籍成员将无法连任，这是中国需要特别考虑的一个问题。另外，后续值得关注的两个事件是 2020 年 11 月美国总统大选以及下一任世贸组织总干事的竞选。目前全球主要精力聚焦在抗击疫情，以及世贸组织的总干事竞选，这些都影响到当前上诉机构危机的化解，需要对此作好心理准备。与此同时，后续一系列相关的现象也值得长期关注。例如，有多少 WTO 成员将加入《多方临时上诉仲裁安排》，这种仲裁替代的机制的实际效果如何。实践中，是否会有成员真的上诉到已经"停摆"的上诉机构，这种做法是否会遭到另一方的报复；针对当前情况，WTO 成员尤其是美国等是否会继续向 WTO 提出起诉；是否会有一些成员转而诉诸双边或诸边自贸区协定(FTA)解决经贸争端等。②这些后续都值得观察留意。

### (二) 美国并非根本排斥上诉机制，上诉机构"停摆"不符合其长期利益

尽管上诉机构遭遇"停摆"是由其直接造成，但理性分析，不能说明美国在国际争端解决中对上诉机制的彻底否定，WTO 上诉机构"停摆"

① 赵宏撰：《2018 年世贸组织上诉机构的发展与挑战》，管健译，载《国际经济法学刊》2019 年第 4 期，第 2—3 页。

② Joost Pauwelyn, WTO Dispute Settlement Post 2019: What to Expect, *Journal of International Economic Law*, 2019, 22, pp.320—321.

不符合美国长远利益。如1995—2018年，美国作为原告围绕42起一审裁决，就其中28起提起上诉，上诉率为67%。[①]与此同时，在国际经贸投资纠纷的解决中，美国并不是彻底排斥上诉机制。在国际投资领域，例如，2012年《美国双边投资协定》范本保留了关于上诉机制的相关条款，[②]并在与新加坡、智利等的自由贸易协定中纳入上诉条款。事实上，美国早在其2002年出台的《贸易促进授权法案》中，就要求美国对外签订自由贸易协定时须“考虑建立一个上诉机构或类似机制以促进协定之解释与适用的一致性”。[③]此外，尽管美欧《跨大西洋贸易与投资伙伴协定》(TTIP)谈判目前停滞，但其早期谈判文本也已涵盖投资争端上诉机制的相关条款。[④]欧盟则是一直倡导在国际经贸投资领域增设上诉机构并付诸实践，例如2016年《欧盟与越南自由贸易协定》率先纳入了国际投资法庭机制的内容，2016年《加拿大与欧盟贸易协定》再次纳入常设投资法庭及上诉机制内容。[⑤]可见，美欧等对国际争端中上诉机制设计总体上是持支持态度。

在今后WTO司法裁判实践中，中国还可以联合其他成员在司法上积极运用现有争端解决机制，尝试通过司法实践增加其加入上诉机构改革谈判的可能性。截至2019年12月底，除已经暂停的美国诉中国知识产权保护措施案(DS542)，美国仍然有7起作为原告的案件正处在专家组审理阶段。在实践中，如果“停摆”问题长期得不到解决，一些成员可以考虑在美一审胜诉的案件中，提起上诉使该裁决难以生效，使其同样承受上诉机构“停摆”带来的不稳定后果。或者可以考虑

---

① 笔者根据WTO案例数据库进行的统计，截至2019年12月31日，同上。

② 朱明新：《美式新旧双边投资协定范本比较研究》，载《北方法学》2015年第6期，第86—87页。

③ 刘笋：《建立国际投资仲裁的上诉机制问题析评》，载《现代法学》2009年第9期，第122—130页。

④ https://trade.ec.europa.eu/doclib/docs/2015/november/tradoc_153955.pdf, Transatlantic Trade and Investment Partnership, Chapter II—Investment, Section 3—Resolution of Investment Disputes and Investment Court System.

⑤ 汪梅清、吴岚：《欧盟主导的投资法庭上诉机制及其对中欧投资争端解决机制的借鉴意义》，载《国际商务研究》2019年第6期，第71—79页。

参考前述欧美的反制措施，如果美国故意上诉使得一审裁决无法生效，其他成员可以采取反制措施。在司法实践中，一定程度上使美国意识到如果缺少上诉机构，美国将不能使用争端机制对主要贸易伙伴行使其权利，由此可能引起美国国内对上诉机构的态度，以推动多边贸易体系下“皇冠上的明珠”重新发挥作用。

## 四、处理好上诉机构改革中的局部与整体的关系

上诉机构“停摆”反映出美国对现行部分WTO体制的不满。在中美双边经贸关系暂时缓和的背景下，美国后续必将试图主导WTO改革，这是各方博弈的下一个主战场。例如，有美国贸易代表甚至在国会作证时指出，上诉机构法官问题是其促使WTO改革的唯一筹码。因此，仍要防止美国借题发挥，有意将上诉机构改革与WTO整体性改革，乃至中国国内改革捆绑。一些学者提出以“仲裁”“启动投票”等方案解决当前危机，尽管具有一定合理性，但都容易忽视两个现实：一是中美贸易争端仍然是中国面临的长期主要矛盾；二是美国不仅仅关注上诉机构，而是借世贸组织及上诉机构改革，就中国市场经济问题、国有企业、产业政策、技术转让、汇率政策等提出一系列诉求。要防止美国以点带面，借助阻止上诉机构人员遴选，就WTO改革提出不合理的诉求，进而迫使中国进行不合理的结构性改革。为此，关于上诉机构的危机的解决，还要树立全局意识，需要与WTO改革、中美贸易谈判等综合考虑。应处理好局部与整体的关系，处理好上诉机构改革与WTO改革的关系，为经济发展营造良好的外部环境，以避免国际贸易秩序回到“丛林法则”。

**附：对《关于争端解决规则与程序的谅解》部分条款的修订**①

《关于争端解决规则与程序的谅解》(DSU)第17条应作如下修订：

---

① 本部分内容主要参考：WT/GC/W/752, Communication from The European Union, China, Canada, India, Norway, New Zealand, Switzerland, Australia, Republic of Korea, Iceland, Singapore and Mexico to The General Council, 26 November 2018。

1. 应在第 2 段增加以下规定:“离任人员应当完成处理已召开听证会的上诉。”

2. 第 5 段应修订如下:“诉讼程序自一争端方正式通知其上诉决定之日起至上诉机构散发其报告之日止通常不得超过 60 天。在决定其时间表时,上诉机构应考虑第 4 条第 9 款的规定(如有关)。当上诉机构认为不能在 60 天内提交报告时,应书面通知。DSB 迟延的原因及提交报告的估计期限。但该诉讼程序决不能超过 90 天,除非争端方依据上诉机构的建议另有议定。争端方应对上诉机构的建议给予同情考虑。在争端方未达成一致的情况下,如果上诉机构认为其无法在 90 天内提交报告,其应在与各争端方磋商后,向各方提议具体程序或工作安排,并在不减损各方在本协定项下的程序性权利和义务的前提下,采纳合适的组织性措施,目标是使上诉机构能够在该期限内提交报告。争端方应当合作使上诉机构在 90 天内散发报告。”

3. 在第 6 段中插入“脚注 7 之二”如下:“为了更加明确,‘专家组报告涉及的法律问题和专家组所作的法律解释’不包括专家组对一方国内措施含义的裁定,但包括专家组对其在涵盖协定项下法律定性的裁定。”

4. 第 12 段应修订如下:“上诉机构应在上诉程序中,在解决争端所必要的范围内,处理依照第 6 款提出的每一问题。”

5. 应插入第 15 段。第 15 段的前面分标题是“与上诉机构的会议”,具体内容如下:

“与上诉机构的会议,每年,DSB 应在上诉机构成员在场的情况下召开会议。在这些会议上,任何成员均可就已通过的上诉机构报告发表意见。会议应向所有成员开放。成员的行为应当尊重上诉机构的独立性和公正性。DSB 应当根据 DSB 主席的建议,并经与上诉机构磋商,通过适用于此类会议的规则。”

# 第九章
# 中国涉诉案例的指导及国内制度完善

## 第一节　加强涉外重大决策的合规性机制建设

为追求“同案同判”的自然正义，促进法律适用的统一，各国创设之制度，只要承认前案判决对后案判决具有或强或弱的约束力，从法律功能主义视角出发，均可广义称之为“判例制度”。①WTO 争端解决案例主要围绕的是成员所实施的措施，这种措施包括法律、行政法规、规章、地方性法规和文件，有时甚至是成员的司法裁判。

在我国国内，已经建立了初步的案例指导制度。2010 年，为总结审判经验，统一法律适用，提高审判质量，维护司法公正，最高人民法院发布了《关于案例指导工作的规定》，就开展案例指导工作。《规定》第 2 条指出：“本规定所称指导性案例，是指裁判已经发生法律效力，并符合以下条件的案例：(一)社会广泛关注的；(二)法律规定比较原则的；

① 参见[德]茨威格特、克茨：《比较法总论》，潘汉典等译，法律出版社 2003 年版，第 377 页。另见宋晓：《判例生成与中国案例指导制度》，载《法学研究》2011 年第 4 期，第 58 页。

(三)具有典型性的;(四)疑难复杂或者新类型的;(五)其他具有指导作用的案例。”[①]此外,最高人民法院设立案例指导工作办公室,负责指导性案例的遴选、审查和报审工作。中国指导性案例的生成,不区分法院体系和审级制度,鼓励各级法院和社会各界人士,从全国各级法院审理的海量案例中,最后由最高人民法院负责指导性案例的遴选发布。[②]和国内案例指导制度不同,世贸组织是由政府间的成员组成,除了公布案件裁决结果,并没有一个统一的机构将案件遴选出来作为指导性案例。尽管如此,WTO 典型案例仍然具有重要现实价值,甚至影响着成员国内政策的制定和具体实践。

## 一、涉外贸易措施审查的必要性

随着西方政府对华单边贸易保护主义行为的不断升级,中美、中欧贸易摩擦日益激烈,我国在 WTO 争端的被诉和败诉情况近年均有明显增加。这与美欧等国的贸易保护主义抬头有关,但同时,我国地方政府有关贸易政策出台前的审查机制不健全也是其中一个重要原因。例如,由于少数地方政府出台不符合世贸规则的补贴措施,导致世贸成员国对我国提起反补贴调查,对我国某些产品的生产和贸易造成了很大影响。

对中国参与 WTO 争端解决机制的案件进行研究,可以发现中国被诉案件中,大多数针对的是中国的经济政策,如集成电路增值税案中,针对的是中国的 WIPI 标准;汽车零部件争端案中,针对的是进口车避税规定;知识产权保护和音像制品案中,针对的是文化产业政策等。

早在加入世贸组织前后,中国就开始建立法律规范出台前的审查制度。2000 年出台的《立法法》和 2001 年出台的《行政法规制定程序条例》《规章制定程序条例》,都对相关法律规范出台前的审查作出了明确规定。2010 年,《国务院关于加强法治政府建设的意见》要求健全规

① 最高人民法院《关于案例指导工作的规定》,2010 年 11 月 26 日,法发[2010]51 号。

② 宋晓:《判例生成与中国案例指导制度》,载《法学研究》2011 年第 4 期,第 73 页。

范性文件制定程序，明确“未经公开征求意见、合法性审查、集体讨论的，不得发布施行”。全国31个省市自治区和不少国务院部门都建立了规范性文件前置审查制度，但鲜见“与世贸规则是否一致进行审查”的规定。在实践中，是否审查本地区、本部门出台的措施与世贸规则一致，取决于该地区、该部门的重视程度和审查机构的工作人员对世贸规则和相关知识的了解掌握程度。当前，我国只有辽宁省、天津市、甘肃省等省级政府以及本溪市、抚顺市、苏州市、无锡市等地级市明确规定，在规章制定过程中对是否符合世界贸易组织规则进行审查。可见，从全国范围的角度而言，我国法律规范出台前的审查制度仍然很不健全。

传统上，中国应对规制措施违规风险及争端主要有两个路径。一是事前自我合规的纠正机制。例如，入世以来，中央政府清理法律法规和部门规章2 300多件，地方政府清理地方性政策法规19万多件，覆盖贸易和投资等各领域。①特别是，2014年国务院印发《关于进一步加强贸易政策合规工作的通知》，要求各级政府在拟定贸易政策的过程中，对照WTO协定及入世承诺进行合规性评估。2016年以来，国务院开始实施完善规范性文件合法性审查试点，建立规范性文件合法性审查机制，增强公共政策制定透明度和公众参与度。②这些合规性机制有效地防范了违规风险的发生。二是在争端中，援引例外规则进行抗辩。具体表现为援引GATT第20条款（一般例外）、第21条（安全例外）和GATS第14条（一般例外）等，但WTO裁决先例表明，如果存在更小程度限制贸易的替代措施，则被诉措施难以满足“必要性”要求，抗辩往往难以被采纳。③

因此建议各级政府、部门在有关经济政策的出台过程中，应将与世贸规则是否一致作为必须审查的事项。要高度重视重大决策合法合规

---

①② 参见《中国与世界贸易组织》，人民出版社2018年6月，第4页。

③ Simon Lester, Bryan Mercurio, Arwel Davies and Kara Leitner, World Trade Law: Text, Materials and Commentary, Hart Publishing, 2008, p. 383, China-Rare Earths, WT/DS431/R, WT/DS432/R, WT/DS433/R, 26 March 2014, paras.7.3.2.1, 7.3.2.2, European Communities-Asbestos and Asbestos-Containing Products, WT/DS135/AB/R, 5 April 2001, paras.168, pp.172—174.

性审查，加强组织领导，确保决策于法有据、合法合规。要建立健全工作机制，界定审查范围，规范审查流程，创新审查方式，强化审查力量，确保按照时限要求，实现重大决策合法合规性审查全覆盖。

## 二、涉外贸易措施审查的有法可依

2014年《国务院办公厅关于进一步加强贸易政策合规工作的通知》明确规定，国务院部门或地方政策制定的直接影响进口的8项政策措施、直接影响出口的7项政策措施、其他影响贸易的10政策措施中，涉及国务院有关部门制定的贸易政策，由商务部商有关部门研究提出合规性书面意见，抄送国务院法制办公室，有关部门做好相关后续工作；涉及地方人民政府及其部门制定的贸易政策，由商务部商有关部门提出合规性书面意见，并告知有关省、自治区、直辖市人民政府，抄送国务院法制办公室，有关地方人民政府做好相关后续工作。

同年，商务部公布了《贸易政策合规工作实施办法（试行）》，《办法》共19条，明确了《办法》制定的依据和目的、贸易政策涵盖范围、合规性的界定、适用主体、对现行的和拟议中的贸易政策提出合规问题的有关要求和程序、商务部的职责范畴及办理合规问题的程序及时限规定等内容，努力提高受理WTO成员所提问题的透明度和工作效率。同时明确了商务部与地方各级人民政府在贸易政策合规工作中的关系是地方各级人民政府及其部门拟定贸易政策过程中的合规工作，由各省、自治区、直辖市人民政府根据要求，参照《办法》，自行组织开展。但为确保全国贸易政策统一实施，商务部在必要情况下将接受各部门和各省、自治区、直辖市人民政府就相关贸易政策是否合规向其提出的咨询或征求意见，并对地方合规工作给予指导。①

2018年4月10日，中国国家主席习近平出席博鳌亚洲论坛2018年年会开幕式，他在主旨演讲中强调，加强知识产权保护是完善产权保

① 《贸易政策合规工作实施办法（试行）》，国办发〔2014〕29号，http://www.mofcom.gov.cn/article/b/e/201412/20141200833105.shtml。

护制度最重要内容，也是提高中国经济竞争力最大的激励。将重新组建国家知识产权局，完善执法力量，加大执法力度，把违法成本显著提上去，把法律威慑作用充分发挥出来。

针对中美贸易摩擦，美国“301 调查”将矛头直指中国知识产权保护不力和强制转让技术。但中国在知识产权保护方面一直在不断地努力和完善，中国政府始终高度重视知识产权保护，成效有目共睹。中国相关的企业和市场也在保护知识产权方面开展了大量工作，取得了积极成效。据统计，2017 年前三季度，全国行政执法机关查处侵权假冒案件 11 万余件，公安机关破获案件 9 800 多件，检察机关起诉案件 9 024 件，审判机关审结 8 300 余件。

新近，国务院办公厅还印发《知识产权对外转让有关工作办法》（试行）①，明确了涉及国家安全的知识产权对外转让相关规定。《办法》指出，依据国家安全、对外贸易、知识产权等相关法律法规，分别对审查范围、审查内容、审查机制和其他事项进行了规定。对技术出口、外国投资者并购境内企业等活动中涉及国家安全的知识产权对外转让行为进行审查，相关主管部门应当制定审查细则，明确审查材料、审查流程、审查时限、工作责任等。

同时，推进专利法等相关法律法规修订工作，大幅提高知识产权侵权法定赔偿上限。严厉打击侵权假冒行为，加大对外商投资企业反映较多的侵犯商业秘密、商标恶意抢注和商业标识混淆不正当竞争、专利侵权假冒、网络盗版侵权等知识产权侵权违法行为的惩治力度。严格履行我国加入世界贸易组织承诺，外商投资过程中技术合作的条件由投资各方议定，各级人民政府工作人员不得利用行政手段强制技术转让。加强维权援助和纠纷仲裁调解，推进纠纷仲裁调解试点工作，推动完善知识产权保护体系。②

---

① 《知识产权对外转让有关工作办法（试行）》，国办发〔2018〕19 号，http://www.gov.cn/zhengce/content/2018-03/29/content_5278276.htm。

② 参见《国务院关于积极有效利用外资，推动经济高质量发展若干措施的通知》（国发〔2018〕19 号），http://www.gov.cn/zhengce/content/2018-06/15/content_5298972.htm。

此外，新一轮全球化是基于规则的全球化，我们在推进全球化的时候面临严峻挑战，企业应强化合规管理，迎接全球竞争新规则的挑战。中国政府积极引导企业在海外守法经营、履行企业社会责任，支持企业按照商业原则和国际惯例开展对外投资合作。中国积极推动境外投资持续合理有序健康发展，有效防范各类风险。国资委发布《中央企业合规管理指引（试行）》①，明确企业合规管理职责、合规管理重点、合规管理运行、合规管理保障。企业要合规经营，政府要合规行政，强化合规成为全国企业的关注点，中国企业"走出去"面临严峻的合规风险。合规管理是现代企业一项核心的风险管理活动。有数十家中国企业进入世界银行的黑名单，主要原因是违反了世行采购指南的条款。这些案例说明，合规风险已成为中国企业国际化发展面临的核心风险。新的全球规则不仅要求企业合规经营，还要求政府合规行政。

特别需要指出的是，2018 年 12 月 26 日全国人大发布的《中华人民共和国外商投资法（草案）》，将原来的第 22 条"国家依法保护外国投资者和外商投资企业的知识产权，保护知识产权权利人和相关权利人的合法权益，鼓励基于自愿原则和商业规则开展技术合作"改为"外商投资过程中技术合作的条件由投资各方协商确定，行政机关及其工作人员不得利用行政手段强制转让技术"，②进一步明令禁止行政机关及其工作人员强制转让技术的行为，有利于当前中美经贸中的技术转让争议的解决。

## 三、积极完善法律制度，改善营商环境

关于外资环境及制度安排问题，中国将通过进一步扩大开放，加大外商投资企业的合法权益保护，加强对外商投资企业的服务，努力为外

---

① 参见《中央企业合规管理指引（试行）》（国资发法规〔2018〕106 号），http://www.sasac.gov.cn/n2588035/c9804413/content.html。

② 参见《中华人民共和国外商投资法（草案）》，2018 年 12 月 26 日。

商营造公开、透明和可预期的投资环境。在自贸试验区对外商投资试点实行准入前国民待遇加负面清单管理模式，取得良好效果。2015年8月出台《关于深化国有企业改革的指导意见》，明确国有企业改革应坚持社会主义市场经济改革方向。中国政府高度重视国有企业公平、公正参与市场竞争。国有企业在获取资金、破产和竞争立法方面与其他企业使用相同的规则和法律。

目前，中国正在总结自贸试验区试点经验，这些成功的经验最终将在全国范围内实施。①此外，在贸易政策审议中，中国还传递了积极的改革信号，如向各个成员表达，中国积极推动“一带一路”倡议，中国政府发布《推动共建丝绸之路经济带和21世纪海上丝绸之路的愿景与行动》；同时，积极推动自贸试验区建设，除上海外，2015年又在广东、天津、福建设立三个自贸试验区；2017年，又有辽宁自贸区、浙江自贸区、河南自贸区、湖北自贸区、重庆自贸区、四川自贸区、陕西自贸区揭牌成立；同时，上海自贸试验区实施的负面清单中的特别管理措施也不断减少，以营造良好的外部投资环境。②

2019年3月，十三届全国人大二次会议通过《外商投资法》，从整体上构建起我国外商投资法律制度的“四梁八柱”，是我国进一步扩大开放举措中一项重要的制度性安排，相信对进一步改善中国国际营商环境，将发挥重要的积极作用，有助于推进营商环境法治化、便利化和国际化。《外商投资法》以顶层设计的方式提出国家实行高水平投资自由化便利化政策，建立和完善外商投资促进机制，营造稳定、透明、可预期和公平竞争的市场环境。这将为建设法治化的营商环境提供法律依据和制度保障。《外商投资法》规定“国家对外商投资者的投资不实行征收”，这些都与国际通行做法保持一致，有助于改善提升营商环境，让外商投资者有长期稳定的投资预期，吃上“定

① 商务部世贸司:《世贸组织对中国第六次贸易政策审议顺利结束》，http://sms.mofcom.gov.cn/article/u/aa/201607/20160701368264.shtml，2017-07-05。

② 商务部世贸司:《王受文就世贸组织对华贸易政策审议接受采访》，http://sms.mofcom.gov.cn/article/u/aa/201607/20160701368267.shtml，2017-07-05。

心丸”。①

当前，美国对华出口产品加征关税必然导致在华相关企业成本上升，同时其实施的国内减税政策将导致部分企业回流或转移至第三国，这将对中国国内经济和产业结构造成影响。因此，中国应保证现有改革成果，继续深化国内改革开放举措，加强制度性、结构性安排，促进更高水平和更高质量的对外开放，扩大外资市场准入、更大力度加强知识产权保护，营造法治化、国际化和便利化的国际营商环境，留住优质外资企业。

## 第二节　重视公私合作在争端解决中的作用

### 一、企业在 WTO 争端解决中的参与

WTO 争端案件的成败都事关成千上万家企业的未来发展。同时，国家层面大量的案件参与，必须要得到企业强有力的支持和配合，深化企业内部改革，也是减少纠纷发生的有效途径。“所有的贸易争端，背后都蕴藏无数企业的身影。”但一直以来，学界对贸易争端解决多锁定在政府层面。事实上，在国际贸易争端中，政府扮演的是“代理人”角色，而企业则是贸易利害关系承载的真正主体。通过前期实证基础性的研究发现：与多边贸易体系政府的参与形成互补，很多企业也在积极地参与多边贸易体系的立法和司法等活动，尽管有些参与活动是间接的。以企业的海外司法救济为例，不少企业正在积极地开展维权，其中较为典型的是不少企业借助美国法院和欧洲法院等司法机构进行海外司法救济。

① 相关论述，可参见阎海峰、彭德雷：《〈外商投资法〉是打造国际一流营商环境重要制度性安排》，载《第一财经》2019 年 4 月 29 日。

传统上，社会学家往往一分为二地区分政府和市民社会，即公私二分法。这种二分法放入到国际关系理论中，往往导致私营部门被忽略，而聚焦于国与国之间的互动上。在一些案例中则是聚焦在国家以及其创设的国际组织间的互动上。①无疑，在世贸组织背景下，只有国家可以在WTO争端解决机制下提出诉讼，私营部门只能依靠国家来代表他们的利益。在多边贸易救济中，私营体（企业）往往雇用法律专家帮助解决法律争议；同时，由于其掌握商界的重要信息，可以为法律诉讼提供事实基础；而公共权力则能够使利用的资源更加广泛。简而言之，公共和私营部门相互地依赖于彼此来完成各自的目标。②

## 二、美国公私伙伴关系的具体实施

首先，企业与贸易协会协调。例如，在美国华盛顿，几乎存在所有商品的贸易协会，现已有超过23 000个国家级协会和64 000个区域、州和本地协会。③在一个行业中，如果不是一个或两个公司控制了整个行业，公司可以通过贸易协会协调它们的行动，并增加挑战外国贸易限制的机会，公司以行业组织的形式出现，更能代表广大行业的利益，同时也能获得国家更多的支持。

其次，公私之间的信息交换。要想说服美国贸易代表办公室向世贸组织提交诉讼，公司通常需要向美国贸易代表办公室提供案件的详细和有说服力的事实资料，因为建立一个强有力的法律诉讼需要私营企业与美国贸易代表办公室之间进行密集的信息交换。美国贸易代表办公室的资源有限，特别是对于一个成功的WTO诉讼，需要汇编和组织大量的事实资料，因此需要企业的协助，因为公司最了解目标国的市场准入和贸易限制，以及对他们经营的不利影响。④

---

① Shaffer, Gregory, The Public and the Private in International Trade Litigation (August 16, 2002). Available at SSRN: https://ssrn.com/abstract=531183, p.10.

② 同上，Shaffer, p.15。

③ Ronald Shaiko, Lobbying in Washington: A Contemporary Perspective, in The Interest Group Connection: Electioneering, Lobbying, and Policymaking in Washington 7 (Paul S. Herrnson et al, eds., 1999).

④ 同前引，Shaffer, p.33。

再次,在世界贸易组织诉讼。如果美国贸易代表办公室和行业协会协商后,决定在 WTO 争端解决机制下提交诉讼,政府和受影响的行业会不断加强在信息交换方面的合作。例如,美国贸易代表办公室经常要求行业提交有说服力的事实和法律备忘录,作为提起 WTO 诉讼的先决条件。举例来说:在韩国酒类案件中,美国贸易代表办公室要求在提起 WTO 诉讼前,由行业代表提供酒吧照片、检查网站和广告,并且为其准备详细的市场分析。①随着 WTO 案例在现实上和法律上变得更加复杂,私营企业在 WTO 争端中的角色越来越重要。在许多案例中,最初案件的简明事实部分全部由私营部门的律师撰写,对于法律分析部分,私营部门的律师将会和美国贸易代表办公室的律师见面,这一合作过程贯穿于法律论证和法律适用分析的整个过程,双方就案件的具体分析撰写概要和备忘录。②

## 三、多边贸易体制下欧盟的公私伙伴关系

欧盟贸易总司(European Commission's Trade Directorate General, DGTRADE)是负责 WTO 纠纷的统一机构。③一些重要的 WTO 争端案件,如欧盟诉美国钢铁保障措施案、欧盟诉美国 301 条款案等,都是在欧盟的主导下进行的,并且企业在其中发挥了重要的作用。此外,欧盟域内的行业协会自主性非常强。统计表明,在欧盟委员会发动的反倾销调查中,90%是行业协会或委员会等组织代表企业提出申诉,企业直接发起的仅有 10%。欧盟企业选择行业协会"代言",主要原因是行业协会影响力大,与欧盟委员会关系密切,熟悉反倾销法规及运作,还可整合行业力量,满足发起反倾销调查所需的涉及企业产量占欧盟总产量 25%的要求。比如,在钢铁行业,欧洲钢铁业协会和钢铁保护委

---

① Ronald Shaiko, Lobbying in Washington: A Contemporary Perspective, in The Interest Group Connection: Electioneering, Lobbying, and Policymaking in Washington 7 (Paul S.Herrnson et al, eds., 1999), Shaffer, p.44.

② 同前引,Shaffer, p.46。

③ 欧盟委员会网站:http://ec.europa.eu/trade/,访问日期 2017 年 9 月 20 日。

员会，近十年就23次成功推动欧盟委员会对外来钢产品实施反倾销；在化工领域，欧洲化肥制造业协会代表其成员，15次成功推动欧盟对尿素和硝酸铵征收反倾销税。①在这方面，中国尤其需要向欧盟学习，实践中，当主管部门向行业协会征集贸易信息、建议时，行业协会应该积极予以合作协助。

除了欧盟或美国内部的公私伙伴关系外，还存在一种跨国公私合作伙伴关系，即国内企业与外国官员的合作。在政府间合作停止的情况下，公司可能绕过自己的政府，而与其他辖区的公共机构建立直接联系，形成跨境公私合作关系。因此，要在WTO体系中有效地诉讼，政府官员需要企业及其法定代表人提供的具体信息，政府力求与贸易事业建立更好的工作关系；反之，私营企业的参与有助于公职人员使用公法更有效率。②无疑，美国和欧盟的公私伙伴关系是较为成功的典范，其建立的相对完善的贸易壁垒应对机制，维护其在多边贸易体制中的合法权益，为其产业积极开拓海外市场的做法，对完善我国的贸易壁垒应对机制，具有十分重要的借鉴意义。

## 四、多边贸易体制下印度的参与法律实践

### （一）多边贸易体制下印度国内主体参与的合作机制

尽管印度总体经济实力和中国有一定的差距，但是印度在世贸组织中的表现毫不逊色于中国，③印度在世贸组织中的参与态度正由被动参与到积极利用。印度工商部（DOC）是印度对外贸易的主管部门。自1989年起，在印度工商部内部设有贸易咨询委员会，作为一个专门机构负责印度对外贸易政策的决策咨询，工商部负责设有《WTO与印度》专业期刊，定期出版发行。④在驻外机构方面，印度驻日内瓦代表团

---

① 刘明札：《欧盟为何“钟爱”反倾销》，文新传媒官网，http://www.news365.com.cn/wxpd/wz/hqjj/201002/t20100212_2620864.htm，2017-09-20。

② 同前引，Shaffer，p.124。

③ 印度作为少数几个发展中国家之一，加入了《信息技术协定》，这主要和印度近几年来承接美国信息技术产品的国际竞争力增强密切相关。

④ 参见印度工商部官方网站：http://commerce.nic.in/index.asp=1，2017-07-05。

扩大编制，增加调研和谈判的力量，并积极向世贸组织提交阐述其立场和观点的文献。除工商部外，印度农业部和纺织部专设机构，研究产业应对政策。印度在1998年成立反倾销管理总局，充分利用WTO争端解决机制，处理贸易纠纷。①在贸易救济合作中，一方面，鼓励国内企业对进口国采取的倾销制裁进行积极应诉，并通过外交渠道予以援助。另一方面，对于其他成员的倾销行为，又进行果断回击，通过反倾销、反补贴和保障措施，维护自身的利益。在反倾销和保障措施调查方面，印度建立了一套基本稳定的程序，即“起诉—立案—调查—初裁—终裁—最终措施—司法审议”，以应对贸易摩擦。此外，印度还与国内的高等院校、研究机构、工业企业联合会和会计师事务所等保持紧密的联系，以强化WTO队伍和能力的建设。

### （二）多边贸易体制下印度应对贸易争端的结构框架

目前，印度有多个公共和私营部门实体，它们通常负责管理和解决对外贸易争端，参与这一进程的主要实体承担了具体的职能，印度应对贸易争端的结构框架如图9-1所示：

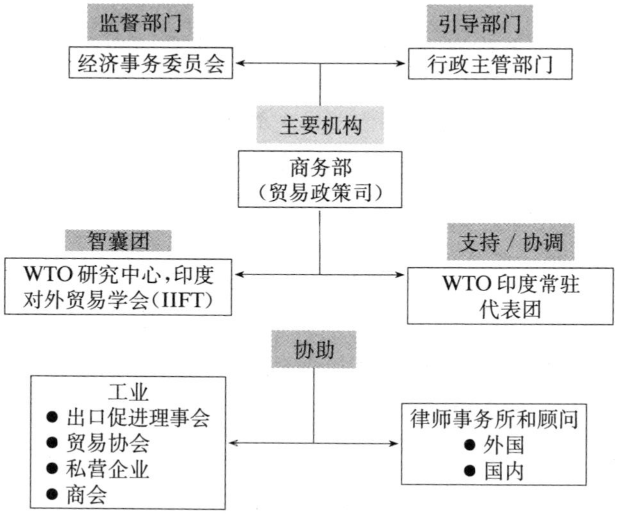


**图9-1 印度应对贸易争端的结构图**

① 张汉林等：《WTO主要成员贸易政策体系与对策研究》，经济科学出版社2009年版，第359页。

鉴于国际贸易和商业管理是印度法律规定的中央政府的特权，印度商务部主要负责处理国际贸易问题，包括解决对外贸易争端和争端。更确切地说，贸易政策司(TPD)负责协调私人部门，识别和调查纠纷和在世贸组织提出诉讼。①贸易政策司的官员应当与相关行政主管部门协调执行任务，这些部门可望在调查障碍和准备案件时向专家组提供专家协助。② WTO印度常驻代表团(PMI)也发挥了积极的作用，因为它向政府提供了有关WTO规则的信息，特别是在实质性、程序性和其他行政要求方面。③

WTO研究中心，是印度对外贸易协会(IIFT)的一个智囊团。它收集的信息和证据，组织推广活动和与私人部门的协商会议和分析贸易纠纷的合法性和范围。④视每个案件的性质和要求而定，该中心经常与政府或私营部门雇用的法律专业人员和专家顾问密切合作，该中心的区域办事处主要负责对在其区域管辖区内运作的私营部门进行协调。⑤出口促进委员会(EPCs)在解决争端方面发挥着重要作用，因为它们有望成为有关私营实体和政府部门之间的接口；它们是由印度政府设立和赞助的，通过会员会费、政府援助和其他来自行业成员的付款来资助它们的活动。在印度越来越多的私有化工业中，出口促进委员会一方面负责向私营部门传递政府的观点和决定，另一方面，它们负责整合私营部门的利益，并以部门的名义向政府代表它们。⑥

印度的工业界也由其他私营部门代表组成，如贸易协会、贸易合作社、工会和商会。⑦然而，印度相关经济部门没有很好的代表，因为在印度经济中许多部门的同业公会资源不够丰富或联系不紧密。小规模产

---

①②⑦　Amrita Bahri, India's Participation at the WTO Dispute Settlement Mechanism 7(1) TRADE L. & DEV.157(2015), pp.168—170.

③　参见印度驻WTO大使馆，http://pmindiaun.org/pages.php?id=6。

④　参见 http://wtocentre.iift.ac.in/ORP6.asp(last visited Sept.19, 2013), http://wtocentre.iift.ac.in/SHC, 2017-07-05。

⑤　参见印度对外贸易协会WTO研究中心，http://wtocentre.iift.ac.in/outreach, 2017-07-05。

⑥　参见印度工商部，http://commerce.nic.in/aboutus/aboutus_epc.asp, 2017-07-05。

业和小微企业(MSMEs)在印度经济中起着非常重要的作用,它们在过去几年增长迅速,由于其20世纪90年代前社会主义框架的残余,和为了促进印度各州经济的分散化发展,州政府鼓励小企业的形成和发展。它们还鼓励这些企业参加对外贸易活动,因此,它们占印度出口总额的百分之四十以上。然而,这些企业仍然需要一些组织代表其利益,①这或是中国和印度面临的类似问题。总之,印度上述公共和私营部门机构的设立,以及政府过去从事行业处理对外贸易争端的做法,已经产生了一套非正式程序。

除了利用WTO争端解决机制外,面对当前美国的贸易保护主义,中国还可利用美国国内行政和司法程序,减少贸易摩擦损失。例如,积极鼓励企业参与美国国内听证会,减少征税范围。受影响的中国企业,可联合美国相关利益企业参加美国听证会,争取将部分商品从征税名单中剔除。其次,借助美国国内司法程序,对美单边措施诉诸其国内法院。尽管美国政府单边措施频繁,但由于美国"三权分立"权力配置,因此中方受影响企业针对美国政府部门行政权力的滥用,可诉诸美国司法机构。目前,中方企业已经积累丰富的跨国诉讼经验,可继续采取此类方式维权。

## 第三节　利用贸易政策审议提前预警争端

WTO贸易政策审议涉及的主要文件包括《贸易政策审议秘书处报告》(Trade Policy Review Report by the Secretariat)、《贸易政策审

---

① Sultan Singh Jaswal(2014) "Problems & Prospects of Micro Small Medium Enterprises(MSME's) in India", International Journal of Innovative Research & Studies Vol.13(5), May 2014; R Narayan, Tackling problems of delayed payments in MSME sector, The Economic Times, July 6, 2015, http://articles.economictimes.indiatimes.com/2015-07-06/news/64142856_1_msmesector-msmes-kalraj-mishra-indian-micro, 2017-07-05.

议中国政府报告》(Trade Policy Review Report by China)以及《贸易政策审议问题回复》(Trade Policy Review Replies)等。[1]贸易审议几乎涉及中国政府各个部委的规章、政策,其中商务部和国家发改委是接受咨询最多的部门。[2]

## 一、利用贸易政策审议提前发现贸易摩擦的功能

以2015年12月美国诉中国飞机补贴案(DS501)为例,早在2012年世贸组织对中国的年度审议中,美国已就该问题提出过质疑。2011年中国提出发展"七大新兴战略性企业",这其中包括商业飞机制造业,在对中国的问题清单中,美国提出"中国是否已经或将会对包括飞机制造业在内的七大新兴战略产业进行补贴支持"。当时中国的回复是"对于商业飞机制造当前没有设置补贴项目和补贴计划,中国发展新能源和新材料等新兴产业是为了节约能源和保护环境"。[3]

此外,针对2008年成立的中国商飞,美国还提出了一系列的问题,诸如2009年中国商飞获得政府20亿美元的政府资金以发展ARJ21-700型飞机;中国工商银行承诺帮助中国商飞在其他国家出租飞机;此外中国航空工业集团为中国商飞提供25.7亿美元的贷款担保等。当时中国在贸易政策审议中的回复是"中国商飞属于自负盈亏的企业,工商银行以及中国航空工业集团行为属于市场导向下的自主行为"。[4]

同年,欧盟在贸易政策审议中也提出类似的关注,欧盟询问中国,

① 《贸易政策审议秘书处报告》《贸易政策审议中国政府报告》一般在审议会议之前发布,供各成员参考。《贸易政策审议问题回复》则在审议会议当天散发,供各成员参考。

② 审议涉及的部门众多,如商务部、发改委、财政部、工信部、农业部、社会保障部、住建部、铁道部、监察部、司法部、公安部、国土资源部、科技部、卫生部、交通部、最高院、最高检、版权局、工商总局、保监会、证监会、法制办、知识产权局、海关总署、邮政局、林业局、统计局、税务总局、质检总局、新闻出版署、广电总局、民航局、旅游局、能源局等。

③ Trade Policy Review Body, Record of the Meeting, Addendum, WT/TPR/M/264/Add.1, 22 August 2012, p.399.

④ 同前引,p.443。

“中国提交给秘书处的报告中指出，对于国内外进出口产品将实施统一的增值税”，但是根据《财政部国家税务总局关于国产支线飞机免征增值税的通知》(财税〔2000〕51 号)的规定，国产的支线却可以享受税收优惠，这明显是对国外生产的支线飞机的歧视(增值税为 17%)，中国能否进行解释？当时中国的回复是“注意到欧盟的关切，将与主管部门进行沟通”。①在 2014 年贸易政策审议中，加拿大和巴西也分别就商用飞机的税收政策以及销售和采购程序等提出一系列问题。②同时，在 2015 年《美国对华 WTO 合规性报告》中，美国指出中国对国产飞机进行相关的税收优惠，这对进口飞机产生了歧视，美国将就此在 2016 年与中国政府磋商此案。③最终，于 2015 年 12 月，美国就中国商用飞机补贴向 WTO 正式提出起诉，指控中国的相关税收措施违反了 GATT1994 第 3.2、3.4 条(国民待遇)、第 10.1 条(贸易法规的公布和实施)，以及违反《中国入世议定书》和《工作组报告书》的相关承诺。同时，欧盟、加拿大和日本申请加入本案的磋商。

因此，在贸易政策审议中，一些主要成员，如欧盟和美国提出的关键核心问题，都有可能在未来产生争端，属于国内规制措施的“预警”，需要中国及时做好准备工作。以 2016 年贸易政策审议为例，共收到 34 个成员提出的 1 964 个书面问题。这次审议所提问题创历史最高纪录，成员的关注主要集中在这些方面：贸易的非关税措施，如农产品的检验检疫标准、工业品的安全标准等；关心中国是否仍欢迎外资和对外投资政策；国有企业，成员关注是否得到补贴、是否受到政府支持、竞争是否公平等。④其中对很多问题的回复，都需要与企业进行密切合作。有关国有企业的问题，事实上，中国政府高度重视国有企业公平、公正

① Trade Policy Review Body, Record of the Meeting, Addendum, WT/TPR/M/264/Add.1, 22 August 2012, p.432.

② Trade Policy Review Body, Record of the Meeting, Addendum, WT/TPR/M/300/Add.1, 9 September 2014, pp.246—247, pp.373—374.

③ 2015 USTR Report to Congress on China's WTO Compliance, p.35.

④ 参见“王受文就世贸组织对华贸易政策审议接受采访”，http://sms.mofcom.gov.cn/article/tpxw/201607/20160701368555.shtml，2016 年 7 月 29 日。

参与市场竞争。有关负责人在对贸易政策审议时也回应称：国有企业在获取资金、破产和竞争立法方面，与其他企业适用相同的规则和法律，并不享有特权；产业政策仅对未来产业发展方向作出预期，并不确定需优先支持的产业，更不是政府干预经济的手段。①

## 二、利用贸易政策审议机制发现其他成员的违法措施

首先，政府部门可引导企业关注外国对中国的贸易政策审议。中国具体负责贸易政策审议的机构是商务部世界贸易司，在历次的审议中，世界贸易司可及时发布有关的审议报告、政府政策声明等材料，②并可就外国关注的一些问题，及时和相关主管部门、行业协会以及企业联系，引导相关主体参与贸易政策审议。其次，政府部门可积极引导企业参与对外国的贸易政策审议，有助于政府进一步了解中国企业在对欧盟、巴西贸易和投资过程中遇到的涉嫌违反世贸组织规则的壁垒和歧视性待遇，以及中方对其政策措施的关注和评论，世界贸易司公开向相关企业、行业协会、研究机构征询问题和评论意见等，充分发挥企业在贸易政策审议中的作用。③

随着中国经济地位的上升和对外出口的增加，中国与其他成员的贸易摩擦也日渐增多。我们在接受世贸组织对自己贸易政策审查和别的成员咨询的同时，也应该利用这一机制，在审议别的成员时，提出一些我们关注的问题。在这一过程中，中国政府和企业如何更好的合作，企业如何向政府传达自己的利益诉求，都是我们应该思考和向别人借鉴的。对中国贸易政策的审议应该唤起我国政府和企业对其他成员贸易政策评审的重视。正如有学者所言，擅用贸易政策评审机制，对企业

---

① 商务部世贸司：王受文副部长在世贸组织对中国第六次贸易政策审议第二次会议上的发言，2016 年 7 月 22 日，http://sms.mofcom.gov.cn/article/u/aa/201607/20160701368266.shtml。

② 商务部世界贸易司：《发布世贸组织 2016 年度贸易政策审议工作有关安排》，http://sms.mofcom.gov.cn/article/u/bb/201601/20160101241961.shtml。

③ 商务部世贸司：《关于征求对欧盟和巴西贸易政策审议关注和评论的通知》，http://sms.mofcom.gov.cn/article/u/bb/201706/20170602593051.shtml。

来说是一件性价比很高的事，评审涉及的报告文件，如秘书处报告等，是由秘书处资深经济学家负责起草，具有一定的权威性，这对我国企业具有极为重要的参考价值。①

## 第四节　完善国内法治化改革创新：以自贸区为例

中国自贸区建设是一次伟大的制度创新，法治化是自贸区建设的内涵和目标之一，是制度创新的基础和保障。从国际法的角度而言，自贸区的建设需要考虑世贸组织的法律义务，这其中包括履行 WTO 透明度原则、程序性要求和接受 WTO 贸易政策审议等。从国内法的角度而言，自贸区的制度创新需要以法律为基础，尽管自贸区的基本框架已初步形成，但随着国内自贸区发展的深化和推广，还需要不断完善国内的自贸区立法、司法和执法体系。同时，为保障自贸区建设的持续发展，需要考虑构建自贸区建设的法治评估机制，科学量化自贸区的法治建设，使得自贸区不仅是经济试验区，更是法治建设示范区。自贸区法治化的建设也将带动整个中国"依法治国"的实施，这也正是自贸区"可复制、可推广"的题中之意。为此，下文将围绕以下系列问题展开：第一，中国自贸区建设的法律依据与法律创新；第二，中国自贸区建设需要国际法规则（如 WTO 法）；第三，中国自贸区建设的法律完善；第四，中国自贸区建设的法治评估以及完善等。

新近，WTO 多边贸易谈判举步维艰，甚至有学者提出 WTO 体制出现了结构性而非阶段性矛盾。②尽管第九届世界贸易组织印度尼西

① 参见陈永梅：《WTO 贸易政策评审机制法律问题研究》，中国检察出版社 2009 年版，第 220 页。

② Cai Congyan, "Trans-Pacific Partnership (TPP) Agreement Negotiations and New Promise for the Multilateralizaticn of International Investment Law", *Journal of East Asia and International Law*, Vol.6, No.2, 2013.

亚部长级会议取得一定突破，但谈判前景依然坎坷。①与此同时，以美国为首的发达国家，以TPP（跨太平洋战略经济伙伴协定）和TTIP（跨大西洋贸易与投资伙伴协定）为主要平台，倡导建立高标准的全球投资规则体系，以图掌握制定全球多边投资规则的主导权。美国2012年《双边投资协定》（BIT）范本的推出，充分体现出其对投资领域的强烈关注。在新一轮以投资规则主导的经济全球化趋势下，中国欲参与投资贸易规则的谈判，就亟须调整现有的投资管理制度，以适应高标准的全球投资规则体系，与国际接轨。②可以说，中国自由贸易试验区（以下简称"自贸区"）正是在这一大变革背景下破土而出。

## 一、中国自贸区建设的法律依据与法律创新

### （一）自贸区创设的法律依据

1. 自贸区创设的宪法学与部门法依据

首先，从宪法学角度而言，我国《宪法》第89条和《立法法》第9条构成自贸区创设的基础性法律渊源，③为此，全国人民代表大会常务委员会授权国务院在上海设立自贸区，在区内对国家规定实施准入特别管理措施之外的外商投资，暂时调整有关法律规定的适用，这其中包括暂时调整《外资企业法》《中外合资经营企业法》和《中外合作经营企业法》在自贸区内的适用④。其次，从部门法的角度而言，2013年9月发布的《自贸区外商投资准入特别管理措施（负面清单）》（以下简称"《负

---

① http://www.wto.org/english/news_e/spra_e/spra4_e.htm，"Bali is just the start"—Azevêdo，访问日期2014年1月15日。

② 2014年1月14日，第11轮中美投资协定谈判在上海举行。其中"准入前国民待遇"和"负面清单"成为主要谈判焦点，而这两项正是自贸区的重大变革所在。参见商务部官网，http://www.mofcom.gov.cn/article/ae/ai/201401/20140100459143.shtml，2014-01-20。

③ 《宪法》第89条："国务院可以行使全国人民代表大会和全国人民代表大会常务委员会授予的其他职权。"《立法法》第9条规定："全国人民代表大会及其常务委员会有权作出决定，授权国务院可以根据实际需要，对其中的部分事项先制定行政法规。"

④ 参见《全国人民代表大会常务委员会关于授权国务院在中国自由贸易试验区暂时调整有关法律规定的行政审批的决定》。

面清单》”)，是以外商投资法（具体为“三资企业法”）、《总体方案》等为依据。需要强调的是，自贸区的投资还必须遵守国家安全和公共利益原则。如外资并购涉及国家安全审查、反垄断审查，同样要遵守反垄断法等法律规定。

2. 自贸区创设的国际法依据

中国自贸区是区域性特殊经济区（Special Economic Zones, SEZs）。尽管中国自贸区不属于 GATT 第 24 条规制的范围，①但是《中国加入议定书》对自贸区作了相应规定。《中国加入议定书》第 2 条规定：《WTO 协定》和本议定书的规定应适用于中国的全部关税领土，包括边境贸易地区、经济特区……以及其他在关税国内税和法规方面已建立特殊制度的地区（统称为“特殊经济区”）。特殊经济区的提出，为自贸区的建立提供了相应的国际法依据。因此，自贸区的创设符合 WTO 规则和中国的入世承诺。根据规定，自贸区采用“境内关外”的管理，推行“一线（国境）放开”“二线（关境）安全高效管住”的模式。②在世界范围，鹿特丹自贸区（欧洲）、纽约港和巴拿马科隆自贸区（美洲）、日本冲绳自贸区（亚洲）以及迪拜自贸区（中东）等，属于目前较为成功的自贸区。国内甚至将自贸区的设立比喻为一次“新的入世”，为此，理论界和实务界对自贸区的发展翘首以待。

**（二）自贸区法律制度创新**

首先，《负面清单》的模式转变及其误读。③在外商投资准入方面，中国实行的是“正面清单”管理模式（具体表现为《外商投资产业指导目

---

① GATT 第 24 条所指的自贸区是指国家（地区）间形成的贸易协定，如中国与新西兰、新加坡、瑞士等缔结自贸区协定。

② 中国自贸区更符合《关于协调和简化海关手续的国际公约》中的定义，即指“一国的部分领土，在这部分领土内运入的任何货物就进口关税及其他各税而言，被认为在关境以外，并免于实施惯常的海关监管制度”。See Annex D of the International Convention on the Harmonization and Simplification of Customs(revised in 1999).

③ 《负面清单》显现出中国开放的决心。据笔者向国外法学专家查证，诸如澳大利亚这样的发达国家在对外投资领域一没有统一的“负面清单”，只是对一些敏感领域作了相关限制规定。

录》),将投资产业分为鼓励类、限制类和禁止类,并且一直沿用至今。但似乎一切正在变化,2012年中国美国商会明确表示:"希望《外商投资目录》作为一项过时的政策工具不再使用。"①2013年第五轮中美战略与经济对话亦明确提出,未来中美投资协定将对包括准入环节的投资各个阶段提供国民待遇,并以《负面清单》模式为谈判基础。②这些正是中国采用《负面清单》准入模式的外部推力。《负面清单》以"特别管理措施"的方式对相关产业的投资进行了特殊规定,简言之,即"法不禁止则可为",但对此也常被误读,此中的"法"不仅仅是《负面清单》,即某项目即便未在《负面清单》中,但是违反了国家安全和公共利益的,同样受到限制。③

其次,从"准入后国民待遇"到"准入前国民待遇"的管理模式转变。在投资环境上,美国一直希望中国能简化其投资程序并将外国投资由核准制转为备案制。④我国目前实施的投资管理办法,采用的是"准入后国民待遇",而"准入前国民待遇"将国民待遇延伸至投资发生和建立前阶段,其核心是给予外资准入权,也即将对内外资的平等待遇扩大到准入权。自贸区对《负面清单》之外的投资领域实行准入前国民待遇,即企业的分立、合并或者其他重要事项变更,以及中外合作经营企业协议、合同、章程重大变更均由审批制调整为备案管理制(国务院规定对国内投资项目保留核准的除外)。总之,自贸区及其制度设计是在宪法和国内(国际)法基础上的一次创新突破。社会主义法制统一是我国宪法的一项重要原则,⑤在中国版图内单独划出一块地区,暂时调整适用某些法律,同时要保证制度创新的合法性和正当性,这本身就是一次法律创新实践。

①④ 江玮:《中国美国商会主席:希望不再使用外商投资目录》,载《21世纪经济报道》2012年5月9日,第8版。

② 参见2013年7月12日《第五轮中美战略与经济对话框架下经济对话联合成果情况说明》第2项:促进开放的贸易和投资。

③ 《负面清单》的前言说明中提到,禁止外商投资危害国家安全和社会安全的项目,禁止从事损害社会公共利益的经营活动。

⑤ 《宪法》第5条规定:"国家维护社会主义法制的统一和尊严。"

## 二、中国自贸区建设的国际法义务：以 WTO 法为例

深入开放需要以制度创新作支撑，而新制度也将产生相应的承诺和义务（当然也可能产生巨大的制度红利），因此有人甚至将自贸区的设立比喻成是中国的第二次“入世”。①在此，以 WTO 法为例，分析自贸区建设中需要考虑的 WTO 法义务。

### （一）WTO 透明度与程序义务

首先，新措施（Measures）的公告义务。《中国加入议定书》第 2 条（B）款规定，中国应将所有与其特殊经济区有关的法律、法规及其他措施通知 WTO，列明这些地区的名称，并指明界定这些地区的地理界线。在《中国加入工作组报告书》中，②中国代表指出，中国政府定期出版提供中国外贸体制信息的刊物（如《对外经济贸易年鉴》等），有关对外贸易的法律和法规以及规章均对外公布。此类法律、法规和规章可在《国务院公报》《中华人民共和国法律法规汇编》以及《外经贸部文告》中获得。因此，就加入 WTO 的承诺和义务而言，中国应注意与自贸区相关新措施（包括法律、法规和规章等）的及时公布。

其次，新措施通报义务。早在入世时，其他成员对特殊经济区便予以了特别关注，要求中国向 WTO 秘书处通知所有有关特殊经济区的相关法律、法规及其他措施。③工作组成员指出，有关中国关税领土内特殊经济区可获得的信息不充分，特别是与之有关的法律、法规及其他措施。同时，根据相关入世规定，中国应迅速，且无论如何应在 60 天内，将特殊经济区的任何增加或改变通知 WTO，包括与此有关的法律、法规及其他措施。④中国自贸区涉及外商投资者的重大利益，因此属于上述规定的规制范围内，同时在为企业提供优惠安排时，还应该注意遵

---

① 张晓通：“设立自贸区犹如‘第二次入世’”，http://news.xinhuanet.com/fortune/2013-09/30/c_125474304.htm，访问日期 2013 年 12 月 8 日。

② 参见《中国加入工作组报告书》第 335 段。

③ 参见《中国加入工作组报告书》第 218 段、225 段、226 段、228 段。

④ 参见《中国加入议定书》第 2 条（B）款第 1 项。

守非歧视和国民待遇。

最后，新措施的翻译义务。在《中国加入工作组报告书》中，①中国代表确认，中国将使 WTO 成员获得译成一种或多种 WTO 正式语言的所有有关或影响货物贸易、服务贸易、《与贸易有关的知识产权协定》(TRIPS)或外汇管制的法律、法规及其他措施，并将尽最大可能在实施或执行前，但无论如何不迟于实施或执行后 90 天使 WTO 成员可获得这些法律、法规及其他措施。根据透明度的要求，将相关的法律条文翻译成英文等，相比起其他成员来说，是中国特有的承诺，即所谓的"超 WTO 义务"。②就此而言，《负面清单》等似有翻译成英文的必要。从目前的现状来看，《总体方案》已经翻译成英文，从中也可以看出中国推进开放和与国际接轨的决心。③

**(二) 接受 WTO 贸易政策审议**

新近的一项调查统计显示，目前在 119 个发展中国家中有超过 2 300 个特殊经济区。④在 2008 年世贸组织对中国第二次贸易政策审议中，秘书处报告显示截至 2006 年，中国就有 660 个国家级特殊经济区和发展区，以及 1 346 家地方级发展区。⑤根据 WTO《贸易政策审议机制》的规定，由于中国经济总量处于世界前四位，因此 WTO 对中国每两年实施一次贸易政策审议，这也可以看作是大国特殊法律义务的补充。⑥可

---

① 参见《中国加入工作组报告书》第 334 段。

② See Julia Ya Qin, "WTO-Plus Obligations and Their Implications for the World Trade Organization Legal System: An Appraisal of the China Accession Protocol", *Journal of World Trade*, Vol.37, Issue 3, 2003, pp.483—522.

③ 自贸区《总体方案》英文版，可见自贸区官网：http://en.shftz.gov.cn/FrameworkPlan.html，2013-10-28。

④ See Gökhan Akinci and James Crittle, "Special Economic Zones: Performance, Lessons Learned, and Implications for Zone Development", The World Bank Group/FIAS, April 2008, p.23.

⑤ Trade Policy Review China, Report by the Secretariat, WT/TPR.S/199 (16 April 2008), Table AIII.5. Geneva: WTO.这些特殊经济区包括，出口加工区、经济技术开发区、经济合作区等。

⑥ 蔡从燕：《国际法上的大国问题》，载《法学研究》2012 年第 6 期。有关贸易政策审议机制的规定，参见 WTO《贸易政策审议机制》第 2 项。

以推断，在2014年WTO对华第五次贸易政策审议中，自贸区的相关法律政策将作为一项重要的内容接受各WTO成员的审议。贸易政策审议另一方面也是完善国内法制的好机会。从国际法的视角而言，保证自贸区法律政策的合规性可从以下方面着手。一方面，履行透明度义务，进行政策的公开和通报。另一方面，借对自贸区措施审议的机会，发现不足之处。最后，制定相应的计划并执行，修正可能存在违规之处。①

### （三）实施中可能存在的潜在纠纷

事实上，早在中国入世签订的相关协议中就出现过类似《负面清单》的承诺模式。《中国加入议定书》附件6中列明了84种可征收关税的产品，除此之外其他产品不征收相关关税。正是基于上述承诺，中国与美国、欧盟在WTO争端解决机构进行了激烈的交锋，这便是美国、欧盟诉中国九种（铝、锌、黄磷、焦炭、萤石和镁等）原材料案件。中国在该案的大部分争议焦点中败诉。由于附件6中只列明了征收出口税的84种产品，包括了铝、锌和黄磷，但焦炭、萤石、镁等不在其列，且铝、锌、黄磷的出口税率也超过了附件6中所承诺的最高关税。②最终，世贸组织裁决中国对上述原材料实行出口关税政策违反了WTO规则和附件的承诺。

因此，在看到《负面清单》对于吸引外资好处的同时，必须看到潜在的风险。当然，《总体方案》提出“根据外商投资法律法规和自贸区发展需要，《负面清单》将适时进行调整”，这一兜底条款赋予了修改《负面清单》的灵活性和可控性。但为了保证《负面清单》的可预期性，维持必要的稳定是很必要的，这也有助于维护中国的改革形象。

---

① Creskoff, Stephen and Walkenhorst, Peter, “Implications of WTO Disciplines for Special Economic Zones in Developing Countries”. World Bank Policy Research Working Paper 4892, pp. 38—39, April 1, 2009. Available at SSRN: http://ssrn.com/abstract=1410477.

② Reports of the Panel, China—Measures Related to the Exportation of Various Raw Materials, 5 July 2011, WT/DS394/R, WT/DS395/R, WT/DS398/R, p.5.另详见胡加祥、彭德雷:《WTO语境下可用竭自然资源例外研究》，载《环球法律评论》2011年第6期。

总之，法治化既是自贸区建设的目标之一，甚至是判断自贸区成功与否的标志。法治化应该成为自贸区建设的内涵之一。为此，需要考虑自贸区法律制度和实践创新的国际法义务，这其中包括履行 WTO 透明度原则、程序性要求和接受 WTO 贸易政策审议等。需要考虑自贸区实施过程的法律制度保障，尽管自贸区的基本框架已初步形成，但中央一级的立法几乎空白，这不仅与国际上一些“先立法、后设区”模式有所区别；同时，也难以适应特殊经济区（自贸区）未来发展的需要，影响事后依法监管。需要考虑建立自贸区相应的法治评估机制，以形成自贸区法治假设的技术化措施和内部推动力量。

## 第五节　加强国际治理人才培养

### 一、加强涉外法治人才建设

党的十九届四中全会从顶层设计中提出“加强涉外法治工作，建立涉外工作法务制度，加强国际法研究和运用，提高涉外工作法治化水平”。今后应该推进国际化人才在推进国家治理体系和治理能力现代化中贡献智慧和发挥力量，强化国际法研究与运用能力，建设高素质的涉外法律服务人才队伍。

2020 年 4 月，全国政协专门召开座谈会，讨论“高素质的涉外法律服务人才队伍建设”。在本次座谈会中，全国政协副主席汪永清指出，“长远看，关键还是要建立实践导向的涉外法律服务人才培养机制。特别要注重实践训练，加强有关机构与学校联合培养、定向培养、委托培养，鼓励在学中干、在干中学”。①商务部副部长钱克明特别指出，当前

---

① 2020 年《全国政协“建设高素质的涉外法律服务人才队伍”双周协商座谈会发言摘登》，http://www.cppcc.gov.cn/zxww/2020/04/22/ARTI1587515479870225.shtml，2020-04-22。

我国高素质涉外经贸法律人才队伍规模整体有限。一是商务系统涉外法律人才数量仍显不足，法律干部往往一人同时兼顾多项谈判或诉讼。二是我国涉外法律人才在国际组织中话语权尚需进一步提升，尤其是我国在国际组织的核心法律部门中的法律官员人数长期较少。同时，能够参与重大国际经贸争端审理工作的涉外法律人才还不多，国际经贸争端解决领域话语权明显不足。①联合国国际法委员会委员、原驻马来西亚大使黄惠康则提出，开通国际组织高端人才快速培养通道。一是科学构建和有效利用国际组织人才信息库和岗位需求动态信息库；二是设立专项基金，资助后备人才到国际组织实习；三是打通人才流动“旋转门”，有计划安排后备人才到业务部门挂职锻炼，提升竞争力。有针对性地着力培养国际司法机构和国际组织关键岗位所需高端法律人才。②

当前，我国对涉外法律人才建设的重要性认识尚不足，需要充分认识涉外法律人才对我国实现国内治理能力现代化和参与国际治理的重要性。在本次座谈会中，委员们还建议党中央针对加强涉外法治人才队伍建设出台专门文件，明确建立由中央全面依法治国委员会办公室（司法部）牵头，外交部、商务部等部门参与的涉外法治人才建设领导小组，统筹我国涉外法律服务人才队伍建设工作。世贸组织涉及国际经贸新规则谈判、贸易政策审议、贸易争端解决等，无疑是我国国际法治人才培养的重要平台和舞台。充分利用这一平台，将有助于培养一批通晓国际法律规则、善于处理涉外法律事务的涉外法治人才。

## 二、完善 WTO 案例教学和研究

从判例的视角而言，进一步推进 WTO 法案例教学和研究，寻找 WTO 司法实践中“活的法律”，有助于提升教学和研究水平，并更好地

①② 2020年《全国政协“建设高素质的涉外法律服务人才队伍”双周协商座谈会发言摘登》，http://www.cppcc.gov.cn/zxww/2020/04/22/ARTI1587515479870225.shtml，2020-04-22。

指导未来WTO案件的应对和国内立法措施的完善。WTO争端解决机构为了维护前后裁决的一致性，裁判者在裁决时就必须考虑先前相关案件的审理结果，尤其是考虑先前案件中所归纳的一些原则（如在数字产品归类方面形成的“技术中立原则”等）。WTO裁判者的裁决思路逻辑甚至成了“活的法律”，它能弥补既有成文法律的不足，为此必须加以重视。

WTO争端解决机构在案件裁决时，为了维护裁决的权威性，需要考虑前后审理结果的一致性，何况这种裁决某种程度上是对国家主权（单独关税区除外）的侵蚀，必须慎之又慎。专家组在审案过程中，往往需要参照以前的案例，尽管这些案例并不总是具有决定性和法律的约束性；然而这种参照先例的做法为案件解决提供了一定程度的连贯性，而这种连贯性又提高了整个争端解决机制运作的可预见性。观察实践会发现，在WTO司法裁判实践中，专家组和上诉机构的裁决报告，往往一开始便罗列了该案件所引用的数十个案例。同时，在裁决的论证过程中，甚至也大量在正文或引注中提及先前的案例。从WTO法律条文来分析，《马拉喀什协定》（《WTO协定》）第16条规定，“应以《关税与贸易总协定》缔约方全体和在《关税与贸易总协定》范围内设立的机构所遵循的决定、程序和惯例为指导……”，①这在一定程度上为先例的适用提供了法律依据，或者说遵循先例和最初的立法目的具有一致性。

在法学教育中使用案例教学法始于哈佛大学法学院，1870年，朗德尔出任哈佛法学院院长，主张案例教学，通过阅读法官对于案件的合理判决来学习法律推理。现在国外高校法律教育中采用案例教学，开展案例研讨已经司空见惯。中国的法律诊所教育，一定程度上正是参照了美国诊所教育的发展模式，目前正受到很多高校的重视，同时不少法学院还专门成立了法律实践教学训练中心。我国台湾地区的台湾大学，WTO法案例教学与研究也备受重视。②在案例教学的课堂上，学生

① 参见《马拉喀什建立世界贸易组织协定》第16条。

② 参见《WTO法案例教学与研究研讨会实录》，国际经济法网，http://ielaw.uibe.edu.cn/html/mingshijiangtang/20121204/19085.html，2018-04-20。

分成好几组，一个案例一组，大概十几个人，分成正反两方进行准备，类似于模拟法庭的形式，老师是作为法官的角色进行协调，并就案件中争议的焦点问题进行深入探讨。这其中包括实体问题和程序问题。同时，重点讨论上述机构和专家组裁决不一致之处，让学生身临其境地分析专家组和上诉机构的案件裁决思路。WTO 法案例教学与研究的国际化趋势，为中国在该领域的进一步自我完善提供了参考，后续将作进一步分析。

## 三、WTO 法案例教学研究的国内发展

### （一）WTO 法案例教学与研究的理论基础和现实观察

在 WTO 法的教学中，最初的案例引入多是为了解释 WTO 法律原则和基本理论。通过梳理，我们发现自入世以来国内出版了不少 WTO 法案例教学与研究方面的著作。这些著作的出版有助于加深对 WTO 法律理论的理解。比较有影响力的著作，如韩立余教授主编的《GATT/WTO 案例及评析（1948—1995）》，龚柏华教授主编的《WTO 案例集》，以及石静霞、陈卫东教授合著的涉及服务贸易专题的《WTO 国际服务贸易成案研究》等。

值得欣喜的是，实践中 WTO 法案例教学与研究在中国也日益兴盛。中国世界贸易组织法研究会曾专门召开“WTO 法案例教学与研究：现状与前景”的专题研讨会。[1]研讨会中就如何开展 WTO 法案例教学、WTO 法案例的本科与研究生教学的课程设置与教学方法、讨论式教学和英文教学的利弊、案例讨论式教学对于培养具有国际竞争力的中国 WTO 法后备人才的意义、WTO 法案例研究与教学的互动以及 WTO 法案例研究的定期交流合作机制等问题进行了深入探讨。

在案例教学和研究的理论创新方面，有学者甚至提出“纯粹案例教

① 中国法学会，“WTO 法案例教学与研究：现状与前景”研讨会成功召开：http://www.chinalaw.org.cn/html/zzyj/xshd/xsnew/3541.html，2018-03-27。笔者有幸参加，本次研讨会并与学界同仁互相交流。

学法”。[①]实务界的人士越来越感受到WTO法案例教学与研究的重要性，期望学界加强案例教学与研究。商务部负责WTO案件解决的一线人员在参与实际案件处理的同时，还不断进行理论总结。如由商务部条法司牵头，就中国入世十年来的经典案例进行了分析总结，并撰写了《世贸组织规则博弈：中国参与WTO争端解决的十年法律实践》，这部专著正是实务界和理论界重视和推动案例教学与研究的经典之作。[②]

**（二）WTO法案例教学与研究的价值分析和未来发展**

WTO法案例教学与研究，正是通过分析案件当事方、专家组和上诉机构的立场和主张，更好地掌握WTO法的概念、原则和原理，进而提高分析和解决WTO问题的能力。案例教学研究中针对的WTO真实案例，以及大量英文案例报告或材料，对教师和学生来说都是一种磨炼，有助于充分锻炼学生的法律思维和语言能力，培养WTO学术大师和专业性人才。

在WTO法案例教学与研究的未来发展中，一方面，应积极探讨WTO法案例教学的模式创新。WTO法案例教学作为一种新的教学思路，有助于学生带着质疑的眼光去思考问题，在以案说法、以案释法的同时，要善于总结案件的审判原则，即以一种判例法视角来审视、分析案件。同时由于WTO法案例教学的综合性、专业性和长期性，具体实施时应区分本、硕、博不同层次的培养要求。如本科生主要是以案说法、以案释法为主；硕士生则应考虑全英文的案例研讨；而博士生则应在案件分析的基础上，撰写具有一定理论意义的学术论文。

另一方面，在WTO法案例的研究中，可借鉴国内行政法判例沙龙的模式，新近在国内行政法的研究中，有一批学者正在积极探讨判例法

① 如国内学术型官员、商务部杨国华博士提出纯粹案例教学法。参见中国法学会，“WTO法案例教学与研究：现状与前景”研讨会成功召开：http://www.chinalaw.org.cn/html/zzyj/xshd/xsnew/3541.html，2018-04-20。

② 参见李成钢主编：《世贸组织规则博弈：中国参与WTO争端解决的十年法律实践》，商务印书馆2011年版。

研究,并定期举办判例法沙龙研讨会,内容涵盖“大陆法系的判例制度——成文法系中的判例和成文法关系”“同案同判的技术及其适用”“裁判理由和规范的形成”等。随着中国在 WTO 争端解决中案例的增加,我们尤其需要对本国的案例进行深入细致的研究,发现蕴含在其中的规则。除此之外,还应该对 WTO 的经典案例、疑难案例、可比案例等展开教学研究。WTO 案例教学与研究存在内在的联系,两者相辅相成、相互促进。保证两者的有效推进,前提都需要我们对已有案例进行系统的分析、梳理,同时加强对域外 WTO 案例教学与研究的考察。

## 四、WTO 法案例教学与研究的国际观察

### (一) 澳大利亚 WTO 法的案例教学与研究

澳大利亚属于一个经济开放型的国家,十分重视国际经贸交往,其国际经济法的研究水平较高。截至 2020 年 5 月 1 日,澳大利亚在 WTO 争端解决的总体情况是,以申诉方身份参与的案件为 9 起,以被诉方参与的案件为 16 起,以第三方身份参与的案件为 111 起。①澳大利亚曾被认为是 WTO 中的“核心五成员”(即美国、欧盟、澳大利亚、巴西和印度),积极参与 WTO 多边贸易体制,在 WTO 法教学和研究领域保持国际水平。如包括澳大利亚国立大学、墨尔本大学、悉尼大学法学院等都拥有 WTO 教研中心,WTO 法教学相当成熟,并且与牛津、剑桥、哈佛等高校保持着良好关系。

在 WTO 法教学方面,积极开展案例教学,组织学生参与国际 WTO 模拟法庭。如墨尔本大学法学院专门开设 WTO 模拟法庭教学(WTO Moot Court)课程,供学生选择并授予学分。②该校的 WTO 模拟法庭的教学和培训具体由 WTO 专家组成员米歇尔教授(Andrew

① WTO 官网:http://www.wto.org/english/thewto_e/countries_e/australia_e.htm,2020-05-01。

② 为此笔者就墨尔本大学的 WTO 模拟法庭教学,特当面请教了 WTO 专家组成员,墨尔本大学法学院 Andrew Mitchell 教授。

Mitchell)和沃恩(Tania Voon)教授负责。目前,由欧洲法律学生会(The European Law Students' Association, ELSA)组织 ELSA-WTO 模拟法庭竞赛是目前国际上以 WTO 法为主的模拟赛事,是一种类似于杰赛普(Jessup)国际法赛事。该赛事完全按照 WTO 争端解决的程序,模拟案件的解决,并面向全球开放。但是,中国大陆近年来也开始派出相关的学生代表参与 ELSA 模拟法庭赛事。①此外,墨尔本大学国际法研究中心经常聘请 WTO 秘书处、上诉机构以及海内外 WTO 专家进行授课演讲,并积极强化与 WTO 秘书处的联系。

在研究领域方面,澳大利亚聚集了一批著名的 WTO 法专家。首先,澳大利亚学者积极参与 WTO 案件的审判工作。根据此前统计,澳大利亚有 20 位 WTO 领域的专家入选专家组指示性名单成员,此外在秘书处有 8 名成员任职。据最近的统计,目前有 51 个世贸组织成员的公民(含指示性名单之外的专家)担任过专家组成员。其中担任专家组人数最多的成员依次是新西兰(42 位)、澳大利亚(39 位)、瑞士(38 位)、加拿大(25 位)、巴西(23 位)、印度(17 位)等。②此外,阿德莱德大学国际贸易研究所执行主任斯托勒(Andrew L.Stoler)曾担任世界贸易组织副总干事。其次,有三位教授为《国际经济法杂志》期刊编委,分别是阿德莱德大学的安德森教授(Kym Anderson),墨尔本大学的米歇尔教授和芙恩教授。目前中国国内尚无一人入选该杂志的编委。③他们对 WTO 的案例研究都十分重视,否则也不可能不选任为专家组成员,具体参与案件的审理。出色的研究实力,有助于澳大利亚表达对 WTO 领域相关问题的关注。

---

① ELSA 模拟法庭辩论赛主页:http://www.elsamootcourt.org/, 2020-05-01。WTO 模拟法庭辩论赛由国际贸易法专家学者提供案例,由学生团队模拟 WTO 成员代表,就辩论的主题依据 WTO 相关协定草拟书状,并进行法律分析辩论。

② 其他如中国香港(19 位)、智利(18 位)、南非(18 位)、泰国(10 位),中国只有 1 位。参见纪文化:《世贸组织争端解决机制的实践情况概览》,载李成钢主编:《世贸组织规则博弈:中国参与 WTO 争端解决的十年法律实践》,商务印书馆 2011 年版,第 438 页。

③ 详见《国际经济法杂志》主页:http://www.oxfordjournals.org/our_journals/jielaw/editorial_board.html, 2018-04-20。

### （二）巴西 WTO 法的案例教学与研究

巴西同样是 WTO 中的“核心五成员”，它在 WTO 多边贸易体制中的表现，可谓是发展中国家成员的典范。巴西共参与 22 起贸易争端，其中作为申诉方的有 16 起，作为被诉方的有 6 起。而在 1986—1994 年的乌拉圭谈判时期，巴西以申诉方提起了 12 起争端。关贸总协定时期的经历，为巴西在 WTO 争端解决方面奠定了丰富的经验。自 WTO 成立至今（统计截至 2020 年 5 月 1 日），巴西参与 WTO 争端的总体情况如下，其中申诉方 33 起、被诉方 16 起、第三方 147 起。①

作为新兴经济体成员，巴西积极参与全球治理的迫切愿望对其开展专业的 WTO 法律教育提出了现实要求。首先，巴西具有完善体系化的 WTO 法律教育（涵盖案例教学）。自 20 世纪 90 年代以来，国际贸易法律课程开始在巴西高校和研究机构兴起。由于受到巴西诉美国陆地棉花补贴案和巴西诉欧共体糖业补贴案等重大案件的影响，自 2000 年起，巴西从本科到博士阶段陆续开设 WTO 课程和学位，课程涵盖 WTO 制度的各主要方面，如服务贸易总协定、与贸易有关的知识产权协定等，并聘请一流的 WTO 专家，包括在外交部和 WTO 工作过的政府官员、专家学者、律师等。②有些高校在法学研究生入学时，甚至要求候选学生具有基本的 WTO 法律背景知识。高等院校和研究机构还定期举办 WTO 研讨会、出版学术专著、规划设计 WTO 培训教材等。③

同时，在巴西以第三方身份参与的案件中，驻日内瓦代表团往往借助前来实习律师的帮助，处理 WTO 争端和相关的贸易谈判。为此，一方面减轻了代表团的工作量，另一方面锻炼了实习律师，有助于 WTO 律师队伍的建设。此外，一些巴西律师还通过在欧美律师事务所工作，

---

① WTO 官网：https://www.wto.org/english/tratop_e/dispu_e/dispu_by_country_e.htm，2018-12-01。

② 如巴西前外长拉费尔（Celso Lafer），同时也是巴西圣保罗大学的法学教授。

③ Gregory Shaffer, Michelle Ratton Sanchez and Barbara Rosenberg, “The Trials of Winning at the WTO: What Lies Behind Brazil's Success”, Cornell International Law Journal, Vol.41, No.2, 2008, p.431.

接受其培训，学习和积累 WTO 争端解决的法律知识和经验，进而为本国案件的解决提供法律支持。在 WTO 中，巴西可以做到依靠本国律师事务所协助政府解决 WTO 争端，这在发展中成员中比较少见。①

## 五、WTO 人才的培养

### （一）WTO 国际人才与中国的国际地位不符

中国是世界第二大经济体、第二大货物贸易进口国、第三大服务贸易进口国、第四大服务贸易出口国，是外商直接投资（FDI）流入和流出

**表 9-1　WTO 秘书处人员排名统计表②**

| 排名 | 国　家 | 女性 | 男性 | 总人数 |
| --- | --- | --- | --- | --- |
| 1 | 法　国 | 97 | 66 | 163 |
| 2 | 英　国 | 42 | 11 | 53 |
| 3 | 西班牙 | 30 | 15 | 45 |
| 4 | 美　国 | 21 | 13 | 34 |
| 5 | 德　国 | 7 | 14 | 21 |
| 6 | 意大利 | 10 | 13 | 23 |
| 7 | 印　度 | 4 | 11 | 15 |
| 7 | 菲律宾 | 6 | 9 | 15 |
| 7 | 中　国 | 8 | 7 | 15 |
| 10 | 加拿大 | 3 | 11 | 14 |
| 11 | 巴　西 | 5 | 8 | 13 |
| 11 | 瑞　士 | 6 | 7 | 13 |
| 13 | 爱尔兰 | 12 | 1 | 13 |
| …… | | | | |
| 总计 | | 333 | 292 | 625 |

来源：WTO 官方网站，数据随着时间的变化略有改变。

① Gregory Shaffer, Michelle Ratton Sanchez and Barbara Rosenberg, "The Trials of Winning at the WTO: What Lies Behind Brazil's Success", Cornell International Law Journal, Vol.41, No.2, 2008, p.437.中国在应对争端，聘请国外律师事务所时，一般也会聘请一些中资所的律师，但中国律师更多的是从事协调和翻译工作，或作为第三方身份时，协助起草法律建议。

② http://www.wto.org/english/thewto_e/secre_e/intro_e.htm, 2020-05-01.

最多的发展中国家。中国的经济地位决定了中国必须走上国际贸易的中心舞台,应更加主动地参与世界贸易进程,参与国际贸易规则的博弈。现实中,尽管近年来,在世贸组织中的人员迅速增加,但还有一定的提升空间。从表 9-1 的统计中,可看出目前中国在 WTO 秘书处的人员与美欧等成员,还有较大差距,与中国的国际经济地位难以匹配。

**(二) 进一步增强中国在 WTO 事务中的参与**

以争端解决为例,中国可进一步增强在 WTO 事务中的参与质量。就 WTO 专家组成员数量而言,截至目前,共有四批 19 位国内 WTO 领域的专家、学者和官员入选 WTO 专家组指示性名单。①从专家信息来看,商务部官员有 7 位,其中条法司 3 人、世贸司 3 人、政研室 1 人,不过目前只有张玉卿参与了厄瓜多尔提出的香蕉执行案的审理。同时,必须善于利用 WTO 争端解决机构,尤其是上诉机构成员这一关键职位,尽管目前其陷入危机。此前,中国推选的张月娇女士有幸成为上诉机构成员之一,并获得连任。之后,赵宏女士被遴选为上诉机构成员。但目前,WTO 总理事会、争端解决机构和贸易评审机构,以及 WTO 谈判委员会各分支机构,WTO 货物贸易委员会分支机构,WTO 服务贸易委员会各分支机构中,均无中国籍人员担任主席(除香港和台湾单独关税区外)。②

此外,中国应以积极的态度参加世贸组织的各项活动,加强与世贸组织的各种交往。比如,可继续深化 WTO 教席计划(WTO Chairs Programe)在中国的实施,加强与世贸组织的学术交往,培育新人。更好地落实目前由中国支持的"加入 WTO 实习项目";③该项目自 2011 年 7 月启动,意在支持最不发达成员融入世界贸易组织。时机成熟可考虑增加实习岗位的名额,并考虑推荐合适的中国人参与实习等。

---

① 这四批 19 位分别是:第一批(2004 年 2 月),张玉卿、曾令良、朱榄叶 3 位教授;第二批(2006 年 11 月),董世忠和张月娇教授;第三批(2010 年 2 月 18 日):李仲周、韩立余、杨国华、鄂德峰、张丽萍、李詠箑:第四批(2011 年 10 月)……争端解决机构又确认了中国政府推荐的陈雨松、龚柏华、洪晓东、黄东黎、史晓丽、索必成、张乃根、张向晨 8 名人员。

② http://www.wto.org/english/thewto_e/secre_e/current_chairs_e.htm, 2018-03-01.

③ https://erecruitment.wto.org/public/hrd-cl-vac-view.asp?jobinfo_uid_c=3475&vaclng=en, 2018-03-01.

# 第十章
# 总结与建议

WTO争端案例的裁判报告是一件“艺术品”，尤其是中国涉诉案例，需要耐心琢磨、认真对待。在实践中，一方面，中国涉诉案例的增加，考验着中国运用WTO规则的水平和参与全球治理的能力，考验着中国国内法治建设与国际法治发展的互动能力。为此，在倡导全球法治治理的今天，“合法性审查”既要考虑国内合法性，更要考察国际合法性。一个明显的事实是WTO争端解决机制对国内立法、行政及司法措施正扮演着“司法审查”的角色。在这种形势下，迫切需要学术界对WTO中国涉诉争端的裁判生成进行实证考察和研究，评估其对国内法制的影响，为党和政府提供决策咨询和理论支撑。WTO的裁判具有事实上的指导效力（尤其是上诉案件），已决案件的分析对将来类似案件有着借鉴和指导作用。WTO案例裁判报告论证详细、规范（长则多达千页），研究将为中国参与国际治理和国内法治建设提供国际视角参考。

在实践中，一方面，需要进一步保障涉外国内措施的合法性。明确国际规则的底线，防止无意识的违规，以免造成不必要的损失。同时，新一轮的国际规则正在形成，谈判时如何推敲和制定新的规则，保证规则的前瞻性，可以从已有的历史裁判中得到启发。总之，高度重视并深入研究WTO中国涉诉案例，探讨国际经贸争端案例指导制度的建立，于国家需要、于企业利益、于人才培养都有着重大的现实意义。

## 一、主要内容总结

第一，研究 WTO 争端解决案例中的基本理论问题，尤其是疑难案件中的法理和法律解释。从立法、司法和执法三个角度分析了 WTO 法律体系，进而为后续的论述作铺垫，重点关注 WTO 争端解决机制的法理，并从法律原则和法律解释的角度，分析 WTO 疑难案件的解决，同时对其他法律解释方法在实践中的运用进行了梳理和分析。

第二，研究货物贸易经典争端案例，尤其是与中国紧密相关的出口限制措施和“非市场经济地位”争端。研究中进行了大量的资料和数据的收集，并加以整理。这包括对关贸总协定的争端案例进行收集和整理（包括最活跃的原告、被告和第三方）；对 WTO 时期的案例进行收集和整理（包括最活跃的原告、被告和第三方）；对中国在 WTO 案例进行收集和整理。通过这些争端案例，更好地把握当前的多边货物贸易规则。同时，对中美之间的案例，按照时间顺序，涉及的违规措施等，进行了系统搜集和整理。有助于实务界和理论界对中美争端的全面认识。研究系统收集了美国历史上适用 1962 年《贸易扩张法》第 232 条的贸易调查的实践（1963—2017），有助于实务界和理论界全面认识当前美国发起的“232 调查”。

第三，研究互联网、大数据时代的服务贸易争端典型案例。通过研究把握当前服务领域的最新发展趋势。关注数字贸易和互联网给服务贸易和相关案例审判带来的挑战。在对互联网环境下的服务贸易规制时，需要“认真对待 WTO 规则和先例”，确立机制设计的底线思维，需要关注消费者利益和例外条款设计，做到风险可控。同时，互联网对传统行业的改良毕竟是一种技术创新的代表，因此规制设计不应阻碍技术进步，让互联网成为带动中国服务贸易发展的有利因素。

第四，重点关注中美知识产权争端，尤其是中美贸易战背景下中美技术转让争端。知识产权（技术转让）是当前中美经贸关系关注的焦点问题，需要认真研究和对待。针对本轮 WTO 下中美技术转让争端，对中国而言关键在于对措施性质的认定，以及后续美国提出的证据是否充分。对此，有两种可供参考的路径，一是在贸易法范围内研究对中国有利的法律条款和解释，包括援引例外规则、借助目的解释和先例等；二是主张相关措施主要涉及投资议题，建议 WTO 裁判者采用司法经济原则，将该问题留待今后的投资谈判中去解决。同时，由于中国上述涉案措施涉及行政规制，美国将其与私法属性浓厚的《合同法》进行简单比较，有待商榷。

第五，在 WTO 体系下，认真对待中国发展中国家地位问题。当前，发展中国家地位问题受到国际社会的高度关注，已成为 WTO 改革中的主要讨论议题。然而，现行 WTO 规则体系中并没有关于“发展中国家地位”的清晰界定，“自我认定”的方式正遭受一些国家的挑战。发展中国家地位与差别待遇条款密切相关，WTO 规则体系中涵盖的 155 个条款为发展中国家的国内政策提供了一定的灵活性，尽管多数为“最佳努力条款”。中国的发展中国家地位兼具身份和契约的双重特征，部分发达国家迫使中国放弃发展中国家地位，本质上旨在继续维持其在国际经济秩序中的主导地位。中国的发展正处于“强起来”的阶段，仍必须坚持发展中国家地位不动摇。中国的发展离不开广大发展中国家的支持，放弃发展中国家地位并不等于能得到发达国家的自动接纳，还将影响到中国在其他国际组织和国际事务中的角色扮演，必须高度重视。当然，坚持发展中国家地位并不等于需要和其他发展中成员享受完全一致的差别待遇，在后续谈判中，中国可以保持一定的灵活性。在国际治理中，中国还须继续为国际社会的发展提供解决方案，树立负责任大国形象。

第六，关注上诉机构的危机和改革动态。当前 WTO 上诉机构正陷入“停摆”危机，并处在改革的十字路口，这亦是全球经贸治理困境的突出体现，改革的最终结果对世界经贸治理体系与中国都将产生重大影响。新近，一方面，许多 WTO 成员都围绕上诉机构改革提出了一系列倡议，并形成初步的改革方案，但美国对现有改革方案并未给予积极回应。另一方面，欧盟和中国等成员积极作为，已经达成《多方临时上诉仲裁安排》(MPIA)，这也意味着临时上诉仲裁替代方案正从早期倡议步入具体实践。但临时上诉仲裁毕竟只是权宜之计，恢复上诉机构职能仍是 WTO 改革的优先事项。后续上诉机构改革存在一些窗口期，但其艰巨性仍然不能忽视。为此，中国应准确把握上诉机构“停摆”后争端解决的可能路径，及时关注相关成员争端解决的最新实践，以妥善应对目前错综复杂的经贸治理体系。

第七，关注中国涉诉案例的裁判启示和国内体制改革。具体包括，通过中国涉诉案例研究，探讨加强涉外重大决策的合法性机制建立，完善国内立法，改善营商环境；发挥企业在争端解决中的作用；通过贸易政策审议，提前预警争端解决案例；探讨多边贸易体制下的国内改革创新制度设计（如中国自贸区的建设），以及“一带一路”法治化建设；加强国内对国际治理人才的培养等。

## 二、对策建议

第一，加强对 WTO 中国涉诉案例的系统性和一般法理研究，关注中国涉诉案例的价值延伸。目前 WTO 争端案例已经存在一定的数量，研究者需要对案例进行类型化、系统化、比较化的分析模式，关注裁判者裁判生成的逻辑结构，关注裁判者在裁判中常用法律解释方法。同时，关注已决案例裁判对国家现实的指向，保障政府措施的合规性；关注其对嗣后案例的指导，以便更好地应对新纠纷。

中国的大国地位正在确立，在经济全球化不断推进的今天不可能独善其身，因此为了保证重大决策（尤其是涉外领域，如新近自贸区的设立）的科学性、稳定性和合法性，必须考虑 WTO 规则及其裁判。重视 WTO 司法裁判经验对国际投资法治的指导价值。寻找 WTO 多边贸易体制与正在推进的“一带一路”倡议和国际投资治理的共性，实现经验共享。

第二，密切关注争端解决机制的改革对WTO体系的可能影响。当前中国就WTO改革提出“五点主张”，包括：应维护多边贸易体制的主渠道地位；应优先处理危及世贸组织生存的关键问题；解决规则的公平问题，并且回应时代的需要；应保证发展中成员的特殊与差别待遇；世贸组织改革应尊重成员各自的发展模式。WTO改革是一个长期、艰难性的议题，不能急于一时，要有长远考虑，改革要坚持稳中求进。在改革方案正式发布前，建议对内广泛征求意见，对外协调立场，求同存异，确保方案出台获得绝大多数成员的支持，在一定程度上起到平息争议的作用。同时，中国应该积极参与当前WTO改革的各项相关议题，了解各方立场，并提出中国的对策建议。

中国应积极利用世界贸易组织多边场合，旗帜鲜明反对贸易保护主义、单边主义。面对美国不断挑战并破坏现行国际秩序，中国应坚定维护多边贸易体制，积极参与全球治理体系变革和建设。近期，WTO上诉机构法官就提出“历史不会原谅那些让WTO争端解决机制崩溃的人”，并指责美国弃WTO生死存亡不顾。中国应善用这种国际声音，在多边场合高举反对单边措施和贸易保护主义的旗帜。同时，针对美国政府的行为，美国国内亦有不同声音，如不少跨国企业对其关税政策提出批评，认为其将损害美国民众利益。中国应该加强与美国企业的日常沟通，游说美国国内以及在华企业，充分利用美国国内的“反战”声音。

第三，妥善解决当前WTO下中美贸易争端以及中美经贸关系。当前美倡导“美国利益优先”，频繁对华采取单边措施甚至极限施压，致使中美关系处于历史低潮。一直以来，经贸关系被认为是中美关系的“压舱石”和“推进器”，当前却可能成为中美关系的“引爆器”。当前，在美国国内正蔓延“中美科技脱钩”的论调，美国对华为等中国高科技企业正实行技术封锁。

中美之间的竞争关系具有长期性，2017年美国《国家安全战略报告》已将中国视为“战略上的竞争对手”。美方不断升级中美经贸摩擦，无疑会对全球价值链、贸易进出口、在华投资等都造成影响。受当前局势影响，一些在华企业可能出现回流或转移到其他国家；尤其是在科技领域，通过与美合资合作方式获取技术更难，以“市场换技术”和“资本换技术”都将受到影响。因此，需要用全局、长远的视角来审视中美经贸摩擦。同时，也应看到，借助 WTO 争端解决机制，通过正常的法律渠道解决中美经贸争端，有助于避免中美经贸摩擦的急剧恶化。同时，加强中美在国际法律治理领域的人文学术交流，缓和中美经贸关系。“交流互鉴是文明发展的本质要求”，应避免因当前中美经贸紧张关系而刻意关闭其他领域的交流通道。相反，在风险可控的背景下应该加强中美人文学术交流，确保中美交流主要渠道的畅通，分化和弱化中美之间的对抗。

第四，协调好 WTO 下中国与发达和发展中成员的关系。一些发达国家否认中国发展中国家地位，本质上是确保其发展的优势地位不被超越。对中国而言，发展中国家地位既是一种身份也是一种契约。中国坚持以发展中国家的身份参与复关和入世谈判，这是中国在谈判中始终坚持的一项基本原则。协商一致是 WTO 决策机制的一项最基本原则，因此，在 WTO 规则在对发展中国家地位问题进行变革之前，某些国家的指责是没有依据的。任何新的规则制定和修改，必须有发展中国家成员的充分参与。应认清当前一些发达国家成员要求改变中国发展中国家地位的本质，重视并处理好自我定位问题，失去发展中国家地位，并不等于自动加入发达国家阵营。当然，中国坚持发展中国家地位并不意味着一定要和其他发展中国家享受完全一致的待遇，其意义更在于中国在全球治理中各种场合的扮演角色和自我定位。同时，中国应积极应对全球治理问题，树立负责任大国的形象，以加快开放步伐应对贸易保护主义。随着中国经济水平的提升，这一问题将会变得更加突出，中国既需要考虑在经济上追赶发达国家，又要考虑在政治上不脱离广大发展中国家，需要对上述问题提前做好研究。

第五，重视涉外重大决策的合法性机制审查，确保涉外国内改革和创新有法可依。当前中美、中欧贸易摩擦日益激烈，这与美欧等国的贸易保护主义抬头有关，但同时，我国地方政府有关贸易政策出台前的审查机制不健全也是其中一个重要原因。因此，仍然应该加强涉外重大决策的合法性机制审查，尤其是地方政策的合法性审查，例如在当前争议激烈的“技术转让”领域。

同时，中国自贸区建设是一次伟大的制度创新，是中国近期改革的一个“缩影”。法治化是自贸区建设的内涵和目标之一，是制度创新的基础和保障。从国际法的角度而言，自贸区的建设需要考虑 WTO 的法律义务，这其中包括履行 WTO 透明度原则、程序性要求和接受 WTO 贸易政策审议等。自贸区法治化的建设也将带动整个中国“依法治国”的建设，中国涉诉案例，也将为国内的改革提供决策参考建议，确保相关改革在国际法下开展，减少违规风险。

第六，关注后疫情时代贸易重塑与国际治理体系的变革。当前，新冠肺炎疫情给全球经济带来重大影响，为此各国纷纷出台针对贸易的国内规制措施，这些措施主要体现在三个方面：一是针对一些产品如医疗物资的限制出口；二是对一些紧缺物资取消相应的关税和限制某些动物产品的进口；三是对某些国内产业采取一定的扶持政策，这些都将对全球价值链产生影响，对全球贸易格局产生影响。世界贸易组织，素有“经济联合国”之称，未来必然在全球经济治理中继续发挥作用，包括未来如何规范和指导各国的国内贸易规制政策，如何与其他国际组织（例如，世界卫生组织）更好地合作，以应对当前的全球经济挑战。WTO 争端解决机制在确保各个成员国内政策合规方面无疑扮演着重要的作用，以避免世界经济出现保护主义的趋向。

全球新冠肺炎疫情爆发导致原定于 2020 年 6 月在哈萨克斯坦举办的第十二届 WTO 部长级会议取消，这使得重启上诉机构的希望更加渺茫。对中国而言，疫情还可能对 2020 年 1 月达成的中美第一阶段经贸协议产生相应的影响，并对之后的谈判产生影响，这些都值得继续加以关注。值得庆幸的是,4月30日,中国、欧盟和其他17个成员正式向世贸组织提交通知,共同建立多方临时上诉仲裁安排,维护世贸争端解决机制在上诉机构停摆期间的运转,这也再次体现了中国和相关成员共同维护以规则为基础的多边贸易体制的决心。①

① 商务部:《中国与欧盟等成员向世贸组织通报多方临时上诉仲裁安排》,http://www.mofcom.gov.cn/article/ae/ai/202004/20200402961036.shtml,2020-04-30。

# 主要参考文献

## 一、英文专著


1. Aaditya Mattoo and Robert M.Stern, editors, *India and the WTO*, Oxford University Press, 2003.

2. Asif Hasan Qureshi, *Interpreting WTO Agreements: Problems and Perspectives*, Cambridge University Press, 2006.

3. Bagwell, *The Economics of the World Trading System*, MIT Press, 2002.

4. Brown Weiss, John H.Jackson, Nathalie Bernasconi, *Reconciling Environment and Trade*, Nijhoff Publisher, 2008.

5. Cambridge University Press, 2004.

6. Deborah Z.Cass et al., *China and the World Trading System Entering the New Millennium*, Cambridge University Press, 2003.

7. Deepak Bhattasali, Shantong Li, Will Martin, *China and The WTO: Accession, Policy Reform, and Poverty Reduction Strategies*, Oxford University Press, 2004.

8. Ernest R.May, John King Fairbank, *America's China Trade in Historical Perspective: the Chinese and American performance*, Cam-

bridge University Press, 1986.

9. Ernst-Ulrich Petersmann, *International Trade Law and the GATT/WTO Dispute Settlement System*, Kluwer Law International, 1997.

10. Ernst-Ulrich Petersmann and Mark A.Pollack, *Transatlantic Economic Disputes: the EU, the US, and the WTO*, Oxford University Press, 2003.

11. Ernst-Ulrich Petersmann, *Reforming the World Trading System: Legitimacy, Efficiency, and Democratic Governance*, Oxford University Press, 2005.

12. Francis Snyder, *The EU, the WTO and China: Legal Pluralism and International Trade Regulation*, Hart Publisher, 2009.

13. Gary P. Sampson, W. Bradnee Chambers, *Developing Countries and the WTO: Policy Approaches*, United Nations University Press, 2008.

14. Henry Gao and Donald Lewis, eds., *China's Participation in the WTO*, London, Cameron May Publishers, 2005.

15. John H.Jackson, The world Trade system: *Law and Policy of International Economic Relations*, MIT Press, 1997.

16. John H.Jackson, *The World Trade Organization: Constitution and Jurisprudence*, Royal Institute of International Affairs, 1998.

17. John H.Jackson, *Sovereignty, The WTO and Changing Fundamentals of International Law*, Cambridge University Press, 2006.

18. John H. Jackson, William J. Davey, A. O. Sykes, *Legal Problems of International Economic Relations: Cases, Materials and Text on the National and International Regulation of Transnational Economic Relations*, Thomson/West, 2008.

19. James Bacchus, *Trade and Freedom*, Cameron May Publisher,

London, 2004.

20. Lindblom, Anna-Karin, *Non-governmental Organizations in International Law*, Cambridge university press, 2005.

21. Mike Moore, *Doha and Beyond: The Future of the Multilateral Trading System*, Cambridge University Press, 2004.

22. Muthucumaraswamy Sornarajah, Jiangyu Wang, *China, India and the International Economic Order*, Cambridge University Press, 2010.

23. Nicholas Perdikis, Robert Read, *The WTO and the Regulation of International Trade: Recent Trade Disputes Between the European Union*, Edward Elgar publishing, 2005.

24. Peter Van den Bossche, The Law and Policy of the World Trade Organization: *Text, Cases and Materials*, Cambridge University Press, 2017.

25. Samuel P.Huntington and Joan M.Nelson, *No Easy Choice: Political Participation in Developing Countries*, Harvard University Press, 1976.

26. Simom Lester and Bryan Mercurio with Arwel Davies and Kara Leitner, *World Trade Law: Text, Materials and Commentary*, Hart Publishing, 2008.

27. Srinivasan Sitaraman, *State Participation in International Treaty Regimes*, Ashgate Publishers, 2009.

28. Sylvia Ostry, *The WTO and International Governance in the World Trade Organization Millennium Round*, Routledge, 2001.

29. Taylor, Rupert, *Creating a Better World: Interpreting Global Civil Society*, Kumarian Press, 2004.

30. Thomas M.Franck, *Fairness in International Law and Institutions*, Oxford University Press, 2002.

31. William J.Davey, John Howard Jackson, *The Future of International Economic Law*, Oxford University Press, 2008.

32. William J.Davey and John Jackson, *The WTO and Global Governance: Future Directions*, United Nations University Press, 2008.

## 二、英文论文

1. Joost Pauwelyn, WTO Dispute Settlement Post 2019: What to Expect, (2019) 22. Journal of International Economic Law, Issue 3.

2. Amrita Bahri, Appellate Body Held Hostage': Is Judicial Activism at Fair Trial? (2019) 53 Journal of World Trade, Issue 2.

3. Aik Hoe Lim and Mr Bart De Meester, WTO Domestic Regulation and Services Trade: Putting Principles into Practice (Book launch Speech), on 7 May 2014.

4. Anupam Chander, Principles for Trade 2.0, in Mira Burri & Thomas Cottier (eds.), Trade Governance in the Digital Age, Cambridge University Press, 2012, p.18.

5. Appellate Body Report, China-Publications and Audiovisual Entertainment Products, pp.396—397.

6. Bradly J.Condon, Captain America and the Tarnishing of the Crown: The Feud Between the WTO Appellate Body and the USA (2018) 52 Journal of World Trade, Issue 4.

7. Cai Congyan, China-US BIT Negotiations and the Future of Investment Treaty Regime: A Grand Bilateral Bargain with Multilateral Implications, Journal of International Economic Law, Vol.12, No.2, 2009.

8. Chi Manjiao, China's Participation in WTO Dispute Settlement Over the Past Decade: Experiences and Impacts, Journal of Interna-

tional Economic Law, Vol.15, No.1, 2012.

9. Constantine Michalopoulos, The Developing Countries in the WTO, The World Economy, Vol.22, Issue 1, 1999.

10. David E. Sanger, "A blink from the Bush administration", New York Times, 5 Dec. 2003.

11. Debra P.Steger, the Future of the WTO: The Case for Institutional Reform, Journal of International Economic Law, December, 2009.

12. Frank Emmert, Labor, Environmental Standards and World Trade Law. U.C.Davis Journal of International Law & Policy, U.C. Davis J.Int'l L. & Pol'y. Vol.10, 2003.

13. Gao Henry, Saving the WTO from the Risk of Irrelevance: The WTO Dispute Settlement Mechanism as a Common Good for RTA Disputes, Journal of International Economic Law, Vol. 11, No. 4, 2008.

14. Goh, Gavin, Australia's Participation in the WTO Dispute Settlement System, Federal Law Review, Vol.30, Issue 1, 2002.

15. Gregory Shaffer: The Challenges of WTO Law: Strategies for Developing Country Adaptation, World Trade Review, Vol.5, Issue 2, 2006.

16. Gregory Shaffer, Michelle Ratton Sanchez and Barbara Rosenberg, The Trials of Winning at the WTO: What Lies Behind Brazil's Success, Cornell International Law Journal Vol. 41, No. 2, 2008.

17. Gu Bin, Mineral Export Restraints and Sustainable Development—Are Rare Earths Testing the WTO's Loopholes? Journal of International Economic Law, Vol.14, No.4, 2011.

18. Haas P., Introduction: Epistemic Communities and Interna-

tional Policy Coordination, International Organization, Vol.46, Issue 1, 1992.

19. Henry Gao, *Aggressive Legalism: The East Asian Experience and Lessons for China*, China's Participation in the WTO, pp.325—329, Henry Gao and Donald Lewis, eds., London, Cameron May Publishers(2005).

20. Henry Gao, China's Participation in the WTO: A Lawyer's Perspective, Singapore Year Book of International Law and Contributors, Vol.11, 2007.

21. Henry Gao, If You Don't Believe in the 2012 Myth, Do You Believe In the 2016 Myth? http://worldtradelaw.typepad.com/ielpblog/2011/11/if-you-dont-believe-in-the-2012-myth-do-you-believe-in-the-2016-myth.html.

22. Henry Gao, *Digital or Trade? The Contrasting Approaches of China and US to Digital Trade*, Journal of International Economic Law, Vol.21, Issue 2, June 2018.

23. Hubert Zimmermann, Realist Power Europe? The EU in the Negotiations about China's and Russia's WTO Accession, Journal of Common Market Studies, Vol.45, No.4.

24. Hu Jiaxiang, The Role of International Law in the Development of WTO law, Journal of International Economic Law, Vol.7, No.4, 2004.

25. Jan Bohanes, Transatlantic Economic Disputes: The EU, the US, and the WTO, Journal of international Economic Law, Vol.8, Issue 1, 2005.

26. Jeffrey L.Dunoff, Civil Society At the WTO: the Illusion of Inclusion? ILSA Journal of International & Comparative Law, Vol.7, 2001.

27. Jeffrey L.Dunoff, The WTO's Legitimacy Crisis: Reflections on the Law and Politics of WTO Dispute Resolution. The American Review of International Arbitration. Am.Rev.Int'l Arb. Vol.13. 2002.

28. Joel P.Trachtman and Philip M.Moremen, Costs and Benefits of Private Participation in WTO Dispute Settlement: Whose Right Is It Anyway? Harvard International Law Journal, Vol.44, 2003.

29. John H.Jackson, "The case of the World Trade Organization", International Affairs, Vol.84, No.3, 2008.

30. Jonathan B.Wiener & Alberto Alemanno, The Future of International Regulatory Cooperation: TTIP as a Learning Process Toward a Global Policy Laboratory, Law and Contemporary Problems, Vol.74, No.4, 2015.

31. Julia Ya Qin, "WTO-Plus" Obligations and Their Implications for the World Trade Organization Legal System: An Appraisal of the China Accession Protocol, Journal of World Trade, Vol. 37, Issue 3, 2003.

32. Karl P.Sauvant, Multinational Enterprises and the Global Investment Regime: Toward Balancing Rights and Responsibilities, Columbia University Academic Commons, March 2011, http://hdl.handle.net/10022/AC:P:14990.

33. Kerstin Martens, Mission impossible? Defining Nongovernmental Organizations, International Journal of Voluntary and Nonprofit Organizations, Vol.13, No.3, 2002.

34. Kong Qingjiang, China's WTO Accession: Commitments and Implications, Journal of International Economic Law, Vol.3, No.4, 2000.

35. Kong Qingjiang, Can the WTO Dispute Settlement Mechanism Resolve Trade Disputes Between China and Taiwan? Journal of Inter-

national Economic Law, Vol.5, No.3, 2004.

36. Laurent Ruessmann & Jochen Beck, 2016 and the Application of an NME Methodology to Chinese Producers in Anti-dumping Investigations, Global Trade Custom Journal(2014), Issue 10, pp.460—463.

37. Lester, Simon, "Rethinking the International Investment Law System", Journal of World Trade, vol.49, No.2, 2015.

38. Luo, Engaging the Private Sector: EU-China Trade Disputes under the Shadow of WTO Law? European Law Journal, Vol.13, No.6.

39. Mauricio Mesquita Moreira, Brazil's Trade Policy: Old and New Issues, Inter-American Development Bank, Washington, D.C. Working Paper Series No.139, 2009.

40. M.Pekkanen, Aggressive Legalism: The Rules of the WTO and Japan's Emerging Trade Strategy, The World Economy, Vol.24, Issue 5, 2001.

41. M.Sornarajah, Mutations of Neo-Liberalism in International Investment Law, Trade Law and Development, Vol.3, No.1, 2011.

42. Panagiotis Delimatsis, The Puzzling Interaction of Trade and Public Morals in the Digital era, in Mira Burri & Thomas Cottier (eds.), Trade Governance in the Digital Age, Cambridge University Press, 2012.

43. Pasha L.Hsieh, China's Development of International Economic Law and WTO Legal Capacity Building, Journal of International Economic Law, Vol.13, Issue 4, 2010.

44. Peter Ferdinand, Westward ho—the China Dreamand "One Belt, One Road": Chinese Foreign Policy Under Xi Jinping, International Affairs, Vol.92, No.4, 2016.

45. Peter Sutherland et al., WTO, The Future of the WTO—Ad-

dressing Institutional Challenges in the New Millennium, Report by the Consultative Board to the Director General of the WTO, 2004.

46. Ragosta, Unmasking the WTO, Acess to DSB System, Journal of Law and Policy in International Business. Vol.31, 2000.

47. Rao Weijia, China's Market Economy Status under WTO Antidumping Law after 2016, Tsinghua China Law Review, Vol.5, 2013.

48. Reeve T.Bull et al., New Approaches to International Regulatory Cooperation: The Challenge of TTIP, TPP, and Mega-Regional Trade Agreements, Law and Contemporary Problems, Vol.74, No.4, 2015.

49. Richard H.Steinberg, Judicial Law making at the WTO: Discursive, Constitutional and Political Constraints.98 A.J.I.L.247, 2004.

50. Ronald Dworkin, "Hard Cases", Harverd Law Review, Vol.88, No.6, 1975.

51. Sappideen, Razeen & Ling He, Ling, Dispute Resolution in Investment Treaties: Balancing the Rights of Investors and Host States, Journal of World Trade, vol.49, No.1, 2015.

52. Sonia E.Rolland, Developing Country Coaltions at the WTO: in Search of Legal Support, Harvard International Law Journal, Summer, 2007.

53. Tancredi, EC Practice in the WTO: How Wide is the Scope of Manouevre? European Journal of International Law, Vol.15, Issue 5, 2004.

54. Theodore R.Posner, A Comment on Interpreting Paragraph 15 of China's Protocol of Accession by Jorge Miranda, Global Trade Custom Journal(2014), Issue 4.

55. Tian Ji & Lin Zi, Judicial Review on Administrative Cases on International Trade: Chinese Courts Will Startto Accept Administrative

Cases Brought by Foreigners, People's Daily(Overseas Edition, 7 September 2002).

56. Yu Guanghua, Zhang, Hao, Adaptive Efficiency and Financial Development in China: The Role of Contracts and Contractual Enforcement, Journal of International Economic Law, Vol.11, No.2, 2008.

57. Zhou Weihuan and Peng Delei, EU-Price Comparison Methodologies(DS516): Challenging the Non-Market Economy Methodology in Light of the Negotiating History of Article 15 of China's WTO Accession Protocol, Journal of World Trade, Vol.52, No.3, 2018.

58. 2017 World Investment Report Investment and the Digital Economy, http://unctad.org/en/PublicationsLibrary/wir2017_en.pdf.

## 三、中文专著

1. 曹建明、贺小勇:《世界贸易组织》,法律出版社 1999 年版。

2. 陈安:《陈安论国际经济法学》,复旦大学出版社 2008 年版。

3. 陈卫东:《WTO 例外条款解读》,对外经济贸易大学出版社 2002 年版。

4. 陈欣:《WTO 争端解决中的法律解释》,北京大学出版社 2010 年版。

5. 程红星:《司法哲学的能动主义之维》,北京大学出版社 2006 年版。

6. [美]德沃金:《法律帝国》,李常青译,中国大百科全书出版社 1996 年版。

7. 傅星国:《WTO 决策机制的法律与实践》,上海人民出版社 2009 年版。

8. 龚柏华主编:《WTO 争端解决与中国》,上海人民出版社 2009 年版。

9.［英］哈特:《法律的概念》,许家馨,李冠宜译,法律出版社 2006 年版。

10. 韩立余:《GATT/WTO 案例及评析(1948—1995)》,中国人民大学出版社 2001 年版。

11. 韩立余:《世界贸易组织(WTO)案例分析》(21 世纪法学教材),中国人民大学出版社 2002 年版。

12. 韩立余:《既往不咎——WTO 争端解决机制研究》,北京大学出版社 2009 年版。

13. 贺小勇:《国际贸易争端解决与中国对策研究:以 WTO 为视角》,法律出版社 2006 年版。

14. 黄志雄:《WTO 体制内的发展问题与国际发展法研究》,武汉大学出版社 2005 年版。

15. 纪文华、姜丽勇:《WTO 争端解决规则与中国的实践》,北京大学出版社 2005 年版。

16. 蒋小红:《欧共体反倾销法与中欧贸易》,社会科学文献出版社 2004 年版。

17. 卡洛斯·布拉加:《电子商务监管:新游戏,新规则?》,载马图、斯特恩、赞尼尼主编:《国际服务贸易手册》,陈宪主译,格致出版社、上海人民出版社 2012 年版。

18. 孔庆江:《入世背景下的中国与国际经济法》,北京大学出版社 2008 年版。

19. 李浩培:《条约法概论》,法律出版社 2000 年版。

20. 李仁真、秦天宝:《WTO 与环境保护》,湖南科学技术出版社 2006 年版。

21. 刘志云:《现代国际关系理论视野下的国际法》,法律出版社 2006 年版。

22.［德］罗伯特·阿列克西:《法律论证理论》,舒国滢译,中国法制出版社 2002 年版。

23. 那力、何志鹏:《WTO与环境保护》,吉林人民出版社2002年版。

24. 沈四宝:《法律的真谛是实践》,法律出版社2008年版。

25. 沈玉良等:《全球数字贸易规则研究》,复旦大学出版社2018年版。

26. [美]史蒂芬·布雷耶:《规制及其改革》,李洪雷、宋华琳等译,北京大学出版社2008年版。

27. 石静霞、陈卫东:《WTO国际服务贸易成案研究》,北京大学出版社2005年版。

28. 王贵国:《世界贸易组织法》,法律出版社2003年版。

29. [美]维克托·迈尔-舍恩伯格,肯尼斯·库克耶:《大数据时代生活、工作与思维的大变革》,盛杨燕、周涛译,浙江人民出版社2013年版。

30. [德]乌尔里希·贝克:《风险社会》,何博闻译,译林出版社2004年版。

31. 吴海民:《大国的较量——中美知识产权谈判纪实》,长江文艺出版社2009年版。

32. 薛荣久:《国际贸易政策与措施概论》,求实出版社1989年版。

33. 薛晓源、周战超主编:《全球化与风险社会》,社会科学文献出版社2005年版。

34. 杨国华:《中国加入WTO法律问题专论》,法律出版社2003年版。

35. 余劲松主编:《国际经济法专论》,武汉大学出版社2002年版。

36. 俞可平主编:《治理与善治》,社会科学文献出版社2000年版。

37. 俞可平主编:《全球化:全球治理》,社会科学文献出版社2003年版。

38. 余敏友、左海聪、黄志雄:《WTO争端解决机制概论》,上海人民出版社2001年版。

39. 曾令良、俞敏友:《全球化时代的国际法:基础、结构与挑战》,武汉大学出版社 2005 年版。

40. 张东平:《WTO 司法解释论》,厦门大学出版社 2003 年版。

41. 张汉林等:《WTO 主要成员贸易政策体系与对策研究》,经济科学出版社 2009 年版。

42. 张乃根主编:《当代国际法研究》,上海人民出版社 2002 年版。

43. 张乃根:《WTO 争端解决机制论——以 TRIPS 协定为例》,上海人民出版社 2008 年版。

44. 张文显主编:《法理学》(第 2 版),高等教育出版社 2003 年版。

45. 赵维田:《WTO 的司法机制》,上海人民出版社 2004 年版。

46. 赵维田:《世界贸易组织(WTO)的法律制度》,吉林人民出版社 2000 年版。

47. 周鲠生:《国际法》下册,商务印书馆 1981 年版。

48. 朱榄叶:《世界贸易组织国际贸易纠纷案例评析》,法律出版社 2000 年版。

49. 朱榄叶、贺小勇:《WTO 争端解决机制研究》,上海人民出版社 2007 年版。

50. 朱榄叶:《世界贸易组织国际贸易纠纷案例评析》,法律出版社 2010 年版。

51. 朱榄叶:《世界贸易组织法经典案例选编》,北京大学出版社 2018 年版。

52. 朱晓勤:《发展中国家与 WTO 法律制度研究》,北京大学出版社 2006 年版。

53. WTO 总干事顾问委员会:《WTO 的未来——应对新千年的体制性挑战》,商务部世界贸易组织司译,中国商务部出版社 2005 年版。

54. 国务院新闻办公室:《中国与世界贸易组织》,人民出版社 2018 年版。

## 四、中文论文

1. 蔡从燕:《国际法上的大国问题》,载《法学研究》2012 年第 6 期。

2. 陈安:《美国单边主义对抗 WTO 多边主义的第三回合——“201 条款”争端之法理探源和展望》,载《中国法学》2004 年第 2 期。

3. 陈安:《中国加入 WTO 十年的法理断想:简论 WTO 的法治、立法、执法、守法与变法》,载《现代法学》2010 年第 6 期。

4. 陈彬:《印度反倾销法中的“非市场经济国家”问题研究》,载《世界贸易组织动态与研究》2008 年第 11 期。

5. 李成钢主编:《世贸组织规则博弈:中国参与 WTO 争端解决的十年法律实践》,商务印书馆 2011 年版。

6. 陈兴良:《我国案例指导制度功能之考察》,载《法商研究》2012 年第 2 期。

7. 陈兴良:《案例指导制度的规范考察》,载《法学评论》2012 年第 3 期。

8. 陈立虎:《法庭之友陈述在 WTO 争端解决机制的可接受性》,载《法学家》2004 年第 3 期。

9. 陈佩荃:《美国国际贸易法院简介》,载《法学评论》1986 年第 3 期。

10. 邓烈:《国际行政法庭与国际法渊源》,载《法学评论》2004 年第 4 期,第 87—88 页。

11. 傅蔚冈:《对公共风险的政府规制》,载《环球法律评论》2012 年第 2 期。

12. 付亦重、张汉林:《入世十年来中国经济社会发展及政策展望》,载《国际贸易》2011 年第 12 期。

13. 谷口安平:《从程序角度看 WTO 的争端解决》,胡加祥、尹楠楠译,载《比较法研究》2011 年第 1 期。

14. 哈继铭、Adam Posen:《中美贸易争端的经济真相》,《2018 ·

CF40-PIIE 联合报告》2018 年 5 月 12 日。

15. 韩立余:《从总干事的选任看 WTO 的决策机制》,载《法学家》2008 年第 2 期。

16. 韩立余:《WTO 争端解决中的案例法方法》,载《现代法学》2008 年第 3 期。

17. 韩秀丽:《再论卡尔沃主义的复活——投资者—国家争端解决视角》,《现代法学》2014 年第 1 期。

18. 韩永红:《"一带一路"国际合作软法保障机制论纲》,载《当代法学》2016 年第 4 期。

19. 何艳:《双边投资协定中的技术转让履行要求禁止规则研究——兼论我国在中美双边投资协定谈判中的立场》,载《当代法学》2014 年第 4 期。

20. 何志鹏:《国际法治:良法善治还是强权政治》,载《当代法学》2008 年第 2 期。

21. 何志鹏:《国际法治的中国表达》,《中国社会科学》2015 年第 10 期,第 159 页。

22. 胡加祥:《从"专家组"一词误译说起》,载《浙江大学学报》2003 年第 3 期。

23. 胡加祥、李鑫:《世贸组织争端解决机制中的补偿问题研究——以发展中国家为视角》,载《河南社会科学》2008 年第 1 期。

24. 胡加祥:《中国参与 WTO 争端解决机制的实证分析》,载《法学》2008 年第 11 期。

25. 胡加祥、彭德雷:《WTO 语境下可用竭自然资源例外规则研究》,载《环球法律评论》2011 年第 6 期。

26. 季涛:《论疑难案件的界定标准》,载《浙江社会科学》2004 年第 5 期。

27. 纪文华:《WTO 多哈回合争端解决机制谈判及内容概析——以专家组程序为例》,载《世界贸易组织动态与研究》2010 年第 1 期。

28. 纪文化:《世贸组织争端解决机制的实践情况概览》,载李成钢主编:《世贸组织规则博弈:中国参与 WTO 争端解决的十年法律实践》,商务印书馆 2011 年版。

29. 孔庆江:《一个解决 WTO 上诉机构僵局的设想》,《清华法学》2019 年第 4 期。

30. 李成钢主编:《世贸组织规则博弈》,商务印书馆 2011 年版。

31. 廖小伟等:《GATS 下互联网跨境服务审查相关问题研究——以承诺认定和规则冲突为视角》,载《北京邮电大学学报(社会科学版)》2011 年第 1 期。

32. 刘宏松:《中国在国际治理中的责任承担:行为表现与实践成效》,载《社会科学》2010 年第 10 期。

33. 刘敬东:《中国学者应争得国际上的话语权》,载《中国社会科学院院报》2009 年 5 月 26 日第 1 版。

34. 刘敬东:《全球经济治理新模式的法治化路径》,载《法学研究》2012 年第 4 期。

35. 刘颖、李静:《互联网环境下的国际民事管辖权》,载《中国法学》2006 年第 1 期。

36. 吕晓杰:《对 WTO 争端解决机制中司法经济原则功能的再思考》,载《环球法律评论》2008 年第 6 期。

37. 莫世健:《试论 WTO 与人权的可协调性》,载《政法论坛》2004 年第 2 期。

38. 梅特奥(Mattoo)、索韦(Sauve):《国内管制和服务贸易:未来展望》,载 Mattoo & Sauve 编:《国内管制与服务贸易自由化》,方丽英译,中国财政经济出版社 2004 年版。

39. 欧阳晓、张亚斌、易先忠:《中国与其他金砖国家外贸的"共享式"增长》,载《中国社会科学》2012 年第 10 期。

40. 彭德雷:《WTO 争端解决参与机制的巴西模式及其借鉴》,载《法商研究》2011 年第 3 期。

41. 彭德雷、龚柏华:《WTO 专家组有关中国原材料出口限制措施案中 GATT 第 20 条例外援引评析》,载《国际商务研究》2011 年第 5 期。

42. 彭德雷、周围欢、杨国华:《国际贸易中的“国家安全审视”:基于对美国 232 调查的考察》,载《国际经贸探索》2018 年第 5 期。

43. 彭德雷:《强制转让抑或契约自由——中美技术转让争端的国际法解决路径研究》,《环球法律评论》2018 年第 6 期。

44. 彭岳:《税收情报自动交换中的个人数据保护问》,载《法学》2018 年第 1 期。

45. 齐飞:《WTO 争端解决机构的造法》,《中国社会科学》2012 年第 2 期。

46. 漆彤、杨琼:《中国诉欧盟紧固件案“单独税率”争议评析》,载《武大国际法评论》2011 年第 2 期,第 372 页。

47. 沈四宝:《美国、日本和欧盟贸易摩擦应对机制比较研究——兼论对我国的启示》,载《国际贸易》2007 年第 2 期。

48. 沈伟:《中国投资协议实体保护标准的自由化和多边化演进》,载《法学研究》2015 年第 4 期。

49. 石静霞:《世界贸易组织上诉机构的危机与改革》,载《法商研究》2019 年第 3 期。

50. 孙昭:《诉美国反倾销和反补贴措施案评析》,载李成钢主编:《世贸组织规则博弈:中国参与 WTO 争端解决的十年法律实践》,商务印书馆 2011 年版。

51. 孙哲、李巍:《美国贸易代表办公室与美国国际贸易政策》,载《美国研究》2007 年第 1 期。

52. 吴斌:《论 WTO 决策机制》,载《河北法学》2004 年第 2 期。

53. 肖军:《国际投资条约的复杂化与多元化——晚近国际投资条约发展趋势之辨及我国应对策略》,载《法学评论》2014 年第 5 期。

54. 徐崇利:《世贸组织协定的解释制度评析》(一),载《对外经济贸易大学学报》2002 年第 1 期。

55. 徐冬根:《跨国法评论》,北京大学出版社 2004 年版。

56. 徐泉:《WTO 体制中成员集团化趋向发展及中国的选择析论》,载《法律科学》2007 年第 3 期。

57. 杨国华等:《WTO 争端解决机制中的磋商程序研究》,载《法学评论》2003 年第 2 期。

58. 杨向东:《非政府组织参与 WTO 决策的现状及评析》,载《世界贸易组织动态与研究》2007 年第 12 期。

59. 于方:《诉美国轮胎特保案评析》,载李成钢主编:《世贸组织规则博弈:中国参与 WTO 争端解决的十年法律实践》,商务印书馆 2011 年版。

60. 余劲松:《国际投资条约仲裁中投资者与东道国权益保护平衡问题研究》,载《中国法学》2011 年第 2 期。

61. 余敏友,陈喜峰:载《论解决 WTO 法内部冲突的司法解释原则》(下),载《法学评论》2002 年第 6 期,第 105 页。

62. 余敏友:《WTO 争端解决活动——中国表现及其改进建议》,载《法学评论》2008 年第 4 期。

63. 余敏友:《中国参与 WTO 争端解决活动评述》,载《世界贸易组织动态与研究》2009 年第 5 期。

64. 张汉林等:《WTO 主要成员贸易政策体系与对策研究》,经济科学出版社 2009 年版。

65. 张海林:《WTO 争端解决专家组里的中国人》,载《瞭望东方周刊》2011 年第 52 期。

66. 张磊:《中国参与世界贸易组织决策机制的实践与策略:以多哈回合谈判为例》,载《世界经济研究》2011 年第 12 期。

67. 张乃根:《电子支付案中 GATS 减让表的条约解释》,载《上海对外经贸大学学报》2014 年第 1 期。

68. 张乃根:《上诉机构的条约解释判理或先例之辨——兼论

WTO 争端解决机制改革》，载《国际经济评论》2019 年第 2 期。

69. 张平：《大数据时代个人信息保护的立法选择》，载《北京大学学报》2017 年第 3 期。

70. 郑永年：《技术冷战与中美冷战的序曲》，载《联合早报》，2018 年 4 月 24 日。

71. 左海聪：《WTO 专家组和上诉机构可适用的法律》，载《法学评论》2005 年第 5 期。

72.《国务院关于印发〈中国制造 2025〉的通知》（国发〔2015〕28 号），2015 年 5 月 19 日。

73. 新华社：《习近平在网络安全和信息化工作座谈会上的讲话》，2016 年 4 月 19 日。

74.《国务院关于加快实施自由贸易区战略的若干意见》（国发〔2015〕69 号）。

75.《二十国集团领导人杭州峰会公报》，2016 年 9 月 5 日。

# 后　　记

过去的一段时间，我得以近距离观察世界贸易组织这一管理全球经贸规则体系的重要机构，有机会与同样关注全球经贸发展的学术共同体人士保持近距离接触、请教和交流，尤其是对当前中美经贸关系进行较为系统性的思考。这也让我想起法国历史和政治学家——托克维尔。1831 年 4 月 2 日，托克维尔乘船离开法国，5 月 9 日到达美国；之后在 1832 年 2 月 22 日离美回国。尽管在美国逗留仅九个月，但通过向权威人士请教，并访问广大地区收集了大量资料，利用他在社会学中首创的“访问法”，依据其明察秋毫的观察力，写就了至今仍被世人赞誉的名著《论美国的民主》。

2017 年 9 月 26 日，访学的初衷是充实自己在国际投资领域研究的不足，初步的设想是，将其看成是一次“学术转型之旅”。尤其是在当前“一带一路”背景下，中国在国际投资领域将面临新的问题和挑战，诸如国际投资风险、投资者义务和社会责任、投资争议解决机制设计等，都亟待研究。然而，个人、国家，乃至全球的命运有时候总是那么巧妙地结合在一起，学术研究亦是如此。

事情总会发生一些变化。2017 年 11 月，美国总统特朗普访问中国，中国国家主席习近平在会谈中指出，“经贸合作是中美关系的稳定器和压舱石，中美经贸关系的本质是互利共赢”，此次中美元首会晤对深化和推进中美经贸关系意义重大。中美经贸关系一切正朝着良好的方向发展。然而,2018 年 3 月,当特朗普政府决定对全球进口钢铁和铝征税时,像是打开了全球经贸关系的“潘多拉魔盒”,欧盟、加拿大和中国等,纷纷酝酿如何应对。针对美国的上述措施,中国随后提出了相应的反制措施。尽管如此,目前中美经贸关系的走向仍然充满着不确定性。

有一段时间,自己也如同一名“战地记者”,随时关注着多边贸易体制的最新动态以及中美经贸关系的变化。其间,得到了很多前辈和同辈的指导。无疑,他们平常都十分忙碌,但是在面对自己的请教时,总是不厌其烦地解答。例如,有一次我在与中国贸促会的冯雪薇老师讨论“中美技术转让争议”时,语音讨论长达两个半小时;在与周围欢、杨国华老师开展“美国对华 232 调查”的合作研究时,由于我们三个人分别在瑞士、澳大利亚和北京,因此几乎是在三个时区流水线“战斗”,大家就关键问题互相讨论,不断完善各自的思考等。还有一次,请教张乃根教授中美技术转让争端时,由于网络信号不强,断断续续,连接了五、六次,晚上很晚才结束讨论。此外,当前中美经贸摩擦不断,当出现一些新问题时,我总是能得到胡加祥教授拨云见日般的指点……在此无法一一列举。

弥足珍贵的是,围绕当前的一些经贸关系问题,通过学术会议或其他方式,开展了不同形式的访谈。围绕全球经贸及其改革,我得以有机会和该领域的一些专家展开友好的探讨,甚至促膝而谈。他们有些曾是前任 WTO 总干事、美国白宫前经济学家、WTO 上诉机构的大法官、WTO 资深咨询顾问、数个 WTO 争端案例的裁判者、负责经贸领域的高级官员,不同国家驻 WTO 的大使以及世界银行的专家等。需要指出的是,暂时的中美贸易摩擦并不会影响中美两国人民长期沉淀的友谊,相反,这种友谊还能在一定程度上消除中美贸易战的影响。同时,也很欣慰地看到,越来越多的中国年轻学子在诸如哥伦比亚大学、纽约大学等世界一流大学求学。相信,他们对于促进未来中美合作和交流、增进相互理解，将发挥重要作用。相信，凭借我们的智慧，一定能够解决前进中的困难。通过“妥善管控矛盾分歧，坚持以对话解决争端、以协商化解分歧，以文明交流超越文明隔阂、文明互鉴超越文明冲突、文明共存超越文明优越”。[①]中美作为两个负责任的大国，也将为全球的发展而共同努力。

总之，通过相关问题的研究尤其是实践观察，对多边贸易体制，尤其是世界贸易组织规则和案例，有一个更全面和深入的认识，这对观察和分析当前中美经贸关系是一个很好的积累和铺垫。最后，要特别感谢国家社科规划办、上海市社科规划办、评审专家及本单位等的大力支持；同时感谢几位课题参与人、校内外专家等在课题研究过程中给以的各种帮助。在具体的课题研究中，要特别感谢胡加祥教授、杨国华教授、张乃根教授、龚柏华教授、屠新泉教授、石静霞教授、刘敬东教授、韩立余教授、陈建福教授、周围欢副教授、Thomas Cottier 教授、Michael 教授以及 WTO 上诉机构主席赵宏教授、WTO 原上诉机构主席 Peter 教授等一如既往指导和帮助，恕不一一列举。感谢母正杰、池浩艺、郑琎、刘雨馨、张子琳、韩爽、鲁璘麾、王茹、侯佳静、欧阳仲琳、于淼、王雨彤等在课题研究中的帮助，尽管有些学生已经留学海外，但他们还是一如既往地提供了很多支持。感谢上海人民出版社冯静博士在本书出版过程中提供的各种帮助。这里需要特别强调的是，由于时间和能力所限，深知研究还存在诸多不足，这也为后续研究提供了空间和动力。

当前 WTO 正处于“至暗时刻”，我们也成为这段不平凡历史的见证者。但仍然期待，WTO 上诉机构能够早日恢复运作，争端解决机制作为“皇冠上的明珠”，能够早日恢复昔日的辉煌。

① 参见国务院新闻办公室：《〈关于中美经贸摩擦的事实与中方立场〉白皮书》，2018 年 9 月 24 日，第 93 页。

**图书在版编目(CIP)数据**

皇冠上的明珠:WTO争端解决机制的理论、实践与未来/彭德雷著.—上海:上海人民出版社,2020
ISBN 978-7-208-16757-5

Ⅰ.①皇… Ⅱ.①彭… Ⅲ.①世界贸易组织-国际贸易-国际争端-研究 Ⅳ.①F743.1

中国版本图书馆CIP数据核字(2020)第200560号

**责任编辑** 冯 静
**封面设计** 一本好书

**皇冠上的明珠**
——WTO争端解决机制的理论、实践与未来
彭德雷 著

**出　　版** 上海人民出版社
(200001 上海福建中路193号)
**发　　行** 上海人民出版社发行中心
**印　　刷** 上海商务联西印刷有限公司
**开　　本** 635×965 1/16
**印　　张** 18.75
**插　　页** 4
**字　　数** 264,000
**版　　次** 2020年12月第1版
**印　　次** 2020年12月第1次印刷
ISBN 978-7-208-16757-5/F·2662
**定　　价** 75.00元